Cartas a la princesa

MARIO LEVRERO
Cartas a la princesa
Cartas a Alicia Hoppe
Buenos Aires, 1987-1989

Edición de Ignacio Echevarría y Alicia Hoppe

Papel certificado por el Forest Stewardship Council®

Primera edición: junio de 2024

© 2023, Herederos de Mario Levrero
Agencia Literaria CBQ
© 2023, Penguin Randon House Grupo Editorial, Montevideo
© 2023, Penguin Random House Grupo Editorial, S.A., Buenos Aires
© 2024, Penguin Random House Grupo Editorial, S.A.U.
Travessera de Gràcia, 47-49. 08021 Barcelona
© 2023, Ignacio Echevarría, por el prólogo y las notas
© 2023, Alicia Hoppe e Ignacio Echevarría, por la edición

Penguin Random House Grupo Editorial apoya la protección de la propiedad intelectual. La propiedad intelectual estimula la creatividad, defiende la diversidad en el ámbito de las ideas y el conocimiento, promueve la libre expresión y favorece una cultura viva. Gracias por comprar una edición autorizada de este libro y por respetar las leyes de propiedad intelectual al no reproducir ni distribuir ninguna parte de esta obra por ningún medio sin permiso. Al hacerlo está respaldando a los autores y permitiendo que PRHGE continúe publicando libros para todos los lectores. De conformidad con lo dispuesto en el artículo 67.3 del Real Decreto Ley 24/2021, de 2 de noviembre, PRHGE se reserva expresamente los derechos de reproducción y de uso de esta obra y de todos sus elementos mediante medios de lectura mecánica y otros medios adecuados a tal fin. Diríjase a CEDRO (Centro Español de Derechos Reprográficos, http://www.cedro.org) si necesita reproducir algún fragmento de esta obra.

Printed in Spain – Impreso en España

ISBN: 978-84-397-4439-9
Depósito legal: B-7.901-2024

Impreso en Liberdúplex (Sant Llorenç d'Hortons, Barcelona)

RH44399

Prólogo
Ignacio Echevarría

1

La princesa a la que van dirigidas estas cartas no es otra que Alicia Hoppe, mujer que desempeñó un papel muy importante en la vida de Mario Levrero. Los dos se conocieron siendo aún muy jóvenes, cuando Alicia empezó a salir con Juan José Fernández, amigo de Levrero desde la infancia. Corría el año 1967. Alicia, huérfana de padre desde los diez años, vivía entonces con su madre. Tenía unos veinte años, y trabajaba a la vez que hacía estudios de Medicina (carrera por la que optó después de haber acariciado la idea de estudiar Letras e Historia), de modo que iba de un lado para otro siempre muy ocupada, como ha solido estar durante buena parte de su vida. Levrero, que desde el año anterior iba y venía entre Montevideo y Piriápolis, adonde se habían trasladado sus padres a vivir, acababa de decantar su vocación de escritor, lo que en su caso comportaba renunciar de antemano a la esclavitud de un trabajo asalariado —a lo cual nunca estuvo predispuesto— para dedicar todo su tiempo a sus propias aficiones: leer y escribir, por supuesto; distraerse con juegos de humor y de ingenio, para los que estaba especialmente dotado, y que le procurarían eventualmente algunos ingresos; mercadear con libros, hacer fotografías (retratos, sobre todo, con los que también de vez en cuando sacaba algún beneficio); cultivar su rica vida onírica, escuchar tangos, embarcarse en interminables partidas de ajedrez, conversar con los amigos...

Alicia y Levrero pasaron años tratándose sólo de manera superficial. Ella sabía de él a través de Juan José, quien a menudo le contaba anécdotas de su amigo. Anécdotas que lo caracterizaban como un hombre peculiar, de horarios extravagantes, metido siempre en líos de pareja y embarcado en quijotescas aventuras empresariales. Alicia no contemplaba con demasiada simpatía a ese hombre aparentemente ocioso, que a menudo le arrebataba la compañía de su novio, sobre el que ejercía una influencia a su juicio nociva. Por su parte, Levrero le confesaría, en una de las cartas aquí reunidas, que la primera imagen que se hizo de ella era "detestable": "celosa, egoísta, peleadora".

En 1973 Alicia se recibió de médica internista y enseguida empezó a combinar varios trabajos a la vez. El primer consultorio que tuvo se hallaba en la calle Maldonado, en el centro de Montevideo. Allí comenzó a acudir Levrero con cierta asiduidad, pues le quedaba muy cerca, apenas a dos cuadras de su casa. Iba a buscar remedios para los múltiples malestares que sufría, no pocos de ellos de origen psicosomático. Alicia y él pasaban mucho tiempo conversando, y Levrero pronto empezó a experimentar los efectos benéficos de aquellas charlas, en que Alicia —convertida entretanto en su "doctora"— mostraba una gran intuición psicológica. "Sabés escuchar muy bien", le decía. Fue él quien, muy tempranamente, insistió en que se hiciera psicoterapeuta, algo a lo que ella se resistió en un principio, pero que luego reconsideró, decidiéndose poco después. En 1981 se recibió de psiquiatra sin dejar su trabajo como internista, que desempeñaba en varios centros médicos. "Durante años —recuerda Alicia—, Jorge [Levrero] fue mi único paciente en las dos especialidades".

La relación entre Levrero y Alicia, pues, se encauzó asumiendo cada uno las posiciones relativas de un médico con su paciente. Sólo muy lentamente fue abriéndose paso la amistad entre los dos, siempre a partir de esta estructura básica. De hecho, esta estructura prevaleció incluso cuando los dos se convirtieron en pareja. Pero aún había de pasar mucho tiempo antes de eso. Entretanto, Alicia, que en 1975 se había casado con Juan José Fernández, tuvo un hijo con él, Juan Ignacio, en 1981. Por su parte, Levrero iba enhebrando relaciones sentimentales más o menos complicadas, más o menos episódicas. Dos de ellas se saldaron con el nacimiento de sus dos hijos: Carla (nacida en 1967, fruto de su relación con María Lina Mondello, a quien había conocido en Piriápolis) y Nicolás (nacido en 1979, fruto de su relación con Perla Domínguez).

Tras el nacimiento de Juan Ignacio, la relación de Alicia y Juan José se fue deteriorando de forma progresiva. En 1984 optaron por irse a vivir a Colonia del Sacramento, a unos trescientos kilómetros de Montevideo, remontando el Río de la Plata. Él arrastraba desde muy joven una depresión que lo obligaba a medicarse mucho, y las condiciones del traslado incrementaron las tensiones de la pareja hasta cotas insostenibles, así que terminaron por separarse, en 1986. Juan Ignacio quedó al cuidado de ella, y su madre se instaló a vivir en su casa, para asistirlos. En Colonia Alicia continuó con su intensa actividad profesional, combinando varios trabajos distintos, siempre como médica, dentro y fuera de la ciudad.

Dejada atrás la etapa de Piriápolis, Levrero trataba de ganarse la vida en Montevideo como podía, embarcándose en toda clase de negocios, por lo general asociados a proyectos de revistas, y con financiación de su madre. Su actividad como escritor no contaba en absoluto a la hora de procurarse los medios para su subsistencia. Su primer libro, *La ciudad*, había aparecido en 1970. Ese mismo año se publicaría también la colección de relatos *La máquina de pensar en Gladys*. Los dos títulos le ganaron una discreta reputación de escritor "raro" (una etiqueta que le endilgó tempranamente el crítico Ángel Rama y que no dejó de perseguirlo hasta su muerte). La mayor parte de los libros siguientes —*Nick Carter se divierte mientras el lector es asesinado y yo agonizo* (1975), *París* (1980), *El lugar* (1982), *Aguas salobres* (1982)— los publicó en editoriales de Buenos Aires, lo cual no contribuyó a consolidar su fama en Uruguay, donde apenas circularon. Por otro lado, desde finales de 1979 Levrero mantenía una relación de pareja con Lil Dos Santos, mucho más joven que él; los dos vivían en un apartamento de la calle Soriano que operaba como punto de encuentro de amigos y conocidos.

La relación con Alicia, confinada a la consulta ("en la consulta abrías tu alma y dejabas fluir tu enorme caudal afectivo y todas tus cualidades más brillantes", se lee en una de estas cartas), seguía siendo importante para Levrero. En 1983 comenzó a padecer agudos dolores abdominales y Alicia, después de explorarlo, le dijo que no quedaba otro remedio que extirparle la vesícula. La operación, a la que Levrero se sometió pocos meses después lleno de temores, y que daría lugar a algunas complicaciones posteriores, dejaría una profunda huella en su conciencia y se convertiría en un asunto recurrente en sus escritos, como no dejará de constatar el lector de estas cartas.

El traslado de Alicia a Colonia no disuadió a Levrero de continuar consultándole sus problemas y sus achaques. En el transcurso de uno de sus encuentros, poco antes de que Alicia se trasladara a Colonia, durante "una charla informal de unos minutos", con ella "sentada sobre un baúl en medio de la mudanza", Levrero, siguiendo la recomendación de Alicia, decidió irse a trabajar a Buenos Aires, a efectos de escapar del marasmo personal y económico en el que venía naufragando desde hacía meses, sin apenas trabajo, tratando de obtener algunos ingresos con artesanías que producía Lil, y con la amenaza de ser desalojados del apartamento que ocupaban por impagos del alquiler.

La idea de trasladarse a Buenos Aires surgió a partir de la oferta que le hizo su amigo Jaime Poniachik, propietario allí de Juegos & Co. SRL, una empresa de publicaciones de entretenimiento. Era una oferta de trabajo firme, como jefe de redacción de dos revistas de crucigramas: *Cruzadas* y *Juegos para Gente De Mente*. Juegos & Co. era entonces una empresa en pleno crecimiento, y Levrero iba a disponer de un amplio margen de libertad para poner en práctica sus propias iniciativas.

Levrero viajó a Buenos Aires el 5 de marzo de 1985. Llegó ese mismo día, a medianoche, y a la mañana siguiente ya estaba trabajando. No tardó en constituir un equipo del que se sentía, decía, muy satisfecho. Apenas llegado, la gran ciudad desplegó para él sus atractivos, y enseguida lo sedujo. "En los primeros tiempos, caminaba por Corrientes y se me llenaban los ojos de lágrimas de ver la vida bullendo, en movimiento —declararía en una conversación con Elvio Gandolfo, en 1987—. Contrastaba por completo con la imagen que mi propia depresión me había dado de Montevideo: el horizonte cerrado, las esperanzas fracasadas".

En Buenos Aires, Levrero gozaba de una cierta reputación como escritor, y también eso lo satisfizo y lo halagó, abriéndole las puertas del mundo editorial y de lo que se quiera entender por "vida literaria". Pero el trabajo en Juegos & Co. lo absorbía casi por completo y durante los dos primeros años en la ciudad apenas escribió nada. De Montevideo se había traído el manuscrito de *La novela luminosa*, comenzado poco antes de someterse a la operación de vesícula. Ya en Buenos Aires, trató de retomarlo, pero no logró avanzar con él. El primer libro que publicó estando allí fue un volumen que recogía dos novelas cortas: *Desplazamientos* y *Fauna* (1987).

Poco a poco, la euforia de los primeros meses, la excitación del trabajo por hacer abrieron paso al malestar que le producía a Levrero el haber traicionado sus más profundas inclinaciones, asociadas siempre a la escritura en cuanto herramienta de búsqueda de lo que él entendía "Espíritu", algo para lo que le resultaba indispensable mantenerse en buena medida desocupado, ocioso, como lo había estado la mayor parte de su vida. Hacia finales de 1986, cuando llevaba ya más de año y medio en la ciudad, el sentimiento de haber descuidado lo más esencial de sí mismo empezó a agudizarse dramáticamente. Contribuía a exacerbarlo la soledad en que estaba viviendo, pues apenas llegado a Buenos Aires en compañía de Lil, la pareja se rompió. Levrero se resentía de su "soltería" y recurría al servicio de profesionales para aplacar sus apremiantes impulsos sexuales. En el *Diario de un canalla*, comenzado a escribir en diciembre de 1986, se lee: "Creo que no puede estar psíquicamente bien ningún hombre que, como yo en estos últimos tiempos, carezca de una mujer".

Es en estas circunstancias en las que Levrero realizó una visita a Colonia para ver a Alicia. La visita tuvo lugar ese mismo mes de diciembre de 1986, y en un momento dado, sin que estuviera previsto, los dos comenzaron a conversar por primera vez "sin defensas", poniendo sus emociones "encima de la mesa" (palabras empleadas por la misma Alicia en una carta a Levrero del 25 de abril de 1987). Aquella conversación supuso un cambio de rasante en la relación entre ambos: "entre otras cosas, te descubrí como mujer", escribiría Levrero en una extensa carta del 8 de septiembre de 1987. "La doctora siguió pesando y dirigiendo, pero desde ahí tenía una dimensión más".

Lo que sigue se despliega ante los ojos del lector en las cartas aquí reunidas, la primera de las cuales lleva la fecha del 5 de marzo de 1987 (justo cuando se cumplen los dos años de la llegada de Levrero a Buenos Aires). En ellas se asiste a la casi súbita transformación de la vieja relación entre doctora y paciente en una relación amorosa. La última de las cartas está fechada en marzo de 1989, en vísperas del traslado de Levrero a Colonia, donde se propone emprender una nueva vida al lado de Alicia, venciendo las resistencias que ella ha venido oponiendo al proyecto.

2

No es tarea de esta presentación adelantar informaciones ni juicios sobre el contenido del material reunido. Sí lo es justificar los criterios con que este material ha sido seleccionado y servido al lector.

Las cartas aquí recogidas fueron celosamente conservadas por Levrero, que en algún momento se las pidió a Alicia y probablemente las releyó, siempre en busca de rastros que le permitieran conectarse consigo mismo. Ofrecen un indicio de ello las marcas y subrayados que se observan en algunas de las cartas. Todas ellas están firmadas por *Jorge*, o simplemente *J.*, es decir, Jorge Varlotta, el nombre "civil" de Levrero, aquel por el que era conocido en la vida corriente. Y lo primero que se impone justificar es la decisión de presentarlas bajo el nombre de Mario Levrero.

Es sabido que este nombre —Mario Levrero— fue el "seudónimo" empleado por Jorge Mario Varlotta Levrero —tal era su nombre completo— para firmar sus textos más netamente literarios. Había empezado a usarlo en 1967, al publicar "Ese líquido verde", su segundo cuento, en la revista *Señal*. "No es estrictamente un seudónimo", advertía siempre Levrero. Y en una conversación con Hugo J. Verani, de 1996, puntualizaba: "Mario Levrero surgió por una doble necesidad; una se refería a ese escritor que se crea en el momento de escribir y que no se superpone con el yo; no me sentía con derecho a usar mi nombre habitual, pero tampoco había una separación tajante entre uno y otro estado y por eso recurrí a mi segundo nombre y a mi segundo apellido". El mismo Levrero era aficionado a jugar con esa doble personalidad que entrañaban sus dos nombres, y en una de las primeras cartas aquí reunidas dice: "Como aquí las calles cambian de nombre en Rivadavia, yo estoy haciendo a todo el mundo el chiste de que ahora me llamo Levrero (de Rivadavia para allá). Cuando cruzo para este lado, para ir al trabajo, vuelvo a llamarme Varlotta" (28 de abril de 1987).

Atribuir la autoría de estas cartas a Mario Levrero y no a Jorge Varlotta implica darlas como parte de la obra literaria firmada con el primero de estos dos nombres. Una obra en la que estas cartas se incluirían de la forma sesgada pero inequívoca en que según qué epistolarios han pasado a integrarse en el legado literario de su autor. Las cartas de Flaubert a Louise Colet, por ejemplo; o las de Kafka a Felice Bauer. El lector de este libro deberá tener en cuenta este presupuesto. De hecho, aquí se invita a leer este libro como una suerte de eslabón entre el *Diario de un canalla*, escrito entre diciembre de 1986 y enero de 1987, y *El discurso vacío*, armado en 1993 a partir de anotaciones hechas entre septiembre de 1990 y septiembre de 1991. La razón es que se asiste en estas cartas a una escenificación del yo de naturaleza muy afín a la de estos dos libros/diarios, encuadrada en un mismo proceso de búsqueda o más bien de reconstrucción de ese yo.

Por mucho que en el caso de estas cartas la escritura vaya dirigida a un interlocutor determinado, sus premisas vienen a ser las mismas, en esencia, que impulsan programáticamente las del *Diario de un canalla*: "Escribo para escribirme yo; es un acto de autoconstrucción. Aquí me estoy recuperando, aquí estoy luchando por rescatar pedazos de mí mismo que han quedado adheridos a mesas de operación (iba a escribir: de disección), a ciertas mujeres, a ciertas ciudades, a las descaradas y macilentas paredes de mi apartamento montevideano, que ya no volveré a ver, a ciertos pasajes, a ciertas presencias. Sí, lo voy a hacer. Lo voy a lograr. No me fastidien con el estilo ni con la estructura: esto no es una novela, carajo. Me estoy jugando la vida".

El mismo Levrero advierte a Alicia del carácter ensimismado de sus propias cartas. Lo hace en numerosas ocasiones, a menudo de modo muy explícito, como en la carta del 20 de abril de 1988, en la que se lee muy al principio: "... Quiero decir que voy a hablar de mí mismo (como si hasta ahora hubiera hecho algo distinto), a utilizarte como interlocutor inteligente y sensible (y algo fantasmal) para poder desarrollar y descubrir algunos pensamientos". La advertencia se repite pocos meses después: "No te engañes; ésta tampoco es una carta, al menos para vos. Creo que forma parte de la serie de 'cartas a mí mismo', de búsqueda de equilibrio, o qué se yo" (16 de agosto de 1988). Y otra vez, en términos parecidos, a finales de ese mismo año: "Esto no es una carta para vos (¿qué te puedo decir que ya no te haya dicho, de bueno y de malo?), sino que, como otras veces, utilizo tu imagen de interlocutor privilegiado para desarrollar mi monólogo de búsqueda, buscando precisamente que tu imagen me ayude a no salirme demasiado de la razón" (15 de diciembre de 1988).

Basten estos extractos para sustentar la decisión de presentar estas cartas como una estación más en el largo y tortuoso camino que conduce a *La novela luminosa*, publicada póstumamente, en 2005. La concepción de esta novela se remonta a comienzos de los años 80 y abre paso, muy resueltamente, a una nueva forma de escritura que Levrero ensayará sobre todo en el *Diario de un canalla* y *El discurso vacío*, si bien nutre asimismo textos como los "Apuntes bonaerenses" (incluidos en *El portero y el otro*, de 1992), los de *Irrupciones*, o como *Burdeos, 1972* (por no complicar ahora las cosas mencionando títulos más netamente ficcionales, como *El alma de Gardel*).

La continuidad de estas cartas respecto a *Diario de un canalla* es casi directa. La última entrada del *Diario* es del 6 de enero de 1987 y la primera de las cartas aquí recogidas está fechada justo dos meses después. La forma epistolar absorbe no pocas de las prácticas de autoobservación y de análisis ensayadas en el *Diario*, y queda sometida, como en él, a una pauta cronológica, aunque bastante más espaciada: algo más de sesenta cartas —puede que algunas más, si se dan por perdidas algunas— en el transcurso de dos años, a razón de más de dos cartas por mes, algunas muy extensas y escritas en distintos días. No está de más señalar cómo en una de las cartas más tempranas (la fechada el 28 de abril de 1987) Levrero se refiere a ellas como "mis cartas diarias, mi diario escrito para vos, con noticias mías y tuyas".

También es directa la continuidad tonal, el estado de desasosiego en que se halla sumido Levrero por haberse transformado en "un canalla", por haber "abandonado por completo", en aras del trabajo y de una vida acomodada, "toda pretensión espiritual".

En el *Diario de un canalla*, Levrero cree reconocer una señal del Espíritu en un pichón de paloma que anida en el "patiecito trasero" del apartamento que él mismo ocupa en Buenos Aires. Metaforiza así —y tematiza— el estado de expectativa en que otea su propia vida, a la espera de encontrar por fin la senda que le permita emprender el anhelado retorno a sí mismo. Por las mismas fechas en que escribe el *Diario de un canalla* tiene lugar, como ya se ha visto, la visita a Colonia y esa conversación con Alicia que marca un cambio de rasante en la relación entre ambos. Al poco tiempo Levrero tiene una serie de sueños que le desvelan la atracción erótica que sobre él ha empezado a ejercer Alicia y que enseguida refuerza la intensa correspondencia que empieza a fluir entre los dos. De una a otra de las cartas de Levrero, se asiste progresivamente a un enamoramiento que no tarda en focalizar en Alicia las esperanzas de redención latentes en él desde su llegada a Buenos Aires.

El apelativo de "Princesa", que Levrero comienza a emplear a partir de cierto momento, cuando ya la relación con Alicia se ha decantado hacia un plano amoroso, aglutina varias connotaciones. Se trata de un apelativo relativamente común en relaciones de pareja, por lo que no parece muy necesario justificarlo. En este caso particular, sin embargo, se impone evocar de manera explícita el cuento tradicional compilado por los hermanos Grimm, ese en el que un príncipe convertido en sapo por artes de encantamiento recupera su figura real gracias al beso de una princesa. Alicia habría sido para Levrero la Princesa destinada a devolverlo a su desplazada condición de escritor empecinado en "despertar el alma dormida, avivar el seso y descubrir sus caminos secretos", conforme se lee en *El discurso vacío*.

Pero la razón más determinante de este apelativo la da Levrero en su carta de los días 4, 5 y 6 de noviembre de 1987. Dice allí estar leyendo *El Principito*, el célebre cuento de Antoine de Saint-Exupéry, que Alicia ha citado con frecuencia en sus propias cartas, convirtiendo esas citas en una especie de *leitmotiv* de ellas. Y añade: "Tal vez sea por ese libro, por tus citas de ese libro, que se me dio por llamarte Princesa".

El lector se estará preguntando por esas cartas de Alicia a Levrero y por qué no se incluyen en esta edición, dado que se conserva buen número de ellas. La razón principal de que no se expongan aquí se desprende por sí sola de lo dicho más arriba: la propuesta que entraña la presente edición de estas cartas consiste en ofrecerlas como una pieza más dentro de la secuencia de escritura de carácter autorreferencial que desemboca en *La novela luminosa*. Se trata de una apuesta tendenciosa, que hasta cierto punto —pero sólo hasta cierto punto— se desentiende de lo que este epistolario ('conjunto de cartas') tiene de correspondencia ('conjunto de cartas intercambiadas entre dos personas'), para subrayar ese carácter autorreferencial —monológico— de las cartas de Levrero.

Se han mencionado antes los precedentes de Flaubert y de Kafka. Nadie duda del interés enorme que, sobre todo para los biógrafos, tendrían el descubrimiento y la publicación de las cartas de Louise Colet y de Felice Bauer (las destinatarias, respectivamente, de los epistolarios más famosos de estos dos escritores), pero esa eventualidad no merma en absoluto el aliciente que mantienen, en su unilateralidad, las cartas que conocemos.

Por lo demás, vale la pena añadir otras dos consideraciones que han influido en la decisión de no dar aquí las cartas de Alicia. En primer lugar, las suyas son cartas escritas en una "frecuencia" muy distinta que las de Levrero, por así decirlo. Son las cartas de una mujer en buena medida abrumada por un torrente epistolar desbordante, que tiene mucho de exhibicionismo, de puesta en escena de quien, habituado a asumir el papel de paciente, expone sus propias tribulaciones, y lo hace además con glotonería y todo lujo de detalles. La asimetría de la situación es patente, y la misma Alicia la formula de manera nítida cuando le escribe a Levrero en una de sus cartas: "Me alegra que me elijas para la búsqueda de ti mismo".

Aunque muy bien escritas, llenas de inteligencia, de sensibilidad, de agudeza, las cartas de Alicia a Levrero no son, ni pretenden serlo, las cartas de una escritora. Las condiciones mismas en que están redactadas, y las tensiones que las determinan, son muy distintas a las que mueven a Levrero a escribir las suyas, y en razón de ello padecen desventaja flagrante frente al lector. Por otro lado, no ha sido posible reconstruir la secuencia completa de la correspondencia entre los dos, además de incompleta, interferida presumiblemente por las visitas cada vez más frecuentes que Alicia hacía a Buenos Aires, así como por las también cada vez más frecuentes llamadas telefónicas entre ambos.

Una razón más, y decisiva, se añade aun a todas las aportadas. Tanto las cartas de Levrero a Alicia como, más ampliamente, la correspondencia entera entre él y ella, ingresan en sus respectivas intimidades y dan cuenta de aspectos, de detalles que es perfectamente razonable preservar de la luz pública, al menos de momento. Por lo que toca a Levrero, fallecido pronto hará veinte años, y tan dado a exhibir él mismo, en su escritura, su propia interioridad, no parece necesario andarse con demasiadas cautelas a este respecto (si bien más adelante se dejará constancia de unas pocas). El caso de Alicia Hoppe es, obviamente, muy distinto.

Nada de lo dicho cuestiona la posibilidad de armar en un futuro una edición de la correspondencia entre Levrero y Alicia realizada conforme a parámetros diferentes a los aquí contemplados. Por lo que toca a la presente edición, se ciñe a sus objetivos declarados.

Aún es necesario hacer al lector una última advertencia respecto al contenido de este volumen. Se conservan al menos una docena de cartas posteriores a la última de las aquí recogidas. Pertenecen a la etapa en que Levrero, instalado ya en Colonia, ha emprendido una vida de pareja junto a Alicia, en las circunstancias que más adelante describirá en *El discurso vacío*. Estas cartas de Colonia tienen un carácter radicalmente distinto a las de Buenos Aires, dirigidas como están a una persona con la que el autor convive y a la que escribe con intención de comentar y, dado el caso, corregir supuestos defectos de esa convivencia, a menudo mediante el análisis severo de las actitudes y las conductas de la misma Alicia.

Añadir estas cartas a las aquí reunidas supondría romper la relativa unidad de tiempo y de espacio que posee la secuencia aquí trazada; supondría socavar la propuesta que aquí se hace de leerla —valga insistir en ello una vez más— como una, digamos, "instalación" literaria, susceptible de ser disfrutada por sí sola.

Cabe mencionar, por último, tres cartas mucho más tardías, de los meses de febrero y julio de 1998, cuando hace años ya que Levrero ha abandonado Colonia y regresado a Montevideo, y la convivencia con Alicia ha cambiado de coordenadas. Son de nuevo cartas de justificación de actitudes propias y de reproche de las conductas de Alicia, y una de ella contiene —cómo no— el relato pormenorizado de un sueño. Con más razón aún que la que justifica la exclusión de las cartas escritas en Colonia entre agosto de 1989 y junio de 1990, no se ha estimado oportuno incorporarlas a esta edición.

3

Hechas estas aclaraciones, importa precisar que el material considerado se ofrece a continuación en su práctica integridad, sin otras intervenciones que las que a continuación se detallan.

El trabajo de los editores se ha centrado en las cartas de Mario Levrero a Alicia Hoppe de los años 1987 a 1989. No se tiene constancia de cartas anteriores, pero sí, como ya se ha dicho, de once cartas posteriores, escritas presumiblemente en Colonia y fechadas entre el 16 de agosto de 1989 y el 12 de septiembre de 1991. Ya se ha dado la razón de que estas cartas no estén incluidas en el presente volumen. Por lo que respecta a todas las restantes, sobre un total de 61 cartas se han suprimido únicamente dos, muy breves: las del 5 y 10 de marzo de 1989, y se han practicado algunas supresiones en la extensa carta de los días 18, 19 y 20 de octubre de 1987 (la que lleva el número 15).

Por lo que respecta a este último caso, los pasajes suprimidos, tres en total, corresponden siempre a segmentos completos de la carta, es decir, a pasajes escritos en una de las varias tiradas en que la carta fue escrita. Son pasajes llenos de explícitas alusiones a la calentura sexual que en esos momentos embargaba a Levrero, y se han suprimido por entenderse que atentan contra la intimidad de Alicia Hoppe, como atentan también —aunque esta no hubiera sido razón suficiente para suprimirlos— contra el sentido del pudor del lector, por muy escaso que éste sea.

La supresión de las cartas del 5 y 10 de marzo de 1989 obedece a que en ellas Levrero, tan dado a las interpretaciones psicoanalíticas, ensaya un par de ellas a propósito de ciertas actitudes y conductas de Alicia, poniendo en juego datos de su vida privada acerca de los cuales especula muy peregrinamente. Poco se pierde al obviarlas.

Hechas estas excepciones, el resto de las cartas —59 en total— se da en su integridad.

Casi todas las cartas están escritas a máquina, a un solo espacio, en folios de aspecto muy abigarrado, pues apenas se deja un pequeño margen a la izquierda. La escritura es sorprendentemente limpia, escasa en tachaduras. Ocasionalmente, alguna enmienda o añadido a mano, sobre todo al final de las cartas, en los *post scriptum*. La firma suele ser una *J* muy estilizada.

Las palabras subrayadas a máquina se transcriben en letras cursivas. Algunas cartas presentan pasajes subrayados con bolígrafo o rotulador, lo que invita a pensar que son intervenciones posteriores del mismo Levrero, hechas con ocasión de releerlas, razón por la que no se reflejan en el texto transcrito (si bien no pocos de estos subrayados, muy ocasionales, son reveladores de aquello que más interesaba a Levrero en su relectura).

Desde el punto de vista tanto de la ortografía como de la sintaxis, las cartas contienen muy pocos errores. Se enmiendan, obviamente, las erratas y los descuidos flagrantes. También algunos arcaísmos en desuso, como *descripto* por *descrito*. Pero se mantienen las formas cultas, como *obscuro* por *oscuro*. Se respetan, por supuesto, los anglicismos (que se dan en redonda cuando son de uso corriente). También las grafías peculiares (*kiosko* por *kiosco*, *a grosso modo* en lugar de *grosso modo*), por estimarse caracterizadoras, como los son sin duda algunas formas verbales incorrectas, atribuibles a despistes (*traducí* por *traduje*). Por supuesto se respetan los argentinismos y los modismos rioplatenses. Se respetan también los neologismos creados por Levrero (*crucigramero, abandónicos, exorcístico*). Se respetan fallos de concordancia y anacolutos característicos del habla coloquial y la escritura rápida ("pronto apareció la angustia y la fobia"). En general, no se regulariza la sintaxis. Se desarrollan, eso sí, para comodidad del lector, algunas abreviaturas recurrentes (*Bs.As.* por *Buenos Aires*, *apto.* por *apartamento*), atribuibles a criterios de economía por lo que respecta al aprovechamiento del espacio y del esfuerzo de la escritura. Se aplican los criterios editoriales convencionales en el empleo de cifras y de mayúsculas. Se mantiene, sin embargo, el uso de la mayúscula en palabras que no la llevan necesariamente cuando el uso es regular y tiene un valor denotativo, como en el caso de *Inconsciente*. Cuando el contexto lo reclama, se reproducen las tachaduras del texto. En cuanto a la puntuación, se interviene únicamente cuando se estima que da lugar a equívocos o —en muy pocos casos— estorba la recta comprensión del texto.

Las cartas se numeran correlativamente, en orden cronológico, para facilitar y simplificar el modo de referirse a ellas. Junto al correspondiente número, se da la fecha en letras versalitas. La fecha se repite en la línea siguiente, en letras cursivas y a la derecha de la caja, esta vez tal y como Levrero la consigna al comienzo de la carta original.

Se ha dicho ya que la presente edición no obvia el interés biográfico de las cartas aquí presentadas, que documentan una etapa breve pero muy importante tanto de la vida como de la trayectoria literaria de Levrero. De ahí que se haya estimado oportuno acompañar la edición con un aparato de notas, relativamente abultado, que, en la medida de lo posible, permite al lector contextualizar las cartas e identificar las alusiones a personas y a circunstancias de todo tipo, aparte de dar las necesarias explicaciones acerca de las eventuales peculiaridades que presenta el original de cada carta (pasajes añadidos a mano, dibujos, tachaduras, adjuntos…). Muy ocasionalmente, se esclarece el valor de términos rioplatenses, siempre que su acepción no esté recogida en el *Diccionario de la Real Academia Española*.

Para no interferir más de la cuenta una lectura "exenta" de las cartas, las notas se dan al final del volumen. Hubiera sido deseable prescindir de llamadas numéricas, pero la enorme extensión de algunas cartas hacía muy incómodo para el lector el sistema de notas generales. Pese a ello, se recomienda leer cada una de las cartas de manera continuada y sólo si su curiosidad lo empuja a ello acudir luego a las notas correspondientes. Deberá tener muy presente el lector que no se trata en absoluto de notas interpretativas, sino que se limitan a esclarecer, como ya va dicho, alusiones y contextos que permiten desentrañar mejor tanto el contenido como el trasfondo de la carta en cuestión.

Y llega por fin el momento de los reconocimientos y de los agradecimientos. Para el trabajo de anotación ha resultado decisiva la participación de Alicia Hoppe, que además de aclarar incontables alusiones y circunstancias, ha autorizado la transcripción de algún pasaje de sus propias cartas. Gonzalo Leitón, con su profundo conocimiento de la vida y de la obra de Levrero, y de su archivo personal, que él mismo inventarió con admirable rigor, ha contribuido desinteresadamente y de manera muy solvente a corregir, completar y mejorar el aparato de notas, que ha enriquecido de manera sustancial. Ana Molina Hita ha sido una ayuda importante en la ardua tarea de transcribir y revisar las cartas. También Claudia Bernaldo de Quirós ha prestado su aliento y su tutela. A los cuatro quiero expresarles mi más sincera gratitud.

Hace ya algunos años que Alicia me confió estas cartas para que, tras leerlas, le diera mi opinión sobre su interés. Enseguida concluí que era muy grande, pero que se trataba de un material delicado, altamente sensible, pues expone el surgimiento y los primeros meses de una relación amorosa bajo una luz a veces espléndida y carcajeante, pero a veces también cruda y poco favorecedora. La objeción no pesó mucho a Alicia, quien ya en su día autorizó la publicación de *El discurso vacío*, texto que, como es sabido, Levrero no hubiera dado a la luz sin su consentimiento. Del mismo modo que en aquel libro ella no daba su propia versión de los hechos contemplados, aun si proyectaban una mala imagen de su persona, tampoco lo hace aquí, con un sutil entendimiento de la específica jurisdicción que segrega la escritura literaria, aun si se refiere a vivencias reales y verificables. Me correspondió a mí resolverme por la publicación o no de estos materiales, y de qué modo presentarlos. Una tarea que he asumido poniendo en juego, ojalá que con acierto, mi propio sentido de la responsabilidad y mi experiencia como lector y como editor.

Lo mejor de todo, debo decirlo, ha sido, para mí, contar con la confianza y con la complicidad de Alicia (y a través de ella con la de los herederos de Levrero). Confianza y complicidad que, en el lento transcurso de los trabajos relativos a este libro, tantas veces postergados, han dado lugar a una hermosa amistad. Esta amistad es para mí el premio del esfuerzo empleado. Acerca de su resultado, me encomiendo al juicio de los lectores.

CARTAS A LA PRINCESA

1987-1989

[1]   5 Y 17 DE MARZO DE 1987

Buenos Aires, 5 de marzo de 1987

Querida Alicia,
 esta carta no tiene exclusivamente el objeto de exhibir (y de practicar, ya que todavía cometo muchos errores) mi nueva máquina eléctrica, sino que aparentemente obedece a una razón mucho más profunda (tanto, que ignoro cuál es). Te explico: anoche, al mirar mi "agenda" (o sea, el papel con que envuelvo la caja de cigarrillos para hacer mis neuróticas anotaciones), encontré un mensaje torpemente escrito por mí mismo casi 24 horas antes, con una letra muy rara, como si hubiera usado la mano izquierda, y con errores y correcciones. Me corrió un frío por la espalda; mi primera idea fue "esquizofrenia" y mi segunda fue "sonambulismo", porque no recordaba para nada haberlo escrito. El mensaje decía: LLAMAR A ALICIA HOPPE. Después me alivié bastante, recordando lo que había leído en el prospecto de tus malditas pastillas Dormicum;[1] vengo tomando media pastilla los lunes, martes y miércoles (o, mejor dicho, domingos de noche, lunes y martes) y a veces algún día más, porque me resulta casi imposible conciliar el sueño y retomar mi ritmo de trabajo con el calor infernal que está haciendo desde hace tanto tiempo que me parece que la vida fue siempre así. Ahora bien: el prospecto decía que si uno no se dormía probablemente tuviera amnesia con respecto a sucesos del tiempo del efecto de la pastilla. Debe de haber sido exactamente eso lo que sucedió —y no por primera vez, porque

siempre tengo la compulsión de resistir al sueño, y aunque haya tomado la pastilla me pongo a leer; así fue como se me borraron de la memoria capítulos enteros de novelas policiales, que debía releer con gran curiosidad a la mañana siguiente. Es curioso, pero siempre recordaba algo muy vago, por lo general algún detalle muy secundario con mayor precisión que el resto, y a veces *nada*. Bien; supongo que será algo bastante peligroso, y me prometo todos los días no resistir a la pastilla, pero siempre lo hago. De todos modos, me queda sólo media, de las diez que me diste, y no pienso tomarlas nunca más. El Pronocta me parece mejor,[2] sobre todo porque no recuerdo que tuviera otro curioso efecto secundario que tiene el Dormicum, y sobre el cual debo alertarte, sobre todo en el caso de pacientes inocentes y puros: resulta ser que, invariablemente, antes de dormirme, cada vez que tomo esa media maldita pastilla se me desata un feroz erotismo a nivel psíquico y físico. Puede ser muy divertido en otras circunstancias, pero no en las mías. (Desde luego, el erotismo bien se me puede desatar sin la pastilla, pero me llama la atención lo sistemático en el caso de la pastilla, y el grado exasperante del resultado). A propósito, te agradecería que, cuando por fin logremos intercambiar nuestros paquetes, me enviaras Pronocta. Llegado el caso podés comprarlo, que te envío el dinero; lo que no tengo es receta. (Tachado porque encontré una caja de Pronocta.)

Vuelvo al principio: una vez aclaradas las circunstancias en que fue escrito el mensaje, se me planteó el problema de querer hacerle caso pero no saber bien qué decirte. No pude rastrear en absoluto la cadena de pensamientos que me llevaron a escribirlo; no tengo la menor idea de lo que podría estar pasando por mi mente en ese momento. No encontré ninguna razón para llamarte por teléfono, pero sí, finalmente, para escribirte, ya que todos los temas que tengo son largos e imprecisos, y de todos modos no espero una respuesta (aunque no me vendría mal), pues pienso que lo que importa en este caso es tenerte presente y dialogar aunque sea a distancia contigo como forma de ordenar mis ideas, tan dispersas por el calor. Espero que en algún momento podamos charlar personalmente.

Lo que deseo comentar, entonces, es mi rara situación actual, a la que no me acostumbro y en la que no consigo hallarme contento, aunque me vaya muy bien en una mayoría de aspectos. Cierto que la carencia afectivo-erótica es importante, y por momentos una presencia obsesiva, pero creo que también funciona como pantalla para tapar otras cosas. Lo que está sucediendo en estos momentos (todo dramatizado por el calor y la humedad; que no es sólo eso, sino que significa prácticamente inmovilidad total y encierro, ya que por la calle no puedo caminar sin marearme; debo ir con la vista fija cerca de los pies y muy lentamente; baja presión, curiosa percepción del entorno, precario equilibrio —por suerte no soy el único: aquí abunda mucho ese problema, incluso en gente joven, de modo que no me preocupo particularmente—; un poco se alivió el asunto cuando me dediqué a tomar Seven Up, que aquí es recomendada por los médicos para la baja presión y sus efectos), decía que lo que está sucediendo en estos momentos es algo que siento como una lenta y progresiva destrucción de las defensas que levanté para venirme aquí (y también para sobrellevar la pareja que tenía).[3] Aparecen a menudo sentimientos y emociones, cosas que había olvidado bastante, y es una sensación desagradable pero agradable al mismo tiempo. El punto culminante, o estallido, se dio justamente en función de aquella joven que viste aquella vez en casa y que te había caído bien.[4] Resultó ser que sus pequeñas actitudes de seducción, que creo te había comentado, fueron creciendo —y yo soy una víctima fácil; digamos un hombre fácil. El colmo llegó por el día de mi cumpleaños, cuando, para saludarme por tan magna fecha, se me tiró encima, me abrazó y apretó sus pechos contra el mío al darme un beso. Esto me dejó con la mente completamente podrida, y se acentuó pocos días después, cuando se dio algo muy parecido en la despedida, pues se iba de vacaciones. Entonces sucedió que sus vacaciones no las pude soportar; empecé a extrañarla de una manera increíble, a recrearla en mi mente y a sentirme perdidamente enamorado. Esto tuvo la virtud de rejuvenecerme, pero a costa de un gran sufrimiento y dolor en el pecho. Decidí aceptar el sufrimiento y vivirlo hasta sus últimas consecuencias, porque no quería dejar morir o, peor, reprimir algo así, que hacía años que no me pasaba; tenía la esperanza de que ese estallido arrastraría consigo toda una cantidad de basura que tenía apretada adentro, y me sentí dispuesto a pagar ese precio. Fue terrible. También fantaseé mucho y decidí hablarle el día que volviera. Así lo hice, pero ya ese día, al despertarme y saber que me iba a enfrentar con la realidad, me di por vencido anticipadamente y no hice ningún planteo descabellado, simplemente le comuniqué lo que me estaba sucediendo (cosa que le encantó, naturalmente), y como vi que por su parte ponía límites muy precisos, como yo pensaba, la cosa quedó ahí pero estuvo bien, porque hablar de amor es una forma de hacer el amor, y conseguir el rubor de una mujer aunque sea charlando es una forma de posesión —medio perversa, claro, y con un dejo de insatisfacción, pero no todo puede ser perfecto en este mundo. Ella declaró que tal vez todo se debía a ciertas "actitudes infantiles" suyas y que iba a ver de no repetirlas, pero por suerte siguió igual que siempre y yo, después de algunos días de ir a sentarme frente a ella y mirarla arrobado, fui volviendo a mi cauce (normal o anormal, como prefieras) y ahora estoy pronto para otra. Sobre el tema me permito bromear con ella de tanto en tanto; por momentos, me doy cuenta, un poco agresivamente. Pero va pasando.

Ahora bien: lo que esperaba que saliera en aquel torrente volcánico salió, en cierta medida, y de un modo casi casual e inesperado, hace pocos días (se ve que estuve elaborando cosas en el inconsciente, y que de pronto asomó, blup, en la consciencia, una mañana mientras iba al trabajo). Es muy curioso: lo que surgió fue la certeza de que yo me había identificado con el proceso militar uruguayo.[5] Esto tiene que ver con una historia acerca de unos pájaros que habitaron el patiecito de casa por unos días (y que me permitieron terminar una novela inconclusa; ya la leerás, espero, pronto).[6] Fue la observación de que los gorriones, cuando querían amonestar o asustar o tal vez prevenir a su pichón (que había caído en mi patio, y venían a alimentar), probablemente porque éste fastidiaba mucho con sus reclamos, emitían el mismo sonido que cuando *ellos* estaban asustados (por ejemplo, cuando yo me acercaba; salían volando profiriendo ese sonido, algo como un tableteo, clac, clac, clac, muy distinto de su piar, tipo silbido, habitual). Eso lo uní, o se unió en mi elaboración inconsciente, con algo que había leído alguna vez de unos niños que para exorcizar el miedo a los fantasmas se fingían ellos fantasmas; y se unió con el recuerdo de la expresión que yo utilicé muchas veces para explicar mi vida en Buenos Aires: "estoy como en guerra", "debo ceñirme a una disciplina militar", y cosas por el estilo. Esa mañana, pues, se armó en mi mente el claro panorama de que yo adopté, probablemente por miedo a la dictadura, los esquemas militares de la dictadura (y al mismo tiempo hice de mí mismo un prisionero, lo que percibí al notar, en la novela, que me había identificado con el pichón caído en el patio, a quien veía como un prisionero). Y todo esto vino acompañado de una imagen muy nítida del día en que viví una especie de inexplicable "duelo por la dictadura". Fue el día de un discurso de Álvarez, después de algún acto importante de la oposición; un discurso inesperadamente débil. Recuerdo que miré, perplejo, a Lil, y le dije: "Se acabó la dictadura", pero lo dije con cierta tristeza y quedé largo rato sumido en una especie de desconcierto.

Bien, creo que se trata de toda una estrategia para sobrevivir en aquellos tiempos, que se potenció con el shock de la operación y con el shock, inmediato al otro, de mi venida a Buenos Aires.[7] Ahora, todo eso cruje y quiere derrumbarse, y yo tengo que tratar de que se derrumbe eso sin derrumbarme yo, lo cual no es sencillo. El episodio con esta chica vino bien y ayudó pero hubiera venido mejor con una mujer *posible*. (Mezclada con esta historia hay, en realidad, otra, mucho más frustrante, pero ya estoy cansado y no tengo ganas de contarla en detalle; me imagino que vos también estarás cansada de esta carta. Fue la posibilidad de un reencuentro con alguien del pasado, que localicé por teléfono en Montevideo; estuvo a punto de producirse, pero un accidente lo impidió, y ahora quién sabe si vuelve a darse la oportunidad, porque ella volvió a irse del país, y no se sabe mucho cuáles son sus planes; por otra parte, quedó en pie la gran incógnita: ¿qué podría pasar entre nosotros, después de diez años? ¿Cómo nos veríamos uno al otro? En fin: frustración al cubo.)[8]

Bueno, Alicia, si llegaste hasta acá, te felicito por la paciencia. Por si te parece poco, te incluyo también un reportaje que publicó Gandolfo en *La Razón* de Montevideo.[9] Con que hayas leído esta carta me quedo conforme; no voy a exigirte que me contestes. En todo caso, dejo pasar unos días y te llamo, para ver si la recibiste y para que me digas *una* palabra: tu palabra es muy importante para mí, como bien sabrás a esta altura.

Desde luego, si querés contarme alguna larga historia, heme aquí a la recíproca. Y si notas en mi carta algún síntoma alarmante, avísame que te voy a ver de urgencia (aunque no creo que lo notes; me he preocupado por disimularlos) (es un chiste).

Besos, y hasta pronto.

Jorge

P.S. ¡Oh! Una hora después de escrita la carta, mágica operación terapéutica a distancia (sos buena en serio, ché). He aquí que, mientras hacía mi cuentas y ritos nocturnos, de pronto se me presenta la asociación justa: ese estado de *desconcierto* o perplejidad ante la idea del fin de la dictadura *¡repite exactamente el estado que siguió a la muerte de mi padre!*[10] He ahí el duelo que me falta (y se ve que hice de la dictadura una figura paterna, lo cual no es tan extraño. En otra novela, en la que está por salir en De la Flor (se llama *Desplazamientos*), aparece bastante claro todo el problema con mi padre, pero sé que me sigue dando vueltas y que hay algo que no está nada resuelto. Chau.[11]

J.

17 de marzo (después de hablar contigo por teléfono)

Ya que te cavaste la fosa, te completo el panorama; espero no divagar tanto como en las hojas que anteceden.

Después de escrita aquella (esta) carta, decidí que debía seguir adelante, apoyando el resquebrajamiento de la cáscara pero al mismo tiempo apuntalando de alguna manera esa cosa sensible y sufriente que se esconde adentro de la cáscara (o sea, yo). Para ello comencé una serie de charlas, a distintos niveles (según preparación y actitud de cada uno), con distintos amigos y, especialmente, compañeros de trabajo; explicando, o no tanto, aunque a veces bastante, lo que me estaba sucediendo, y pidiendo opinión y apoyo. Obtuve más de una versión que (para mi gran desconcierto, tan inconsciente soy) confirmaba plenamente la existencia de una imagen mía, en los demás, coincidente por completo con ese proceso interior o mejor dicho con esos descubrimientos que te conté en la carta: un tipo rígido, autoritario, en fin, insoportable. Curiosamente, es una imagen que se acentúa en la periferia, o sea en la gente que está menos próxima a mí; aquellos con quienes trabajo más estrechamente no me ven así. Pero, a medida que se alejan, mi imagen se vuelve más contundentemente asquerosa. Bien; hablé con la gente que más me importa, incluso, por supuesto, la chica de marras que desató o ayudó a desatar el asunto, y la respuesta de todos fue muy buena y, de hecho, en la oficina me voy sintiendo mejor (no siempre; a menudo me vuelvo a descubrir en trance, desdoblado, *como estuve siempre desde que llegué aquí*) (y por eso, pienso, me cansa tanto el trabajo, que en sí mismo no tendría por qué; por eso siempre necesito dormir cuando vuelvo a casa, como para permitir el tránsito de una personalidad a la otra). Pero pienso que si me mantengo alerta y sigo insistiendo, voy a poder reestructurar una personalidad más o menos armónica, y poder estar fuera de casa y, sobre todo, en el trabajo, no necesariamente desdoblado. Todavía no sé bien cómo hacerlo, pero creo que el hecho de hablar con los compañeros y de haber abierto la puerta a la crítica (que no se animaban a hacer por su cuenta) me va a ayudar. Hoy, incluso, invité a almorzar al cadete, que me ayudó a traer la máquina de escribir a casa (estaba en reparaciones), y me dediqué a escuchar la triste historia de su vida y me preocupé por ayudarlo a orientarse vocacionalmente, esas cosas.

El tiempo fresco, por su parte, me devolvió buena parte de la confianza en mí mismo. Ya había averiguado acerca de psiquiatras confiables (logré que me recomendaran dos), pero quería esperar el cambio de clima porque conozco mis delirios de verano y, efectivamente, ya es muy otra cosa. Me resisto, es cierto, a comenzar una terapia, por varias razones, pero especialmente dos: una, que sé que es exponerme a unos cuantos meses de invalidez (creativa), y si bien en este momento no soy precisamente un artista creador, tengo mis momentos; y la otra razón, que creo que es más importante, es que hay un enganche terapéutico contigo y, no es porque usté esté presente, mire, pero no creo que encuentre a nadie a quien pueda compararlo contigo y salga ganando él; quiero decir que siempre habría de fondo un malestar, una vocecita que me diría "pero este no es tu doctora". En fin. Así se expresan mis resistencias.

Conclusión: después de haberme resistido toda la vida a trabajar "como mi padre", tomé de mi padre los peores aspectos (los peores aspectos de cómo yo lo percibía a través de mi Edipo —Edipo que, creo, me agarró otra vez—) y con ellos me construí una personalidad de laburante. Tendría que conseguirme otro modelo, ¿no? Hay gente que trabaja y que sin embargo no por eso es mala.[12]

Bueno, doctora, vos te lo buscaste. Muchas gracias, besos, y hasta pronto.

[2]   28 DE ABRIL DE 1987

Buenos Aires, 28 de abril de 1987

Querida Alicia,
como verás, todavía no aprendí a escribir en mi nueva máquina; en realidad creo que es la primera vez (o la segunda) que me pongo a teclear después de mi carta anterior. La búsqueda de departamento me envejeció diez años, lo mismo que las ulterioridades a la firma del contrato y las cosas previas a la mudanza, y me imagino que la mudanza misma. Oh, Dios. No nací para enfrentar las cosas prácticas, y hete aquí que no hago otra cosa desde hace mucho, muuuuuuuucho tiempo. En fin. Continúo con la historia romántica por entregas (ver capítulo anterior).[1]

Mi enamoramiento inadecuado tuvo (y podría decir que tiene, casi) súbitos rebrotes y prolongados declives. El golpe de gracia se lo dio, aparentemente, un chino; pero la señora implicada en la historia no abandona así no-más su posición de dominio, y ha vuelto a las andadas, y casi logró conmoverme, pero nunca tanto como Alfonsín, el maestro de las catarsis.[2] Ahora paso a desarrollar el obscuro párrafo anterior.

Fui a ver a un chino que hace masaje y acupuntura, por consejo de amigos que salían maravillosamente bien de sus sesiones; yo no me engañé, porque esas cosas nunca me resultan bien, al menos de entrada, pero fui a ver qué pasaba. Fue una experiencia muy interesante, pero lo malo del caso es que *después* me enteré de que el sida se contagia por acupuntura, y estoy seguro de estar completamente infectado. Es lamentable, no sólo morir, sino dejar un mal recuerdo, ya que popularmente sólo se admite una forma de contagio, y en la historia que se contará en los boliches dentro de unos años sólo quedará que "un chino le contagió el sida". En fin. Primero me miró las uñas y me hizo gestos mímicos de que yo debía estar muy fatigado, lo cual era, y es, cierto. Entonces me hizo acostar boca abajo en una camilla y me clavó cuatro agujas, dos en los garpones y dos a lo largo de la columna, cerca de la cintura y cerca del cuello.[3] Se fue a dar masajes a otros boxes, y me llamó la atención oír el golpeteo, como de bofetadas, que en determinado momento se transformaba en un perfecto ritmo jazzístico (batería). Al rato me entró pánico, pero en una forma poco habitual, como un pánico distante, o que le sucediera a otro. Después me vino una gran angustia y ganas de llorar, y al rato unas muy difíciles de contener ganas de reírme, pero siempre todo como separado, distante. Después simplemente me dio sueño, y ahí quedé. Volvió el chino, me tocó la espalda y supuso que yo tenía frío, de modo que me tapó la espalda con una especie de sábana celeste, y se fue otra vez, a hacer jazz en la espalda de la gente. Mucho rato después apareció de vuelta, me sacó las agujas y me puso rápidamente, con arte de malabarista o de mago de feria, cuatro ventosas (sic) en la espalda, a lo largo de la columna. Después vi las ventosas, eran de madera, tal vez bambú. Una de ellas cortaba bastante. Me tapó y se fue. Volvió mucho rato después, me sacó las ventosas y empezó a hacerme pulpa los pies, las piernas y la espalda. Cuando llegó la parte del jazz sucedió algo increíble. Resulta que me golpeaba sobre los riñones y después sobre los omóplatos, una y otra vez, hasta que de pronto sentí que había cuatro manos golpeando sobre riñones y omóplatos al mismo tiempo. Todavía estoy tratando de explicarme cómo lo hizo. Después me dijo que me sentara, cosa que me costó bastante porque estaba mareado, y me tironeó de los dedos de las manos con mucha fuerza, pero sin lastimar, y sacando exactamente una mentira de cada dedo. Después masajeó hombros y me hizo pulpa la nuca, me hizo unos movimientos muy raros en los brazos y terminó con una especie de elegante saludo tipo exorcístico, echando fuera una energía con sus brazos. Me dijo que volviera el jueves siguiente, pero por muchos motivos no volví; sin embargo, cuando encuentre alguna seguridad de que no me va a contagiar nada (otra vez) y cuando pase el trajín y la desesperación de la mudanza, puede ser que vuelva, porque finalmente hubo un efecto interesante. Ese jueves volví a casa pálido, blanco, con sueño y más fatiga que nunca. Por primera vez dormí temprano, sin leer. El viernes estuve todo el día así. El sábado, una novedad: me atacó la angustia pura, fenómeno que no me sucedía desde hacía años y que incluso busqué provocarlo inútilmente muchas veces. Recuerdo que era mi tema principal de la terapia con Haydée: "No se angustie", repetía a menudo con tono quejoso, cosa que para mí, angustiado crónico, era incomprensible y muy molesto.[4] Sin embargo, esta vez la experiencia no me gusta. Es horrible, la angustia no referida a nada. No hay por dónde escaparse. Al mismo tiempo tenía un tinte depresivo, cosa que no me permitió buscar consuelo como antaño en, por ejemplo, Heidegger (*Qué es metafísica*, el más hermoso tratado acerca de la nada que se haya escrito). El domingo la angustia se fijó en el tema de la mudanza, y recurrí a Jaime Poniachik.[5] Me invitó a su casa, y allí le narré mis desventuras. Yo estaba pagando, aquí donde estoy, unos 200 de alquiler, y cuando empecé a buscar, sabiendo de lo caros que estaban los alquileres, lo hice poniéndome una cifra que yo creía suficiente: el doble. Pero he aquí que todo lo que había entre 300 y 400 australes era deprimente, era chico, era asfixiante. Le dije entonces a Jaime que tal vez la solución fuera alquilar algo de 600, porque se producía un salto en los precios de alquileres; entre 400 y 600 no había nada. Primero Jaime se alarmó, pero más tarde él volvió a sacar el tema, en un boliche, y le pareció bien. No llegó a mencionar aumentos de sueldo, pero hubo algo así como un apoyo implícito que me vino muy bien. Al día siguiente me largué con nuevos bríos, y en pocos días conseguí el de, atención: Hipólito Yrigoyen 1782, 6° 24, 20. El código postal es inseguro, porque en un recibo de Entel dice una cosa y en un recibo de Segba dice otra; yo opto por 1408 Capital Federal, pero no es seguro. De todos modos, seguí escribiendo a la oficina. El teléfono nuevo es: 45 9586.[6]

Bien, prosigo el interrumpido relato. El lunes (es decir, continuando con la historia del chino) se desató la agresividad. Estuve furioso, rechinando los dientes todo el día, con una bronca tremenda. De noche fui a la librería Premier y comenté mi estado de furia,[7] que yo todavía refería a las inmobiliarias pero que en realidad era una etapa de la liberación de la energía por las técnicas del chino, como comprobé de inmediato. Al tratar de volver a casa, seguí de largo, porque me sentía muy bien caminando; sentía todo el cuerpo armonizado, era un placer caminar y respirar el aire otoñal de ese día más bien fresco. Caminé y caminé, respirando profundamente, hasta que me cansé y volví a casa. De ahí en adelante, no hubo ninguna otra novedad. Era el momento para volver al chino, pero todavía no lo hice.

Otra cosa en relación con el chino es lo ya adelantado: desde el primer día perdí todo interés por mi enamoramiento y por el objeto de éste; me descubrí varias veces mirando a la dama tratando de encontrarle algo digno de ser amado, y preguntándome qué diablos me había sucedido para haber llegado a percibirla como la encarnación misma de todas las perfecciones.

Mientras tanto, o mejor dicho, desde mucho antes, y paralelamente a mis padecimientos conocidos, se sumaban algunas charlas con el marido de esta dama, quien, a su vez, tenía sus propias historias para contar. El secreto de confesión me inhibe de precisar más sobre *sus* historias, pero no sobre la mía. Así, puedo contarte que entre una y otra charla con él (luego complementadas con charlas con ella), veía día a día profundizarse una especie de abismo entre ellos. Aun durante los momentos álgidos de mi enamoramiento, no permití que sobreviviera la vocecilla maligna que dentro mío se refocilaba y, mezclando un poco las metáforas, se frotaba las manos con alborozo; por el contrario, traté de hacer lo posible para crear puentes en la pareja, que considero una excelente pareja (con un solo inconveniente: que ninguno de los dos logró escapar nunca por un momento de un muy bien armado cerco de sobreprotección: carecen de experiencia de vida, nunca fueron sucios ni malos) (como yo, quiero decir). Él, en esos momentos, buscaba romper el cerco, y me parecía bien; lo que no me parecía bien es que fuera a costa de esa pareja. Lenta y firmemente lo fui convenciendo de que él precisaba una terapia, idea a la cual resistía ferozmente. Ella ya estaba en una forma de terapia desde hacía un tiempo. Un día le expliqué a él —quien cada vez se franqueaba más conmigo y, en buena medida, colaboraba a que yo pudiera ver facetas negativas, o al menos poco apropiadas para mí, de la personalidad de ella (de quien, de todos modos, había llegado a concluir que no debía ni podía ser una mujer para mí; esto, por suerte, fue siempre muy claro, porque percibí de inmediato su plan vital casi diametralmente opuesto del mío, y eso evitó muchos males)— que había cosas de mí mismo que yo no le podía contar en ese momento, pero que lo haría cuando iniciara su terapia, porque de esa manera me liberaría a mí de cierta actitud, digamos, responsable hacia él. Creo que esto lo convenció definitivamente, y así fue como hace unos días vino a contarme que había tenido su primera sesión y que estaba deshecho pero muy contento. Entonces, al día siguiente, hablé primero con ella, siempre mediante unos cafés en el boliche, y le pedí autorización para contarle a él lo que me había sucedido a mí con respecto de ella. La sorprendió mucho (no le gustó nada la idea), y declaró que pensaba que eso era algo que tenía que ver "con nosotros dos" y nadie más, pero yo me mantuve firme y la convencí, alegando que yo no me sentía bien sin poder corresponder la sinceridad de él, y que estaba estropeando lo que podría ser una buena amistad (después de muchos conflictos anteriores por otras causas). Pero allí, al mismo tiempo, vi claramente el juego de ella, que en lenguaje tanguero vendría a ser el juego de una "mina diquera" (las minas diqueras, según un cuasi-prócer porteño relacionado con la edición de libros, tienen según Freud un fuerte componente histeroide), es decir, la mina que gusta llamar la atención y provocar a los hombres pero sin entregarse. Es decir, que durante muchos meses estuve como aprisionado entre dos engranajes mortíferos (ella y él), que me iban triturando y desgarrando acompasadamente.

Luego de obtenido el permiso, hablé con él, en otro boliche, y fue notable el resultado. Lo primero que hizo fue tranquilizarme, o pedirme que me tranquilizara, porque sin duda se me vería muy angustiado. Luego me compadeció, comprendiendo perfectamente lo que había significado para mí todo el asunto. No se molestó en lo más mínimo, y cuando rocé el tema del poder de seducción de su esposa, que emplea no sólo conmigo sino, inconsciente y hasta inocentemente, con todos los hombres, él declaró conocerlo perfectamente y aceptarlo, porque hay en él una confianza imperturbable, de fondo, en su mujer, y sabe que es así y no le parece que debiera intentar modificarla, cosa en que coincidimos. Aparentemente, la historia se terminó allí, y todo bien, pero no; ella no se ha resignado a perder una víctima. Yo le expliqué lo del chino, y de cualquier manera era muy claro en mi conducta que ya no me interesaba para nada. Entonces no lo pudo soportar y empezó a invitarme al boliche, y allí hace impresionantes despliegues de seducción. Yo, a cada embate, tanteo prudentemente las posibilidades de que se pueda llegar a algo concreto, y entonces se repliega firme y terminantemente, y por lo tanto yo también, aunque no dejo de quedar perturbado por algunas horas. Sus formas de seducción son exclusivamente de expresión del cuerpo y del rostro; no incluyen ningún elemento verbal, y parecen por completo independientes de su conciencia y de su voluntad.

Bien, eso es todo con respecto a ese asunto. Queda por aclarar el asunto Alfonsín. Es breve: su discurso del 19 de abril, cuando se iba para Campo de Mayo, me hizo llorar a mares (como a muchos argentinos, que también lo confiesan sin rubor). Hacía años que buscaba ese llanto sin conseguirlo; el que estuvo más cerca de conseguirlo fue Dostoievski, y en cierta medida lo consiguió el whisky + una lectura de una novela mía (creo habértelo contado en mi carta anterior); pero así, sobrio, y con esa espontaneidad y abundancia, sólo Alfonsín cuando dijo que iba a Campo de Mayo, y "ustedes espérenme aquí, que dentro de un rato vuelvo". Magistral; aún hoy se nos humedecen los ojos a quienes lo recordamos y lo comentamos, incluso peronistas y comunistas que conozco.

Bien, ahora que está aclarado el primer párrafo de esta historia por entregas, paso a las novedades más recientes, que te incluyen.

No voy a relatar las penurias de la búsqueda de departamento y adyacencias, pero te confesaré que un día me desperté con ideas suicidas. Las superé resolviendo no ir a trabajar, y en unas horas resolví todos los problemas urgentes que tenía, o por lo menos los encaminé. Ahora pasé de ser un hombre rico, a ser un hombre pobre. Debo U$ 1.200, y con un sueldo de A 1.200 tengo que pagar un alquiler de 580, otros gastos fijos, la deuda, y comer, vestirme y, si me quedan ganas, divertirme. Pero paralelamente hay un fondo de confianza y de ganas de que pase todo esto para ponerme a trabajar. Salió un libro que si veo a Celia te lo enviaré, con dos novelas;[8] mañana, según se piensa, sale otro, en ot ...

(se terminó la cinta; la cinta de esta máquina se termina abruptamente, porque los tipos la van perforando y pegando al papel; lo que ahora estás leyendo no es tinta, sino algo parecido a la letra-set) (y la cinta que uno saca para poner la nueva, conserva el negativo, o sea el dibujo de las letras faltantes, que con un poco de práctica se pueden leer perfectamente; así que, como quien dice, esta carta está guardada en cassette, y si no la destruyo, alguien podrá un día reconstruir toda mi correspondencia) (del mismo modo que me compré un micrófono para grabarme relaxes, con tan poco tino que es un micrófono sin cable, que entra al grabador por la radio de FM, como si fuera una pequeña emisora de FM; lo malo del caso es que, si en un radio de cincuenta metros, a cualquier vecino de arriba, de abajo o de los costados se le ocurre girar el dial de su radio y encuentra cierta frecuencia, puede escuchar perfectamente lo que estoy grabando)

... sale otro libro, decía, en otra editorial; un libro de cuentos.[9] Y en este momento ambas editoriales están compitiendo por un libro de historietas que tenemos con Lizán.[10]

Mi nuevo departamento es un chiche. Un chiche caro, carísimo, pero grande, al parecer cómodo (aunque un poco ruidoso; veré si consigo eliminar el ruido poniendo vidrios dobles), y en un edificio muy lindo, con vecinos que me saludan sonrientes y un portero que parece buena persona (todo lo contrario de lo que ocurre en éste). Hice plastificar los pisos, que estaban feos, porque me acostumbré a la limpieza de los pisos plastificados. Llevé un electricista y le hice colocar luces por todos lados. Pondré vidrios dobles, traeré un cerrajero y un plomero. Quedaré en la miseria, pero con altura (sexto piso). El departamento está frente al Congreso, cerca de donde estoy ahora, cruzando la plaza. Hipólito Yrigoyen es la siguiente a Rivadavia, rodea la plaza por el otro lado; mi departamento da sobre Entre Ríos, que es la continuación de Callao. Como aquí las calles cambian de nombre en Rivadavia, yo estoy haciendo a todo el mundo el chiste de que ahora me llamo Levrero (de Rivadavia para allá). Cuando cruzo para este lado, para ir al trabajo, vuelvo a llamarme Varlotta.

Bien: no te sorprenderá enterarte de que el otro día tuve un sueño erótico que te incluía (como especial objeto de mi erotismo). Es una pena que no haya detalles jugosos para contar, porque era todo bastante abstracto, pero me quedó la impresión de que, además, se aludía a otra historia, algo de hace veinte años con otra Alicia, si bien la del sueño eras indudablemente vos y sos muy distinta de aquella Alicia, pero la situación era muy similar; por otra parte, ahora que lo pienso, aquella Alicia tenía un juego parecido al de la mina diquera o histeroide, sólo que lo llevaba más lejos. De todos modos, aunque la historia del sueño venga muy mezclada, no te sientas mero símbolo; la otra vez volví de Colonia muy impresionado por tu floración juvenil. Vales por vos misma. Lástima que no pueda decir lo mismo de mí, ya que a esta altura descubrí algo bastante trágico. Lo descubrí en la conversación con "él" en el boliche; yo decía que la situación que estaba viviendo tenía mucho que ver con el Edipo, si no es el Edipo mismo, y que no me sucedía por primera vez ni mucho menos, y que todo estaba relatado en *Desplazamientos*, la segunda novela del libro que intento enviarte con Celia. "Y allí", dije, excitado, "había una salida; tendría que volver a leer la novela, no me acuerdo cuál era la salida". Pero enseguida me acordé, y me agarré la cabeza con desesperación: "no, no había una salida; termina con un gran vacío... Creo que no tengo otra opción: la enfermedad o el vacío. Creo que prefiero la enfermedad". Así es, Alicia; mi vida es eso. Cuando salgo del Edipo o lo que sea, me queda un gran vacío adentro; y no es el vacío dejado por la enfermedad que se fue, sino El Vacío, algo que hace de la vida una cosa deleznable, risible, absurda. Creo que es ni más ni menos que la percepción de la realidad tal cual es, despojada y fría. Lo otro es una visión a través de vidrios deformantes, que la hacen más dolorosa, tal vez, pero más entretenida.

Bueno. Hay otro sueño, de hoy, fresquito. También estás vos: me decís (no me acuerdo de nada concreto) que debo hacer cierta cosa, ir a cierto lugar a buscar algo que no sé qué es. (No descartemos la posibilidad de una interferencia telepática, ya que estaba en ese momento en camino Celia con un paquete para mí; y en el sueño aparece otra mujer, luego; pero fíjate cómo se transforman las cosas en el inconsciente): yo voy a ese lugar que es como una plaza, con algunos bancos donde hay gente sentada, como por ejemplo un señor leyendo un diario o un libro; pero al mismo tiempo hay algo de cementerio. Aparece entonces la otra mujer, grandota, o más bien gordita, tal vez —tal vez, no recuerdo bien— con un guardapolvo blanco, y me señala un lugar (no sé que lugar, ahora) y me dice que allí está lo mío; que "lo de ella" está allá, en otro lugar, pero que lo mío, repite, está allí. Yo busco, probablemente en un agujero en el piso, creo que levanto una tapa: o bien está enterrado, y entonces escarbo un poco, no lo sé; pero es algo bajo tierra; y entonces consigo eso mío, que está en un sobre (evidentemente, tu carta), un sobre pequeño, de papel; abro el sobre y dentro hay... ¡mi vesícula! En ese momento, comprendo. "Pero esto es mi vesícula", digo, fascinado, y la llevo a la nariz pensando que debe estar podrida, pero no, no huele mal. Claro que no parece una vesícula, aunque maldito si tengo idea de cómo son las vesículas (había escrito "películas"), salvo en radio y ecografías. En realidad, el aspecto es el de un trozo de chinchulines, un pedazo de intestino en perfecto estado de conservación.

¿Por fin estoy haciendo el duelo por mi vesícula? Hoy traté de sensibilizarme al respecto pero no tuve mucho éxito. ¿Estará el cuerpo extrañando la vesícula desde el 20 de septiembre del 84?

Yo siempre pensé que viví la operación como una castración; forzando un poco las cosas, podría decirse que el trozo de intestino o vesícula se asemejaba, tal vez, a un falo. Pero esto no me convence; en el sueño se vivía como *vesícula* con mucha fuerza. Sin embargo, sigo pensando, aunque no a partir del sueño, en el asunto de la castración; y no está mal la idea de que yo recupere "mi vesícula" mediante instrucciones tuyas, según el sueño. No sé; algo está enredado, poco claro. Tal vez tratando de investigar el lapsus "película" consiga algo mejor. Habría mucho para decir, porque en realidad yo escribo porque no puedo hacer cine; antes de escribir, filmé algunas películas —pero no era viable, muy caro y complicado.[11] (A todo esto, en francés *caspa* se dice *peliculle*, y en estos momentos estoy sufriendo esas brotaciones que requieren Tetravate, algo así como seborrea alérgica; pero no deja de ser un divague, esto.)[12]

Bien, amable víctima, tú lo quisiste. Otra vez una carta plomiza. Escríbeme dos líneas. El correo llega; y si no llega, escribís otra vez. ¿Ta?

Besos, y gracias por hacerme escribir. Espero verte pronto; si te parece necesario, intentaría una visita relámpago (pero si voy, préstame atención, quiero decir que no hagas como siempre, te dispersas en mil cosas, desapareces, te borrás, etc.).[13] Chau.

J

[3] 12 DE MAYO DE 1987

Buenos Aires, 12 de mayo de 1987

Querida Alicia,

recién esta mañana me llegó tu carta (qué pena lo del San Martín;[1] sabiendo cómo funciona el correo, debías haberme hablado por teléfono). *No sabés cuánto te agradezco esta carta*; además del hecho de que rezuma sabiduría, está el hecho, tan desacostumbrado para mí en Buenos Aires, de que alguien se haya tomado el trabajo de pensar unos minutos en mí; *me sentí existir por un rato*.

Bien, aquí te envío la carta que había preparado para enviarte con Celia.[2] Acabo de releerla (es un plomo total), y encontré sobre el final lo más interesante, que había olvidado. Es increíble cómo el Inconsciente sabe todas las cosas; resulta que cuando escribí esa carta estaba muy lejos de mi mente consciente lo que iba a suceder poco tiempo después (hace casi exactamente una semana): resulta que también "por casualidad", me puse en contacto con un señor que desde hace doce años tiene el proyecto de hacer una película sobre mi libro *Nick Carter*; y en estos momentos está trabajando nuevamente sobre el guion, y parece haber grandes probabilidades de que se haga (los que deciden darían una respuesta allá por junio).³ Este asunto me impactó mucho, aunque no suelo especular ni hacerme ilusiones con este tipo de cosas; me impactó tanto como para cometer ese lapsus que verás hacia el final de mi carta anterior.

Bien. Esta carta está escrita estando ya instalado, o semi, en mi nuevo departamento. Es increíble la cantidad de cosas que tuve, tengo y tendré que hacer, en materia de acomodar, comprar, instalar (o reparar: sin ir más lejos, esta mañana se me rompió la cama, cuando me di vuelta para apagar el despertador). El día se me va en vueltas despreciables. De todos modos, creo que vale la pena; en este departamento mi yo se expande, mientras que en el otro se comprimía. Entro aquí y respiro y aunque todavía no estoy (para nada) cómodo, mi alma sí está mucho más cómoda. Esta mañana tuve algunas horas de amable felicidad, como hacía tiempo no sentía; y sin ningún motivo, a menos que haya motivos parapsicólogicos, pues eso comenzó antes de recibir tu carta; y eso que no sólo se me había roto la cama y la tuve que medio arreglar estando dormido, y con un sueño interesante que quería pescar y no podía, sino que además me pegué la cabeza contra una absurda campana que hay sobre la cocina de gas, fui interrumpido en el desayuno por dos llamadas telefónicas y me sacaron del baño unos señores que venían a reparar la cortina de enrollar, que también se había roto; pues nada de eso impidió mi felicidad matutina.

Tenés mucha razón que es muy cierto que el resquebrajamiento de las defensas empezó allá en Colonia; esto no lo había percibido, pero sí me llamaba mucho la atención el hecho de que "te hubiera hecho caso" tan al pie de la letra, eligiendo a esa joven que *vos* me habías "recomendado", o para decirlo bien, "hecho notar". *Vos estás muy en todo esto, como podrás* percibir si tenés la paciencia de leer toda mi carta adjunta; aunque tu manera de estar o, mejor dicho, mi manera de percibirte es tangencial, o por deducción, o por actividad inconsciente. Diablos, tendrías que leer esa novela que prometo enviarte por Celia en la carta adjunta (*Desplazamientos*). Allí hay un plan del protagonista, hacia el final de la novela, de modificar una casa, abriendo al exterior un pasillo en U e independizando los dos sectores de la casa. Eso siempre me sonó como un proyecto esquizofrénico, y lo que recién me doy cuenta es que es lo que he realizado en Buenos Aires: abrí una salida al exterior, e independicé la conciencia y el inconsciente, o si se quiere el yo onírico, que hasta ese momento y durante unos cuantos años habían funcionado casi como una sola cosa, o al menos se conocían y se reconocían y se pasaban información muy fácilmente entre ellos. *Ahora el mundo de los sueños* (y por lo tanto, *la literatura*) *me está vedado*; muy de tanto en tanto logro rescatar algo, pero difícilmente tengo oportunidad de alguna elaboración provechosa: estoy asquerosamente proyectado al mundo exterior, entrampado en la sobrevivencia, trabajando todo el día como una hormiga para mantener funcionando mi economía mínima (no digo trabajando en la oficina o no exclusivamente; hablo de hacer las compras, de cocinarme, de todas esas pequeñas cosas devoradoras) (me falta ocio, que siempre fue mi actividad primordial). Ojalá se haga esa película, me dé mucho dinero y pueda organizar mi vida de otro modo.

Lo anterior puede sonar para muchos como "la salud", pero a mí no me termina de convencer; para mí es una forma de enajenación, que sin duda tiene muchos aspectos saludables, pero no me conforma. Me siento como estafándome la vida a mí mismo (pero de vez en cuando trato de hablar con mi alma y decirle que no se me ocurre qué otra cosa puedo hacer; que tenga paciencia, que no he perdido de vista la necesidad del espíritu, pero que hoy no puedo hacer otra cosa).

Por supuesto, Alicia, que no sos exclusivamente "la doctora"; es más, siempre te he llamado así como un chiste, porque siempre me costó mucho asimilar tu estampa de niña con la imagen de una doctora.[4] Como doctora, funcionaste la mayor parte del tiempo de modo mágico; yo iba a pedirte recetas y después las llevaba en el bolsillo y me curaba, sin comprar los remedios. En realidad te busco como "doctora" porque sólo cuando estás (o estabas, no hablo de diciembre) "en consulta" te permitís abrir ampliamente tu gran corazón. Yo te descubrí como persona en las consultas, no en tu muy dura personalidad cotidiana. Y en estos tiempos te escribo como al ser más cercano, el que pasaste a ser sin duda en aquella entrevista que decidió mi venida a Buenos Aires; no creo que ninguna otra persona de mi conocimiento, doctora o no, podría haberme hablado de aquella manera.[5]

Bien, ya en la carta adjunta te mencionaba la posibilidad de visitarte; sólo habría que combinar la fecha. Se hace un poco difícil si no puedo contar con los fines de semana; a mí me convendría viernes-sábado-domingo, o sábado-domingo-lunes, o viernes-sábado o domingo-lunes, por el trabajo (y por mi idiosincrasia; no me entra mucho en la cabeza salir de aquí de madrugada y volver por la noche; la idea de viajar, aunque sea un viaje tan corto, me obliga a una preparación y un asentamiento; pero, llegado el caso, podría intentar la experiencia). Te pido que me orientes un poco sobre la forma más oportuna para vos. Por otra parte, podés venir cuando quieras; creo que hasta podríamos arreglar que tuvieras una pieza aislada (y el departamento es tan grande que caben unas veinte doctoras).

Chau; muchas gracias.

[4]   4 DE JUNIO DE 1987

Buenos Aires, 4 de junio de 1987

Querida Alicia,
fue ayer que hablé contigo por teléfono a mediodía (consulta sobre resfrío y prevención de bronquitis aguda). Esa

tarde dormí mucho, y tuve dos sueños (creo que correspondientes a dos "dormidas" distintas, pero no estoy seguro; bien podría ser uno solo) que me interesa contarte. Creo que, de alguna manera, están en el centro de mis problemas actuales y no son del todo ajenos al cuadro físico actual, pero se me escapan por ahora, y por completo, las interpretaciones profundas (como antecedente del cuadro general actual, te diré que la otra vez que hablé contigo por teléfono, tal vez recuerdes, estaba muy excitado por la salida de un libro mío y la firma de contrato ese mismo día por otro libro; esto se inscribe en un largo proceso de conflicto, en el que soy tironeado por la vocación literaria —que no puedo satisfacer— y la necesidad de mantener el *status*, agravada en estos días por el nuevo departamento, y el nuevo alquiler, y los gastos (que implican una nueva deuda en dólares) y los trabajos de instalación, más el extrañamiento de la casa y el vecindario, etc. Esa noche, de la salida del libro y la firma del contrato, me quedé hasta muy tarde leyendo mi libro, y ahí terminé de desajustar mis horarios de sueño, que ya venían alterados desde la mudanza; me dormí a eso de las cinco de la mañana. También venía fumando mucho —sin mi control de horarios—, y ese día más que nunca. Al otro día, sábado, estuve todo el día con la nariz tapada y el domingo ya estaba francamente resfriado o engripado.

Bien. Los sueños:

1) Yo estaba en mi casa, que tenía mucho del nuevo departamento pero también mezclaba la casa de mi infancia en Peñarol, con un fondo de tierra y otra casita al fondo, y era todavía mucho más amplia y compleja de lo que es este amplio y complejo departamento real. Estaba, pues, en lo que era mi casa, y me sentía cómodo allí, con una cierta sensación que suelo tener realmente desde que me mudé, algo así como de "estar en lo mío", con algo si se quiere un poco de satisfacción señorial, que tiene que ver con la amplitud y en cierto modo la dignidad de mi nuevo

departamento. Bien. En eso llega mi madre con una cantidad de gente desconocida, o muy lejanamente conocida, algo que me hace pensar en sus vecinos de Piriápolis;[1] se trata de gente pobre, de bajo nivel cultural, que conforman una especie de tribu o gran familia con distintos grados de parentesco. (Todo esto que describo trata de reproducir el clima del sueño, los sentimientos que me produce; no es que todo eso estuviera dicho expresamente.) Eran gentes simpáticas y confianzudas, que en primera instancia me caían bien pero cuya presencia pronto comenzó a molestarme; era una invasión, y a pesar del clima cordial yo me preguntaba cuánto habría de prolongarse esa situación. Hay una serie de incidentes que no recuerdo, y de pronto tomo consciencia de ser invadido y llamo a mi madre y le pregunto cuánto tiempo van a estar en mi casa, y me dice "hasta el casamiento"; se trataba del casamiento de una joven pareja que formaba parte del lote. Luego agrega que el casamiento "es el 8". Yo cuento los días que faltan y me parecen muchos, y entonces hago un escándalo, digo que no puede ser, que es mi casa, que no los soporto, que se tienen que ir. En realidad, trato de aparecer más furioso de lo que estoy, y temo una reacción negativa de mi madre y que en definitiva me imponga su voluntad, pero curiosamente reacciona de una manera sumisa, como asustada, y acepta que la gente se vaya enseguida. Luego, mientras todavía están allí, yo estoy en los fondos de tierra, pero en lugar de haber un tejido de alambre a los costados, como en la casa de mi infancia, hay como unas estanterías con mercadería; son cosas que yo he instalado allí (tiene que ver con la cantidad de placares que hay en mi departamento)[2] pero, en una especie de doble fondo y cerca del piso, hay estantes con mercaderías que estaban allí desde antes, como si el que estaba antes tuviera un almacén o algo así, y se hubiera olvidado de llevarse algunas cosas que estaban medio escondidas. Hacia el fondo, donde en el terreno real había una casita de madera, en el sueño corre una especie de arroyo, donde desembocan las aguas servidas de los baños de mi casa, y noto que ese arroyo crece por el uso excesivo de los baños que hace esa gente que me ha invadido; y el agua desborda un poco a los costados, y llega a cubrir parte de los estantes que están cerca del piso, donde están los "tesoros", y me preocupa que las cosas se puedan deteriorar; uno de los tesoros es una bolsa de nailon llena de linternas nuevas. Llamo a mi madre y le digo que terminen cuanto antes con eso de usar el agua de los baños, y que se vayan de una vez; que se me están estropeando las cosas.

2) El otro sueño es un negativo o una continuación incoherente del primero, sobre todo en lo que respecta a mi actitud: ahora el lugar es majestuoso (aunque sigue siendo una versión de mi nuevo departamento, especialmente por los pisos —que en realidad hice pulir y plastificar—, que en el sueño son enormes, como pistas de baile, y resplandecen), y allí hay una fiesta (probablemente, la fiesta de casamiento), pero yo me dedico a servir bebidas a todos los que participan, que ya no son aquella gente pobre, sino que parecen de mejor nivel económico y cultural; no recuerdo claramente a nadie más que a una muchacha, vestida con un vaporoso vestido blanco. Yo sirvo algo así como vermut, y llevo dos botellas, una de etiqueta roja, otra de etiqueta azul, y voy ofreciendo esmeradamente a todos que elijan de una o de otra, y les sirvo en copas o vasos, con una cierta torpeza por la dificultad de manejar las dos botellas; a veces tengo que ponerme una bajo el brazo mientras sirvo de la otra. Creo que tengo un ayudante, pero más bien parece un desdoblamiento, porque como ayudante en realidad no creo que me ayudara nada. El único personaje reconocible que aparece en el sueño es Lizán —actual compañero de Lil, y con quien firmáramos contrato juntos por el libro, que es de historietas—,[3] pero no recuerdo si aparece como mi ayudante o si es uno a los que sirvo

vermut. Finalmente, una de las personas a quienes sirvo, una mujer, no sé si la misma de blanco, me habla de las virtudes de la cerveza, y me dan muchas ganas de tomar cerveza. Luego me encuentro tomando cerveza, pero en el sueño es algo sólido, como un gran pan con mucha levadura, y al cortarlo se ve cómo se hincha y se mueve, soltando de tanto en tanto burbujas gaseosas; en algún momento, esta visión ocupa todo mi campo visual, "toda la pantalla", una agradable visión como en cámara lenta y aumentada de la acción de la levadura (¿de cerveza?) en el pan.

Bien, asociado con esto: el 8 (de julio, no de junio) se casa mi secretaria, Andrea,[4] quien está contando los días desde hace tiempo; y esa misma fecha es la del nacimiento de mi padre.

Ayer, *antes* del sueño, cuando salí para ir a la farmacia a comprar el antibiótico que me recomendaste, caminé un par de cuadras más —grave imprudencia, pero fue compulsivo— y me compré una cama. La cama que tenía se me estaba rompiendo por todos lados, y dormía quietito con temor a caerme en cualquier momento; traté de hacerme una especial, porque aquí las medidas *standard* son muy chicas, pero me salía muy caro; y entonces ayer salí y compré en el acto una cama y un colchón, y me la trajeron esa noche, *después* de los sueños anotados. Esa noche me volvió a la mente algo que me estaba rondando desde hace tiempo, pero al estrenar la cama nueva —muy cómoda, en verdad— se me hizo patente y urgente: todas las noches, para dormir, me pongo una camisa finita, que actualmente está hecha girones. Eso, sumado a la cama que tenía, me hizo pensar que "para dormir me transformo en un miserable o un pordiosero". Vuelvo a señalar la necesidad de que leas mi libro *Desplazamientos*, donde exploro "la sombra", la zona oscura del yo, o, según Jung, una especie de planeta que orbita en oposición al yo, de modo que nunca podemos percibirlo directamente.[5] Esa novela fue hecha con el esfuerzo de situarme en "la sombra" (que, por otra parte, aparece también como "la sombra de mi padre", proyectada en la pared de un corredor por una lamparita miserable),[6] la que, según Jung, aceptaríamos más fácilmente si fuera simplemente "mala"; pero es peor que mala: es avara y mezquina. Bueno, para dormir parece ser que yo me disfrazo de mi sombra, tal vez como homenaje a mi padre, avaro y mezquino (según mi visión deformada, edípica, pero al mismo tiempo con mucho de cierto como percepción de la mezquindad de sus afectos, o de la demostración de sus afectos). Sabrás que un día, durante un proceso terapéutico, llegué a la conclusión de que mi padre me había rechazado al nacer yo, y fui a Piriápolis y se lo pregunté directamente a mi madre, quien me dijo: "No, no fue al nacer, sino antes; desde el momento mismo del embarazo, él cambió mucho". Siempre me trató muy bien, pero nada más; sólo en los últimos años de su vida, casi diría en los últimos meses, llegamos a tener una buena relación afectiva.

(Bueno, algo salió en materia interpretativa.) Alicia, siento mucho fatigarte con estas cosas, pero no tengo más remedio que seguir explicando:

Este departamento, para Buenos Aires, es una especie de esplendidez fastuosa, aunque bien mirado no es más que el ámbito mínimo para que viva decentemente una persona, y tal vez todavía le falte mucho (lo que aparece en el sueño: un fondo, tierra, un arroyito). Se me creó, por un lado, una especie de complejo: estoy entre gente acomodada (son todos ellos propietarios, y tienen muchas pretensiones), y mi aspecto personal, como buen esquizo, deja bastante que desear; no tengo manera de construirme una facha atildada al estilo porteño, y mi descuido en el vestir y en otros detalles es casi una militancia. Esto se acentúa, no sé por qué, para dormir, aunque en estos momentos pienso comprarme un piyama y ponerme a tono con la cama y el departamento, al menos para dormir. Pero también el sueño refleja toda esa situación de pobreza y riqueza, de desprecio a los pobres y de servir a los ricos, algo que no entiendo bien; pero mi situación actual es la de vivir en un departamento que está por encima de mis posibilidades reales, no por hacer ostentación sino por necesidad de un espacio amplio y limpio, y esto me genera la ansiedad y el temor por no poder, quizás, llegar a mantenerlo, o a tener que esclavizarme en un trabajo que ya mi vocación está comenzando a despreciar, por esa infinita postergación de la literatura. Tengo el ámbito apropiado para vivir y escribir, pero no el tiempo ni la disposición anímica, porque estoy preocupado por sobrevivir; tal vez el inconsciente me reprocha el haber sacrificado la vocación y seguirme enredando con compromisos vanos. Y de fondo está ese ser mezquino y avaro (la sombra), o simplemente pobre o miserable, siempre persiguiendo la acumulación (provisiones, o dinero) en la permanente ansiedad de que pueda faltarme algo. Lo malo del caso es que la realidad le da la razón a la sombra; yo estuve acumulando dinero durante dos años, para tener que gastármelo de golpe en una mudanza no prevista, y quedar nuevamente en cero, o con una deuda (mayor que cuando llegué). Pero todo esto está magnificado, dramatizado, como me sucede siempre con las dificultades; en realidad, cuando llega el momento, todo se soluciona siempre; pero nunca pude creer en esto, quiero preverlo todo, y sigo sacrificando presente por un futuro que nunca me resulta satisfactorio.

Y otro punto es el del "casamiento". Estoy sin pareja, y sufro por eso, pero me parece que sufro cada vez menos; cuando estoy en mi nueva casa siento que me expando (en la otra, me comprimía, hasta que me dolía la cabeza), y por momentos pienso: "si viniera una mujer a vivir aquí, ¿dónde la pondría para que no me molestara?", y no hay caso: no tendría lugar, ni aunque fuera el doble de grande y complejo. Por otra parte extraño la relación sexual, y esa forma de descanso incomparable que significa disolverse, aunque sea muy brevemente, en una relación afectiva. También por otra parte, yo he vivido siempre en función de los afectos, y ahora me siento como en un páramo, donde la vida pierde rápidamente toda significación. Por más que cada vez exista como autor para más gente, por más que cada vez vea mi nombre (o mis nombres) más repetidos en publicaciones, cada vez me siento más inexistente porque no siento que haya *una* persona que me necesita a mí como persona (al punto que, cuando después de tanto tiempo, me llegó aquella carta tuya, interrumpía la lectura de la carta en cada pasaje que me tocaba para darle besos a la carta). Pero el hecho es que me cuesta mucho darle cabida a los afectos, y la última experiencia de enamoramiento creo que, en definitiva, fue peor, porque sólo consiguió sensibilizarme para dejarme en poder de una voluntad que, al fin y al cabo, resultó ser sádica.[7] Mi apertura hacia los compañeros resultó también frustrante; algunos aprovecharon para tratar de pasarme por encima, y debí retomar, con algo de asco por mí mismo, ciertas actitudes militares. Claro que no fue así en todos los casos y alguna amistad se profundizó —caso del marido de la susodicha sádica—, pero me doy cuenta de que manejo muy mal estas cosas y que oscilo de un extremo al otro —máxima rigidez, máxima apertura— y no encuentro un equilibrio —o una estrategia.

Bueno, me cansé. Gracias, Alicia. Hasta pronto.

J

P.S.: Ya estás inscripta. Tengo un bello folleto que te pertenece, y el recibo correspondiente. No seas chanta; no vengas con el tiempo justo para el simposio.[8] Chau

J

[5] 13 DE JUNIO DE 1987

Buenos Aires, 13 de junio de 1987

Querida Alicia,
    insisto en escribirte aunque no te lleguen mis cartas; creo que de todos modos me viene bien escribir, tener un motivo para escribir. Esta viene a ser mi cuarta carta; una te llegó, y por el momento las otras dos que envié (la primera por ONDA, la segunda por correo) no llegaron.[1] Las enumero para que, si te llegan las otras, no confundas el orden. Aunque maldito lo que pueda interesar el orden. De todos modos, te contesto la carta que me llegó por intermedio de esa bella señora amiga tuya,[2] aunque me esté repitiendo con cosas que te había contado espontáneamente en alguna anterior. En primer lugar, sácate de la cabeza lo que me dijiste por teléfono; no parece tu carta para nada una carta de oligofrénica; por lo menos, para mí tus cartas suelen contener la dosis exacta de lo que yo necesito.
    Empiezo por el final, por tu reflexión sobre la vida y el animarse a vivir.[3] Estoy de acuerdo, pero lo que no sé es qué puedo hacer más de lo que estoy haciendo, o en todo caso qué hacer de distinto. Si validamos el punto de partida: tengo que estar trabajando en Buenos Aires para construirme un presente y futuro más o menos razonables, todo aquello que aunque sea mínimo es impensable, para mí, en Uruguay; si validamos, decimos, este punto de partida, siento que queda poca cosa más a mi libre arbitrio que la lucha por mantener esta opción. El hecho de trabajar en forma dependiente, y sujeto a cierto horario (por más que no sea riguroso), me impone una forma de vida; *tengo* que organizarme para cumplir con eso. Y eso significa perder las mejores horas de mí mismo, o sea la noche; cuando empiezo a ponerme lúcido y creativo, tengo que acostarme. Tengo que mantener todo un funcionamiento muy com-

plejo (las compras, preparar la comida y/o sándwiches para el día siguiente en la oficina, mantener cierta limpieza en la cocina para que no invadan las cucarachas y para no quedarme sin lugar donde apoyar las cosas); todo esto es agotador y además de energías consume tiempo. También me ha consumido y me sigue consumiendo mucho tiempo la readaptación (al departamento, al barrio); tengo que cambiar todos los útiles automatismos —encontrar las puertas, las llaves de la luz, el camino óptimo para ir a la oficina) (y cosas más intangibles, como el tiempo de "respirar" mi casa, llenarla con mi presencia, "estar"; no sé si me entendés. Demoro mucho más en salir, por las mañanas —llego bastante más tarde de lo habitual al trabajo— no sólo porque me voy enredando en pequeñas cosas, que todavía no tienen su lugar habitual, sino además por ese "estar", esa necesidad de invertir urgentemente tiempo en acomodar la idea de mi presencia con la idea de este lugar nuevo. Por suerte, el lugar es amable; aunque todavía ajeno, es amable. Acordate que estuve casi cuarenta años prácticamente sin variar de domicilio, y que "la casa", así como "la ciudad", son elementos claves en mi literatura (porque lo son en mi vida). Siento que estoy dando lo máximo que puedo, aunque parezca muy poco, y realmente no imagino qué otra cosa podría hacer o de qué otra forma podría encarar las cosas (¿ponerme a escribir de noche e ir dormido a trabajar al otro día, o no ir? ¿Amontonar trastos en la cocina? ¿Comer sólo sándwiches?).

Esto se enlaza con el otro tema de tu carta: las mujeres. No tuve noticias del asunto Montevideo, y la reventada del boliche se volvió tan loca que ya no es posible ningún diálogo.[4] Hubo un momento de "ruptura" hace unos meses; una situación muy loca que me costó mucho entender. Una noche la veo junto a la ventana del boliche, fuera de su lugar habitual, como tratando de llamar la atención. Me asomé a la ventana y la saludé. Me preguntó si iba a la librería, y le dije que sí (efectivamente, llevaba en el bolsillo unos cassettes que tenía que devolver a un amigo de allí). Entonces me dijo: "Saludos a Ricky", con ironía que en ese momento no capté. (Ricky es Ricardo, uno de mis amigos que trabajan allí.) Bien, fui a la librería, entregué los cassettes, y enseguida volví a la ventana del boliche. Le pregunté si podía entrar y sentarme con ella, y me dijo que no con una tremenda furia. No entendí nada y volví a la librería, a contar que la loca me había echado. Mucho más tarde recordé los antecedentes y creí entender: resulta que unos días atrás yo estaba en la librería, y entró ella. Nos saludamos muy cordialmente. En determinado momento, ella dijo que "había dejado un café sin terminar", y nos dejó la idea de que estaba con alguien, pero que iba y después volvía a la librería. Cuando estaba por arrancar, se da vuelta y me dice: "¿Vos te vas a quedar acá?", lo que entendí como si la iba a esperar que volviera, y le dije que sí. No volvió. Entonces, cuando se produjo la primera escena que te conté, reinterpreté su frase, "¿vos te vas a quedar acá?", como una torpe, tímida, desastrosa invitación a que la acompañara al café; y mi respuesta, entonces, sonó como una descortés negativa: "Sí, me voy a quedar acá, no voy a ir contigo", o peor aún: "Prefiero quedarme con Ricky". De allí, calculo, el irónico saludo a Ricky.

Tiempo después la encontré por la calle, muy estropeada, muy delirante, y a mí, nada menos que a mí, que le había bancado cenas, sándwiches y cafés, y que hasta le había dado plata para contribuir a pagar su alquiler alguna vez, a mí trata de envolverme en una complicada historia paranoica para que le diera tres australes. (Un tipo la perseguía para cobrarle tres australes, y cuando podía la maltrataba y la amenazaba para que le pagara.) Dijo que si ella tuviera los tres australes podría pagarle al tipo y sacárselo de encima, pero yo me indigné y no acusé recibo; le dije que más bien había que denunciarlo a la policía, y me fui sin darle nada.

Después de eso nos hemos cruzado algunas veces; a veces me ve y me saluda, a veces no me saluda pero no sé si me ve.

Y no hay nada más. No tengo existencia afectiva; no existo para nadie. *No sé qué hacer, dónde buscar, cuál es la actitud que habría que aparentar, cuáles son los códigos; nada.* Tampoco me sobra el tiempo para hacer ensayos. Y también me doy cuenta de que hay un abismo de experiencia, de experiencias distintas, entre yo y el mundo bonaerense, que no tiene ni idea de la existencia del espíritu. Mi último descubrimiento es que, aquí, toda la cultura es neutralizada, por el expediente de traducirla inmediatamente a información. No hay cultura; hay información, una información manejable racionalmente; pero el hecho cultural modificador no existe, no tiene entrada. No hay entrega. Se lee un libro y se va archivando como información, sin percibir el alma que escribe.

Hoy justamente tuve oportunidad de comprobar una vez más esta teoría con un muchacho que vino a hacerme un reportaje. No entendía nada, y creo que se agarró un dolor de cabeza. Yo simplemente le explicaba cómo escribía y qué era para mí la literatura. Después de una serie de intentos por clasificar, por racionalizar lo que le decía, parece que se dio cuenta de que estaba ante algo distinto y me miró de otra manera. Como parece honesto, es probable que se sienta mal durante un buen rato (el lunes me va a traer un borrador del reportaje para que lo vea y lo corrija; allí veré qué llegó a captar). Pero es la primera vez que veo por lo menos hacer el esfuerzo y, al menos por un instante, comprender que se está ante algo distinto. Y no porque sea yo especialmente distinto: es que aquí *no se conoce* la experiencia espiritual, no hay otra dimensión del ser que la eficacia productiva, la ubicación social, la competencia. Es increíble.

Esto me causa dificultades casi insalvables de inserción en el medio, y ni que hablar de las relaciones afectivas. Creo que causo, más que rechazo, una especie de temor a lo desconocido. Hace poco conocí a una muchacha de la editorial que publicó mi último libro, el que te envié por tu amiga; muy simpática, y tuvimos que hablarnos varias veces para combinar cuestiones de la presentación del libro, etc. Pues bien, no pude conseguir que me tuteara. Un día vi que tuteaba a otro escritor, que publicó en la misma editorial, y como me dieron un libro de él, esa noche me puse a leerlo. En la contratapa, decía que este hombre nació en el año 34.[5] Entonces llamé a esta chica por teléfono y le dije que si tuteaba a Fulano, que nació en el 34, bien me podía tutear a mí, que nací en el cuarenta. Pero no hay caso. El otro día me llamó y estaba en las mismas.

Sin llegar a tanto, algo similar pasa con la gente de la oficina. Hay como una barrera que no pueden pasar. Incluso los analizados, pueden manejar toda una terminología adecuada y rotular sus propios males o rayes,[6] pero estoy seguro de que no saben en profundidad qué quieren decir con eso, que no tienen la experiencia del autoconocimiento y que es lo que más temen en este mundo. Es curioso cómo en el Uruguay esa experiencia espiritual es tan común, incluso en gente muy ignorante; hay otra profundidad de vida, como una sabiduría animal, innata.

Aquí siento, entonces, que estoy yo con mi mundo a cuestas, un mundo habitable sólo por mí acá; que nadie quiere conocerlo, compartirlo, y ni siquiera saber de su existencia. Tan es así que el problema de la mujer pasó a ser casi secundario; hay otro más inmediato, de comunicación en general. (Tal vez los de la librería son quienes están más cerca de este mundo mío, al menos dos de ellos, que son justamente los que tienen más lazos con el Uruguay, que han absorbido bastante de nuestra manera de ser.)[7] Ojo: esto no quiere decir que extrañe conscientemente el Uruguay; si debo llegar a eso, pues todavía no llegué. Lo de Buenos Aires es el problema de la gran ciudad y de su ritmo inevitable; cuando digo Uruguay estoy diciendo también las provincias argentinas; con la gente de provincias es mucho más fácil establecer un diálogo, hay más puntos de contacto, hay experiencias más fácilmente compartibles y mutuamente inteligibles. (En fin: es como el cuento de Wells, "El país de los ciegos", no sé si lo leíste. Es una especie de parábola, mediante la cual quiere demostrar que en el país de los ciegos el tuerto *no* es rey, sino que por el contrario se transforma rápidamente en víctima.)[8]

Bueno, Alicia, te dejo por hoy. Hacé el esfuerzo y escribime unas líneas, aunque sean pocas; me son *muy* necesarias.

Hasta pronto,

J

[6]   20 DE JUNIO DE 1987

Buenos Aires, 20 de junio de 1987

Querida Alicia,

es bastante onírico esto de escribir cartas que probablemente nunca lleguen a destino; por lo menos, el acto de escribir cartas se modifica, pasa a ser otra cosa, cambia de plano o dimensión.[1] Y más todavía cuando uno se refiere a una carta anterior, como en este caso: resulta que recibí una carta tuya que creí contestar, hace unos días, pero ahora me doy cuenta de que eludía un tema, y que por algo sería. Me preguntabas acerca de ciertas mujeres, y te respondí, pero no dije una palabra acerca de Lil. Esto significa, probablemente, que acertaste una vez más. La verdad, es curioso que no sienta absolutamente nada, que no piense ni recuerde especialmente nada. Cuando me di cuenta de la elipsis, trate de forzar un poco la mirada interior en esa dirección, y encontré muy pocas cosas: una cierta dolorosa ternura por aquel ser que, alguna vez te conté, aparecía fugazmente en el tránsito de la vigilia al sueño o viceversa; un sentimiento de impotencia por no haber logrado rescatar a ese ser maravilloso de sus abismos y permitirle vivir también en esta vida (fracaso rotundo, proporcional al largo tiempo empleado de gasto de energía y expectativas); y una especie de zona neblinosa, gris, que contiene todos esos años donde se mezcla la frustración de la relación con esa coloración opaca de los años de dictadura, el miedo, la vida sin horizontes, la depresión —como si todo fuera una misma cosa (y tal vez lo fuera; creo que la relación fue una especie de pacto para ayudarnos a sobrellevar ese tiempo desconcertante). Y nada más; no hay un puente entre aquello y mi vida actual, aunque debe haberlo; no encuentro relaciones de causa y efecto, no hay imágenes espectaculares, no hay un hecho memorable, traumático o no; es un período de vida entre paréntesis, suspendida, casi como una pequeña muerte. Pero claro que debe haber una relación directa entre esa historia y el estar ahora solo en mi casa, sin poder llegar a imaginar como posible una nueva convivencia con nadie (te decía en mi carta anterior, creo, que tiendo a ocupar todo el espacio disponible, que necesito todo el espacio que tengo —un espacio ganado sacrificando la vida relativamente holgada que me permitía mi sueldo, y que me significa vivir hoy bastante pobremente, frugalmente; pero amo este espacio de mi nueva casa).

Espero que hayas recibido los libros, especialmente *Espacios libres*; aunque en realidad deseo que leas *Desplazamientos*, pero en ese momento me había quedado sin ejemplares. Ahora compré algunos más, de modo que en otra oportunidad te lo haré llegar.

El otro día fue la presentación de la colección donde apareció *Espacios libres* (para los libros de tres autores, entre ellos yo).[2] Fue mi primera experiencia de "alto nivel" en este mundo literario; había mucha gente, conocí a muchos nombres que hay que conocer, firmé algunos libros y me acribillaron con los flashes de las cámaras fotográficas. Me consta que en muchas fotos debo aparecer con una gran sonrisa idiota. Fue muy bueno para mí, excepto en el asunto de los bronquios, ya que antes y durante y después fumé cuanto te puedas imaginar; tengo la garganta quemada. Eso, entre reportajes que siguen sucediéndose, notitas y notas en diarios y revistas comentando los libros o su aparición, etc. Es una especie de éxito a nivel de editores y periodistas; ahora queda por saber qué pasa con el público, y supongo que no pasará nada (yo espero que, por lo menos, no pase mucho; que los libros se vendan lo suficiente como para que los editores quieran seguir publicándome y pagándome derechos, pero no más. Odiaría pasar a ser un tipo "conocido" del público). Por otra parte, tanto los comentarios impresos de los libros como los verbales que he recibido, me dan la pauta de cómo perciben los porteños los hechos culturales, y de ahí pasé a desarrollar una teoría en la que creo firmemente: en Buenos Aires son refractarios a la cultura, y la neutralizan traduciéndola inmediatamente a información. La gente no absorbe, no se modifica, no "vive" los hechos culturales; participa de ellos con mucho entusiasmo pero se pasan desplazándolos, ubicándolos en cierto archivo de la mente donde se clasifican pero al mismo se desactivan. No sé si en mi carta anterior te comentaba de un reportaje reciente, del cual me iban a mostrar el borrador antes de publicarlo;[3] me había dado la impresión de haber llegado al joven reportero, de que había logrado penetrar sus defensas, y tenía la esperanza de que hubiera allí un principio de comprensión. Pues no; del borrador se había eliminado cuidadosamente todo material inquietante, todo lo que pudiera delatar la dimensión del alma. Sin duda tendré que acostumbrarme a esto, pero me di cuenta de que tengo ganas de seguir insistiendo (a pesar del antecedente del fracaso con Lil) en tratar de patentizar la existencia del alma. No creo que llegue a modificar a los porteños, prisioneros de los mecanismos de la gran ciudad, pero al menos quiero conseguir que la gran ciudad no me modifique a mí, por lo menos no definitivamente; lucho todos los días por recordarme en la totalidad de lo que he conocido de mí mismo; es arduo, espero no cansarme y abandonar.

Bueno, te saludo muy cariñosamente; espero alguna línea tuya.

Jorge

[7] 30 DE JUNIO DE 1987

Buenos Aires, 30 de junio 87

Querida Alicia,

tu carta llegó lo más oportunamente que le fue posible, dado que era imposible que llegara en domingo; un domingo que pasé muy mal —hasta que me rendí: decidí no obligarme a hacer nada y me amodorré todo el día en el sofá, con una actitud de "a mí qué me importa de mí mismo y del mundo" que me rindió grandes beneficios; por lo menos, descubrí que estaba muy cansado, y que no me permito estar muy cansado, y que la mayor parte de mis estados nerviosos, fóbicos, depresivos y abandónicos provienen de ese cansancio. Paso entonces a preocuparme por el cansancio: ¿por qué me canso tanto, si mi trabajo es tan liviano como llevar una pluma en el sombrero? Respuesta: me canso porque estoy tenso, y estoy tenso porque estoy manteniendo una personalidad artificial en el trabajo. Eso me produce un desgaste nervioso y muscular comparable a aserrar una docena de troncos. Creo que ya te conté, en mi primera carta tal vez, el descubrimiento de que estoy permanentemente en trance durante las horas de trabajo, y que luego necesito dormir unas dos horas para recaer en mi verdadera y auténtica personalidad (no militar). En los primeros tiempos todo se justificaba, porque *realmente* tenía que hacer un trabajo intenso, y ese trabajo era a la vez motivación y refugio para las fobias (y todo marchaba aparentemente bien) (por lo menos era un equilibrio, y no me angustiaba, ni me deprimía —porque tampoco me ocupaba mucho de mí). Ahora no tengo el trabajo intenso pero sí la responsabilidad, y tal vez haya cierta culpa en el hecho de cobrar un sueldo (que en estos momentos estoy peleando por aumentar). La imagen que tienen de mí mis compañeros es que me las ingenié, por amistad con Jaime, para pasarla bien sin hacer nada.[1] Jaime y yo sabemos que no es cierto (y hoy mismo lo hablé con él). Jaime dice que puede dormir tranquilo porque yo estoy allí resolviendo un montón de cosas que él no tiene ni por qué saber que existen. Asimismo, formé a mucha gente que conmigo aprendió a hacer la revista, y yo puedo descansar en ellos; ahora soy una especie de ingeniero que le da algunos toquecitos maestros a ciertos tornillos flojos. Pero la verdad es que no tengo del todo claro la verdadera razón de la tensión exagerada; puedo fabricar mil explicaciones más, pero ninguna me suena como la verdadera. Estoy seguro de que la tensión proviene de mantener una personalidad no natural, eso sí; pero no sé por qué se da eso. Como resultado, me fatigo mucho, y me faltan horas de sueño. Si duermo de tarde, a la salida del trabajo, de noche estoy hecho unas castañuelas, con ganas de seguir la farra hasta el otro día (la farra puede ser simplemente acomodar cosas en casa, leer o prolongar la charla con los amigos de la librería en cualquier boliche); debo tomar alguna pastilla para dormir, y después, por supuesto, resistir sus efectos todo lo posible. Si no duermo, el resultado es más o menos parecido; hay días en que tengo cosas excitantes para hacer y puedo evitar las dos horas de sueño, y me siento molido hasta que me meto en la cama (y allí me despierto). De cualquier manera, cuando suena el despertador al otro día siempre me faltan horas de sueño. Últimamente aprendí a apagarlo y seguir durmiendo. Estoy llegando hasta dos horas más tarde al trabajo. Eso, desde poco antes de la mudanza. Antes entraba alrededor de las 10; ahora nunca antes de las 11, y con mayor frecuencia 11.30 o 12.00 hs. Ya te conté cómo de mañana voy añadiendo cosas imprescindibles para hacer antes de salir.

Entonces, cuando después de ese domingo de bajón fui ayer a la oficina, me encontré con tu carta sobre mi escritorio; y también con una nota que publicó Gandolfo en *La Razón* (de Uruguay), muy elogiosa, sobre mis últimos libros.[2] Y un rato más tarde me trajeron el original de un trabajo similar que va a publicar la revista *El Péndulo*, de otro crítico.[3] Todo eso me levantó muchísimo —y las cosas aquí se me dan así: paso varios días de no existencia, y cuando estoy arañando el borde del negro abismo, saltan mil cosas juntas.

Lo de la rosa del *Principito* lo recordé muchas veces, especialmente en las calles porteñas, cuando paso entre tantas mujeres bellísimas: "Ustedes son muy hermosas, pero están vacías".[4] (Y a menudo, peor que vacías: llenas de alguna clase de podredumbre. Casi todas tienen una mirada astuta y calculadora, tasadora.)

Me llama la atención que no interpretes los sueños por escrito. No me imagino dónde está el problema: si es por protegerte profesionalmente, yo puedo comprometerme a destruir tus cartas (basta con que lo digas); en cuanto a mí, las cosas de mi inconsciente son totalmente públicas (están en mis libros). Justamente, el crítico argentino (en realidad, italiano) que hace la nota para *El Péndulo* habla de que soy algo así como confeso y convicto del Edipo (y deliberadamente). Me llama mucho la atención que veas una interpretación sencilla, porque a mí se me escapa por completo (tal vez lo captara de inmediato si fuera el sueño de otra persona).

Ah, por favor: cuando te refieras a mis cartas, dame alguna pista. Estos sueños me costó mucho recordarlos, porque se ve que escribo y me olvido de todo (viene bien como descarga, aunque se me pierde el material).[5] No me sirve que me digas "lo que decís en tu carta del 13/6" porque no hago copias y no tengo la menor idea de cuándo pasan las cosas; aquí el tiempo es completamente irreal.

Sea como fuere, tus cartas me vienen muy bien. Y aprecio mucho el sacrificio que hacés al escribirlas. Una de tus frases la copié y la puse a la vista en mi escritorio (sobre las cosas que se oponen cuando uno quiere hacerlas simultáneamente; es algo que no debo perder de vista).[6]

Como te decía, hoy logré atrapar a Jaime para una charla intensa sobre todo lo que me perturba en el trabajo, entre otras cosas el sueldo. Como siempre, encontré una actitud muy atenta y comprensiva (como siempre que lo puedo acorralar para hablar con él). No creo que salga un aumento, porque complicaría a la empresa (por la competencia de los compañeros), pero sí es posible que surja alguna nueva actividad que implique otro sueldo; veremos; este tema quedó en suspenso por la urgencia de otros, como por ejemplo unos cambios que quieren hacer (dejaron una oficina, un departamento entero, y quieren apretarnos en nuestro piso, cosa a la cual estoy resistiendo ferozmente) y que son inmediatos. Me fastidia especialmente que se maneje a la gente como ganado, sin tener en cuenta necesidades, simpatías, antipatías; sin consultar, o sin hacer caso de las respuestas que uno da. Pero ya había resuelto hace días ser terminante en mis planteos; no puedo dejar que sobreviva un solo factor de incomodidad o perturbación (un poco humorísticamente me declaré en pre-conflicto, pero muy seriamente hablé de mi intención de salir a buscar otro trabajo, si persisten las razones de mi malestar) (pero creo que no será necesario; vi mucha comprensión y buena voluntad de parte de Jaime).

Bueno, pasando a temas prácticos: ¿por qué querés ir a un hotel?[7] No creo que aquí se sientan muy incómodos; hay un sofá cama y un colchón para poner en el suelo, creo que las sábanas son suficientes (sólo faltaría tal vez alguna frazada, por las dudas). Hay una pieza, mi escritorio, que es muy protegida; creo que se pueden arreglar bien. De cualquier manera, avísame; entre otras cosas, tengo que mandar a hacer otra llave.

Y ahora viene una larga lista de pedidos (cosas que te serán pagadas instantáneamente cuando las traigas):

1) Desde luego, *propóleos*. Tráeme tres o cuatro o mejor cinco frascos grandes (330 gr) o más cantidad de chicos (200 gr). Me resulta increíblemente difícil hacer que alguien me lo traiga. Encárgalo con tiempo en la farmacia, por si no tienen y deben encargarlo.

2) Crema curativa Dr. Selby (tres tubos, por lo menos). Imprescindible para la sequedad de nariz que produce el buen aire con smog porteño y los acondicionadores de aire y estufas.

3) Valium 10 (una caja); 4) Pronocta (una caja) (que no sean muestras, si es posible); 5) Y a vos, justamente, no te voy a pedir uno o dos cartones de Nevada, pero me tiro el lance;[8] 6) Afeitabic (máquinas descartables de afeitar) (seis, o diez, o doce). Nada más.

Me despido aquí, para no poner otra hoja que llenaría de punta a punta y te llenaría a vos. Te llamo en unos días para ver qué pasa. Gracias, y besos.[9]

Jorge

[8]   8 DE SEPTIEMBRE DE 1987

Buenos Aires, 8 de septiembre de 1987

Querida Alicia,

desde que estuviste en Buenos Aires, tu carta anda rondando sobre mi escritorio, y siempre la miraba de reojo cuando aparecía entre otros papeles, sin volver a leerla (me refiero a la carta entregada en mano propia). La verdad, es que el asunto de los roles me había quedado clavado como una espina, sobre todo porque desde un primer momento tuve la fuerte sospecha de que eso tenía íntima relación con el hecho de que te olvidaras sistemáticamente de mis pedidos. (No puedo saber si es una decisión consciente tuya, que muy bien pudiera serlo por secretos manejos psicoterapéuticos, pero procedo como si no fuera así.) Ahora fui a buscar tu carta y la tengo aquí, porque ahora tengo una forma de respuesta, gracias a un magnífico sueño que tuve esta mañana* (y que voy a relatar en hoja aparte; de ese modo podés destruir esa hoja, de la cual yo tendré una copia, sin ningún temor de que "algo se pierda". Te adelanto que "la mano viene pesada"). También en hoja aparte, pero sin que yo conserve copia, van mis comentarios del sueño y de la carta y etc. (no comprendo a la gente que escribe cartas con duplicado, sobre todo algunos escritores: ¿estarán pensando en la posteridad? Eso me repugna. Solo guardo copia de cartas comerciales, a editores, o cosas así como para poder presentar en un juicio). Bueno, aquí termina la carta inofensiva.

J.

SUEÑO (8-IX-87)[2]

El sueño se produjo después de un despertar raro, sin un motivo discernible (no para ir al baño; eso había sido a las cuatro de la mañana). No sé qué hora sería, pero imagino que andaría por las siete o las ocho de la mañana, o incluso las nueve menos cuarto, hora habitual de que suene el despertador, que anoche había cambiado para más tarde, las nueve y media, porque me había desvelado un poco. El hecho es que me desperté, un poco perplejo, y me pregunté si mirar la hora y levantarme y bañarme o si seguir durmiendo; pero no sabía cómo seguir durmiendo, porque había

---

* Como omitiré nombres, espero que sepas reconocerte. Es muy fácil.[1]

algo íntimo que me molestaba. Finalmente decidí "descansar placenteramente" sin proponerme dormir, y fantaseé un poco con cierta adorable chica profesional que conocí y me dormí enseguida. Entonces tuve un sueño largo, complejo, imposible de recordar en su totalidad (lástima; era casi una novela entera). En realidad conservo pocas imágenes:

(En un apunte apresurado a lápiz que hice al despertar, para no olvidarme de los puntos fundamentales, anoté en primer lugar: "Niveles del sueño". Y ahora maldito si tengo la menor idea de lo que quise decir.)

Estamos X y yo en una pieza; la pieza tiene algo sumamente familiar (es, de alguna manera, "mi casa", aunque después se verá que no tengo el pleno dominio que tengo sobre ésta, mi casa actual). Ella (X) está sentada y creo que yo estoy de pie, y estamos conversando mientras yo hago alguna otra cosa. Hasta ese momento se da la exacta forma de relación que yo tengo con X en la vida real. Después de un rato (todo transcurre lentamente, como en una novela densa, llena de cosas, con un tiempo casi tangible), sucede algo: X y yo nos miramos de una manera especial, intensa, y es como si cayera una barrera entre nosotros. Yo siento una gran alegría (que me va a durar después todo el día, en vigilia); nos acercamos, nos abrazamos, y yo introduzco la mano derecha debajo del vestido y comienzo a acariciarla, y luego decididamente a masturbarla, a lo que ella responde con evidentes muestras de placer. Yo también siento un inmenso placer (el placer de producir placer), aunque mi sexo no interviene activamente en el asunto. Después de un rato, adviene el orgasmo de X, que yo percibo en multitud de contracciones musculares de su vagina pero muy especialmente del ano. Creo que es recién en ese momento que yo pienso que debo participar en el acto sexual con mi sexo, y me veo desnudo de la cintura para abajo con el pene completamente erecto; y creo que también hay un reclamo de X, o más exactamente un entusiasmo de X por el acto que vamos a realizar; pero, mientras tanto, continúo sintiendo en mi mano las contracciones musculares, que se van espaciando poco a poco, aunque las del ano continúan un poco más de tiempo, y esas contracciones me resultan muy agradables y estimulantes y, mientras tanto, X va como perdiendo interés (me parece lógico) en la inmediatez del acto y, ya cesadas las contracciones, vuelve a sentarse en su lugar y mientras yo debo "prepararme" para el acto, ella va asumiendo más bien un papel, cómo diría, de "propietaria", de mujer que ha formado una pareja y pasa a interesarse más en los problemas prácticos de la pareja que en el acto sexual propiamente dicho. No sé si se entiende bien. Yo, mientras tanto, me preocupo por lavarme el pene, y hay algo engorroso con una canilla y un balde de plástico verde; al recordar el sueño, me doy cuenta (está en los apuntes de la mañana) que ese lavarse no tiene mucho que ver con la higiene, sino que es como un acto ritual, bautismal, un paso imprescindible para que yo me sienta "autorizado" a la relación sexual (y de ahí puede venir lo de la masturbación anterior: en la urgencia de "la caída de la barrera" y la necesidad de una consumación inmediata, no hubo tiempo para el rito). El hecho es que las cosas se complican; el lugar donde está la canilla es accesible a las miradas de otra gente que anda rondando por allí, X se preocupa de que nos vean, etcétera, y la cosa se va diluyendo (sin que sepa cómo concluye esa situación en particular). Luego pasamos a otra pieza, creo que contigua al lugar de la canilla, donde hay una mesa grande y gente sentada en algunos asientos dispuestos alrededor, y hay asientos vacíos y se espera a más gente. X sigue "formando una pareja" conmigo, de modo evidente (y creo que no señalé claramente el hecho de que X aparece tal cual, inequívocamente ella, con una fuerte presencia, una gran realidad).

IMPORTANTE: En algún momento, tal vez entre la escena anterior y ésta, pero no puedo saberlo bien, aparece una nitida imagen —pero no "presente", sino como recuerdo de mi madre, y creo que también de mi abuela; y yo siento un claro rechazo, como que no quiero saber más de nada con ese mundo. Y así se lo comento a X. (En mis apuntes a lápiz, digo que "se lo comento a la gente que está allí", no a X.)

Uno de los personajes que aparece, de pronto, es el padre Cándido.³ Después de tanto tiempo, si bien aparece con naturalidad y a mí no me sorprende que lo haga (sin embargo, se hace explícito que han pasado muchos años sin que nos veamos), quiere saber "cómo están las cosas", como que quiere situarse en lo que está sucediendo, y al vernos juntos a X y a mí pregunta si "estamos casados o…" (no pude recordar el otro término de la alternativa). Yo tomo a X de la mano, o de la cintura, como reafirmando la pareja, y le respondo, muy sonriente, a Cándido: "Más bien nos usamos mutuamente, en el buen sentido de la palabra usar". (Creo que es una respuesta típicamente mía, una salida fuerte dicha en tono de broma que suele descolocar al interlocutor; lo que un amigo llama "una típica respuesta levreriana"). En ese momento advierto que, a pesar de que la cara de Cándido se mantiene exactamente igual, su cuerpo ha engordado desmesuradamente.⁴

En eso entra el marido de X (o ex), con expresión ausente, como si no viera nada a sus costados, y habla con una de las personas que están allí, sin vernos ni mirarnos ni percibirnos. Yo le hago a Cándido repetidos gestos, muy elocuentes, de que "él no sabe nada de lo que pasa entre X y yo", y él deja caer hábil y rápidamente los párpados en clara respuesta de inteligencia; entonces me quedo tranquilo de que no va a meter la pata.

En esa reunión hay un clima "latinoamericano", que me resulta especialmente desagradable (en estado consciente, me revienta el "latinoamericanismo" de izquierda, folklórico, glorificador de ciertas miserias y atrasos; en el sueño, creo que me molesta eso y además que eso sea un indicio de que no domino en "mi casa"). A mi izquierda, hay parado un "latinoamericano" (creo que fue tomado de un boliviano que estaba antes que yo en Migraciones hace unos días, cuando fui por un trámite) que me dice algo en un español que no comprendo. Le digo que no entiendo; repite, y tampoco entiendo, y le pido que venga y se siente a mi derecha, en la silla contigua a la mía) (de paso, nótese en el texto escrito distintas correcciones que tuve que hacer, justamente siempre las mismas: cambio de *a* por *e*, o a la inversa; esto tiene su significado, creo, y me extraña que asome así porque ya lo tenía consciente). Entonces, el boliviano o lo que sea me pregunta sobre el uso que hacemos nosotros, con qué significaciones, de la palabra *promiscuidad*. Alguien que hay sentado frente a mí le explica, dando una serie enorme de sinónimos (yo, desde luego, no recuerdo nada).

Más adelante, llego a una reunión ya empezada, tal vez en otra pieza, o en la misma más tarde; no sé. Aquí apenas sí logro conservar algo del sentido del sueño; alguien habla de un hecho, o un aparato, o la necesidad de escribir para tener una identidad algo, que "es notable"; habla con admiración de algo que permite, al parecer, que palabras arrojadas en una especie de líquido que gira en un recipiente se transformen en un texto. Yo me agarro la cabeza y digo: "Justamente, venía a contarte cómo me siento hecho pedazos, y cómo quisiera ponerme en una máquina que me mezclara y me unificara" (esto es sólo el sentido, no las palabras exactas, que perdí).[5]

Tercera parte[6]

Bien, ése es el sueño. Ahora me refiero a mis pensamientos posteriores al sueño (aunque arrancan tal vez desde hace unos días, aunque no tan claros como puedo expresarlos ahora), y lo que tiene que ver con tu carta. "Mi impresión, en julio, fue que es mucho más difícil hablar cara a cara. En lo que me es personal me siento como 'mal parada' frente a ti, ¿se me confunden roles o tú me designas roles diferentes?" (fragmento esencial, movilizador, de tu carta). Hay una carta anterior tuya, que creo que fue la que respondí y no te llegó, en la cual me decías que no querías que pensara en vos exclusivamente como en mi doctora;[7] que también eras mi amiga, y comentabas el diálogo aquel, tan rico, que tuvimos en diciembre. No sé si te llegó una de mis cartas que comentaba que había tenido un sueño erótico contigo, aunque sin detalles, porque era casi abstracto. Estoy mezclando cosas porque creo que aquí hay toda una historia, en la cual vos tenés un papel muy activo. Lo primero que pensé hoy, después del sueño, fue que vos te negabas al rol terapéutico porque fundamentalmente querías ser valorada como mujer (por mí). Perdón si vuelvo a mezclar roles y me convierto ahora en tu analista. Esta negativa al rol terapéutico se simboliza claramente, para mí, en tu olvido, tus olvidos, de mis encargues; porque cuando te pido algo, pasás a ser mi madre, y si sos mi madre se establece la prohibición del incesto. (Hay otra posibilidad, menos graciosa para mí; que proyectes en mí la imagen de JJ, como suelen hacer, no sé por qué, la mayoría de las mujeres de mis amigos —incluso esa *e* que se confunde con la *a* en el texto del sueño— y que estés cansada de ser la madre de JJ y por lo tanto también me rechaces a mí.)

El asunto de los roles es complejísimo. Fíjate que primero fuiste la novia de mi amigo, celosísima de nuestra amistad, que me echabas a cada rato para que no les robara ni un minuto de estar juntos. Tu primera imagen era detestable: celosa, egoísta, peleadora, mujer del tipo feminista (es decir, masculina). Después fuiste la dueña de casa celosa de su casa y de sus cosas, siempre pisando fuerte con botas ruidosas. Sólo llegué a descubrirte en tu grandeza espiritual en tu consultorio. Desde mucho antes que, creo, pensaras en dedicarte a la psiquiatría, yo veía en vos una perfecta psicoterapeuta. Sobre mí, desde la primera consulta, tuviste efectos mágicos (bastaba con llevar tu receta en el bolsillo para curarme; pocas veces usé la receta para comprar los medicamentos). El caso más notable fue cuando me bajó la fiebre instantáneamente al tocarme con un dedo (cuando las infecciones de vesícula, antes de la operación). En la consulta abrías tu alma y dejabas fluir tu enorme caudal afectivo y todas tus cualidades más brillantes. Fuera de la consulta seguías siendo mezquina (y me divertí mucho el otro día cuando nos peleamos por dólares y australes y seguimos peleando por la calle hasta la confitería; creo que fue la primera vez que enfrenté tu mezquindad y/o avaricia, que me da mucha rabia porque sé que es la máscara, la defensa, de un corazón noble y generoso).

Desde que comencé a ser tu paciente, fuiste adquiriendo gradualmente enormes poderes sobre mí, que siempre supiste (conscientemente o no) canalizar positivamente. Te debo nada menos que estar en Buenos Aires, a años luz de lo que era mi depresiva vida montevideana; lo conseguiste con una charla informal de unos minutos, en tu casa, sentada, creo, sobre un baúl en medio de la mudanza. Mi enamoramiento de esa compañera de trabajo fue prácticamente una orden tuya: la viste una vez en casa, te gustó, y me la recomendaste en diciembre. Eso también me vino muy bien, a pesar del sufrimiento. Y aquella prohibición, que levantaste en julio, casi me lleva a la tumba.[8]

Bueno, en diciembre, entre otras cosas, te descubrí como mujer. La doctora siguió pesando y dirigiendo, pero desde ahí tenía una dimensión más. Tu carta lo hizo luego más explícito. Después apareció el sueño erótico (abstracto), que no sé hasta qué punto fue un sueño edípico.

Paralelamente, y quién sabe si en este sueño que hoy adjunto no hay algo oculto al respecto, alguien que me visitó días antes de tu última venida, quien está en una situación muy similar a la tuya (traducí Cándido por Torri, que hay motivos para que sean equivalentes en mi inconsciente),⁹ y que representó un papel materno y con quien tuve hace años sueños eróticos claramente edípicos, bien, actualmente tiene sus acciones en baja en mi erótica pero, "casualmente", pasó a tener un rol "terapéutico".[10] Me dio una sencilla y placentera fórmula con la cual mejoraron notablemente mis digestiones (y por lo tanto también mis humores), y al mismo tiempo se convirtió, no sé hasta qué punto ni hasta cuándo, en "movilizadora literaria", ya que le escribí dos cartas seguidas con mucho humor.

Mientras tanto, me has obligado a buscar médico... Creo que, conforme a tus deseos, conscientes o no (supongo que no), de vos va quedando, para mí, el rol de amiga. Y en el sueño queda muy clara mi apreciación de tu ser femenino, aunque ya lo era bastante en la vigilia. Y creo que debo detenerme en este punto (entre otras cosas, porque me he fumado casi una caja de cigarrillos escribiendo esta carta).

Desde luego que espero una buena respuesta (no me digas que estoy loco; eso ya lo sé, y me alegro mucho. Fue el mejor elogio que recibí en estos días, del actor que capitanea el asunto del programa de TV.[11] Me decía que se había formado rápidamente, de modo un poco mágico, un equipo notable, muy solvente, "y fijate que son todos muy jóvenes, uno tiene veinte, otro veintitrés, otro veinticinco...". Yo le digo: "Lástima el libretista", y él me dice: "Pero no, vos no tenés edad, vos estás loco, estás fuera del tiempo"). Sé que el tema es pesado, pero espero de tu parte la misma sinceridad que he derrochado en esta carta. Lo siento si pierdo a mi mejor terapeuta, pero Dios proveerá.

Besos,

J

P.S. Lo que marqué en el sueño como "importante", al releerlo ahora, tiene para mí el sentido de "desproyectar" la imagen materna proyectada en vos. No sé si es consecuencia directa de tus "olvidos" —en fin, me suena a ruptura del vínculo terapéutico.

P.P.S. Creo que no ha quedado claro que, pase lo que pase, yo estoy muy contento y siento todo esto del día de hoy como una determinación de crecimiento —y que es, también, algo que te debo a vos.[12]

[9]   24 DE SEPTIEMBRE DE 1987

Buenos Aires, 24 de septiembre de 1987

Querida Alicia,
aquí te envío una copia de la carta, tal como te había anticipado, que escribí para X (X, como recordarás, es la protagonista de aquel interesante sueño que te conté). (Sigo llamándola X para proteger su identidad, pero creo que vos tendrás pistas suficientes como para saber de quién se trata.) Suprimí algunos párrafos que, como dice la propaganda de ciertas películas, "pueden herir la sensibilidad del espectador". (De cualquier manera, imaginate todo lo que tu mente te permita imaginar al respecto, y te acercarás bastante al contenido de esos párrafos.)
En el aspecto clínico, te comento que he tomado contacto con un médico, el Dr. Miller, solicitándole ser admitido como (no sé cómo dice el equivalente, desde el punto de vista del paciente, "de médico de cabecera". ¿Será "paciente de cabecera", o "de pies", o qué?). Le pareció bien, y como corresponde me mandó una serie de análisis para traducirme en cifras, tan gratas a los médicos: orina completa, sangre múltiple, electrocg común, espirometría. Me veo venir electrocg de esfuerzo, espirometría de esfuerzo y tal vez cosas peores. Ah, también me hice placas. Todavía no tengo resultados; como la espirometría es lo que más va

a tardar, porque el médico que la hizo se va por unos días y no podrá evaluarla, recién veré al Dr. Miller con todo el paquete allá por el 14 de octubre. Trataré de copiar todos los datos y enviártelos. Me estoy sintiendo bien, muy bien. Me asusto, por momentos, de sentirme tan bien. Eso sí: ansiedad al máximo, cigarrillos al máximo, etapa maníaca. Pero he aquí una cosa muy interesante: ¿te acordás de nuestra conversación de diciembre? Yo planteaba mis problemas con mi cuerpo, de larga data; la separación de mi cuerpo, que se acentuó con una pareja mal avenida y con la operación de vesícula. Te acordarás también de cierta interdicción tuya, que te hice levantar en julio;[1] y te acordarás que, previamente, hubo un sueño profético, en el cual yo recibía una carta tuya, por intermedio de una señora desconocida, y dentro de esa carta estaba mi vesícula intacta.[2] Recordarás también que yo asocié la operación con castración, y que esa vesícula tenía forma fálica. Bien: todo calza perfectamente. A través de tu maravillosa terapia, ya sea la epistolar o las charlas de boliche en Buenos Aires, se cumplió la profecía de recuperar mi vesícula = sexualidad, vino la era de las promotoras y de pronto, *sin darme cuenta*, vuelvo a un consultorio médico, vuelvo a aceptar análisis con toda naturalidad, sin ningún temor; antes, pocos días antes de todo esto, me había sacado una muela, y ahora estoy yendo regularmente al dentista —todas cuestiones prohibidas para mí desde la historia de la operación. Quiere decir que acepté la operación, que por fin me recuperé de ese trauma horrible, que rescaté mi sexualidad y que, en fin, volví de la larga regresión post-operatoria. No leo más novelas policiales (en parte, claro, porque ya las leí todas, las accesibles; pero tampoco las busco con mucho entusiasmo). ¿Te acordás, o acaso nunca te lo conté, lo de la relación entre las novelas policiales y mi cuerpo? Mi teoría es que yo leía esas novelas por identificación con la víctima (como víctima de la operación), y también con el detective y aun con el asesino; me buscaba a mí mismo, buscaba mi cuerpo. Vos me lo devolviste (en el sueño del sobre conteniendo la vesícula, que se correspondió con la precognición de que me habías mandado una carta con una amiga). Está bien: nunca recuperaré mi cuerpo del todo, siempre habrá una mayoría des (?) tiempo en que estaré separado de él; jamás seré un gimnasta ni mucho menos, pero por lo menos no hay hostilidad entre él y yo, y por momentos (promotoras mediante) hay total coincidencia.

Pero el fenómeno no se detiene ahí, ya que lo fundamental es que, junto con el cuerpo y la sexualidad, recuperé la capacidad de sentir mis sentimientos (valga la redundancia), de emocionarme, de amar, de odiar, de ser agresivo, directamente agresivo. También en estos aspectos estoy lejos de un modelo para un manual de salud; ya sabés, por cartas anteriores, las enormes dificultades que hubo que vencer para que aflorara el sentimiento correcto, después de muchas distorsiones y sustituciones del verdadero objeto; y hay muchos momentos en que me quedo sin ningún sentimiento perceptible, aunque sé que sigue actuando desde el inconsciente y vuelve a aflorar cuando se le antoja (o le permito). Pero siento que la esquizofrenia ha sido superada, y lo más asombroso para mí, en esta experiencia, es la confianza en mí mismo. En estos momentos tengo que apelar a toda mi razón y a toda mi capacidad de represión para poner un freno a esta confianza desmedida (que no es exactamente omnipotencia) y no apresurarme en ciertas decisiones, como por ejemplo en relación al trabajo, porque le desconfío un poco a la etapa maníaca. Ya el pico más alto creo que pasó (me refiero a la manía), pero todavía no estoy en un equilibrio. La pauta me la da la gráfica de cigarrillos fumados, que desde hace un tiempo está en rojo (peligro extremo). En ese sentido, me favorecen los periodos depresivos (gráfica en azul, peligro, simplemente), pero no los quiero. No, no los quiero.

Esta es, pues, la evaluación de tu terapia. Creo que has obrado maravillas sobre mí. No sé cuánto más se podrá lograr; mi meta más anhelada (después de X, claro) es dejar de fumar.[3] Hablé al respecto con el Dr. Miller; dice no conocer ningún sistema de internación, pero que lo vamos a estudiar. Es un tipo joven, muy serio, muy sereno, muy confiable (en cambio, el que me hizo la espirometría me parece un marrullero. Y su aparato para hacer la medición es una reliquia del pasado, algo muy elemental —nada que ver con el del CASMU).[4]

Como te decía, aparte de tu carta comentando mi última carta, estoy esperando una carta de X, que me tiene muy loco. Sea cual fuere el contenido de la carta de X, y aunque por lo tanto me equivoque y haga el ridículo, le voy a enviar la carta cuya copia adjunto. Eso te puede dar una idea del estado de mis sentimientos. Hace muy poco tiempo, era impensable que yo escribiera una carta así. Ojalá no me equivoque y, si me equivoco, ojalá no me desmorone; tengo mucha, mucha esperanza puesta en X. Tendría que estar preparado para la eventualidad de estar equivocado, pero sencillamente no puedo; me desorientaría tanto como salir de mi casa a la calle y no ver la plaza del Congreso, sino, por ejemplo, la estepa siberiana.

Decime algo de todo esto. Gracias, y un saludo muy cordial.

J

[copia adjunta]

Buenos Aires, 24 de septiembre de 1987

Mi querida, querida, querida X,

vivo en un permanente frenesí desde el lunes (a pesar de que el contenido de la llamada me lo sospechaba, es algo muy distinto ser confirmado en la sospecha, y además está el tono de voz —el timbre de tu voz resuena muy a menudo en el interior de mis neuronas; no me decís nada inteligible, no hay palabras, pero sí ese timbre, cálido, que me acompaña; y sé que, cuando eso sucede, estás pensando en mí. Lo sé sin sombras de dudas; no debería estar tan ansioso por el contenido de la carta que espero, esa carta que me hace sumergirme en la bolsa del correo que llega todos los días a la oficina, pasando por encima del cadete encargado de separarlas y repartirlas, desparramo todo, me frustro finalmente porque, sí, hay alguna carta para mí, pero no la que yo espero; no debería estar tan ansioso pero estoy *completamente enloquecido*, subvirtiendo todo a mi alrededor (y adentro mío); es formidable este descubrimiento, que tardó tanto en abrirse paso, y que ahora me desborda, me maneja, me hace despertarme a las siete la mañana, me produce una actividad maníaca totalmente inconducente —no hago nada útil al cabo del día, salvo cumplir escuetamente el programa, fundamentalmente la lista de análisis clínicos recetada por mi nuevo médico—, y, en fin, estoy muy seguro de mí mismo, con respecto a vos, y de vos con respecto a mí. ¿Estaré tan completamente equivocado? No me entra en la cabeza; no es una posibilidad para tener en cuenta. Si estoy equivocado, creo que no me animaré a salir nunca más a la calle ante esta posibilidad, de estar equivocado, de estar engañado por la voz interior (por tu voz que suena en mí), se abre ante mí un desierto invisible, una nada infinita, sin horizonte, sin nada de nada. Pero no puede ser; lo descarto por completo. Creo que en algún momento abrí un paréntesis; me lo dice mi olfato de escritor. Por las dudas, lo voy a cerrar).

Bueno, preciosa mía, descartada por completo la posibilidad de que me equivoque, ¿cómo y cuándo nos vemos? Es imprescindible que te vea, que te toque, que te agarre, que te abrace, que... En fin. Es imprescindible. Sé que tu puesto de maestrita rural en el interior argentino, tan lejos de Buenos Aires, te condiciona;[5] sé que tus pacientes alumnos no pueden ser abandonados así como así; sé que no podés decir de buenas a primeras "Me voy a Buenos Aires" sin alguna justificación plausible, pero es imperioso que inventes algo urgentemente. Como sé de las penurias económicas de las maestritas rurales, yo ayudaría a solventar el viaje, o, en fin, lo solventaría en un 100%. ¡Cualquier cosa! La otra posibilidad es que vos me recibas allí, pero creo que no lo encontrarás conveniente. En tu pueblito de 500 almas todo se sabe, y una maestrita rural debe cuidar su prestigio social. Desde luego, si pudieras asegurarme que podré estar contigo a solas, aunque sea unas horas, me tomaría inmediatamente un avión, un tren, cualquier cosa; hasta iría nadando, a pesar de que no hay agua; nadaría en tierra. Creo que definir esta cuestión —cuándo, cómo, dónde— debe quedar totalmente en tus manos, y yo haré exactamente lo que me digas: pero apurate, por Dios. Consumirse un poco tiene su lado romántico y hasta divertido, pero me parecería muy mal consumirme del todo. Adelgazo. Se me caen los pantalones. Tengo la piel brillante y los ojos ardientes de jovencito (creo que son unas inyecciones de cortisona que me están dando, pero prefiero hacerme creer que es el rejuvenecimiento del amor; que, de ahora en adelante, el tiempo correrá hacia atrás).[6] Te amo. Es formidable. Y lo más formidable es este convencimiento mío de ser correspondido; nunca me había pasado. *¿Es la locura total, o es, por fin, la salud?*

(aquí suprimo unos párrafos de esta transcripción, porque son de carácter tan íntimo que ni aún mi terapeuta tiene derecho a conocerlos)

. . . .
. . . .

Entonces, ¿te puedo llamar por teléfono? ¿Qué días, a qué horas? ¿Te puedo escribir, o también mis cartas ponen en peligro tu prestigio social? Quiero instrucciones precisas. Por tu parte, podés hacer lo que quieras: publicarlo en el diario, aparecerte en mi casa sin previo aviso, dejarles mensajes a las telefonistas de la oficina, a mi secretaria, lo que quieras. De ese modo mi prestigio no se resentiría, sino que se acrecentaría notablemente; pero no es eso lo que interesa, sino la co-mu-ni-ca-ción, y referida a hechos con-cre-tos.

En estos momentos tu voz no suena dentro de mí. ¿Qué estás haciendo? Son las 22:59 del jueves. Ojo, eso está muy mal. No dejes de sonar dentro de mí.

Bueno, linda, sé que es un problema para vos, que estás muy controlada, como menor que sos, pero me enseñaron que cuando hay un verdadero lazo de amor entre dos seres, todo lo circunstancial se puede solucionar. Te besa, te abraza, te estruja, te lame,

(firma)[7]

[10]   28 Y 29 DE SEPTIEMBRE DE 1987

Buenos Aires, 28 de septiembre 1987

Muy, muy, muy querida X,

por fin hoy, lunes, me llegó tu carta —después de uno de los domingos más horribles que tuve en mi vida: un día que sobraba, un día que me separaba un día más de tu carta, de la posibilidad de tu carta;[1] no podía centrar la mente en nada, no podía dormir, y después de la borrachera del sábado, casi no podía comer, y menos tomar (el sábado me emborraché, muy conscientemente, tomando vino con el almuerzo, para dormir toda la tarde y, por lo menos, no fumar tanto como venía fumando). El domingo, pues, fue un domingo de quedarme en casa devorándome las entrañas, perdiendo confianza, temiendo —tanto como deseando— encontrarme con tu carta (fue gracioso esta mañana; llamé a la oficina, porque no tenía necesidad de ir hasta las 15:30, para una reunión especial; me dijeron que sí, que había una carta para mí con todas las características de ser tu carta; entonces tuve que cambiar de planes, pero en lugar de salir para allá disparado como un rayo di algunas vueltas, caminaba lentamente, más lentamente a medida que más me acercaba; me dolía la barriga, etc.). Cuando la leí, encontré lo que inicialmente había esperado encontrar, pero mucho mejor dicho o, si se quiere, encontré mucho más de lo que había esperado encontrar —a pesar de ciertas contramarchas, dudas, ambigüedades... (que me parecen lógicas, desde luego. Todos tenemos miedo). Y allí me vino el bajón, el dolor de cabeza, el agobio —como cuando atiendes durante horas y días a un moribundo, y cuando pasa todo, es como si te cortaran los piolines y caés desarticulado. En fin. Creo que recién ahora empieza el lío, pero creo que recién ahora, al menos para mí, las cosas empiezan a cobrar sentido.

Ahora estoy esperando que llegue la hora prefijada (por mí) para llamarte por teléfono. Espero encontrarte y que puedas hablar. Estoy escribiendo para llenar un poco ese tiempo. Espero que sepas apreciar los esfuerzos terribles, casi sobrehumanos, que tuve que hacer ayer para no llamar. Me inhibiste con el asunto de las llamadas, y ayer, sin la carta de por medio, no tenía sentido. Hoy sí; debo hacerlo de cualquier manera. Porque ahora hay que buscar la forma de propiciar el primer encuentro, ese difícil para ambos primer encuentro, en nuestra nueva condición. Me imagino perfectamente como a un par de estúpidos, rígidos y convencionales —por lo menos durante un rato largo. Pero, querida mía, tiene que ser muy pronto. Tenemos que ver qué pasa, qué nos pasa. Y después buscar alguna forma de poder seguir viéndonos regularmente. Pero no nos adelantemos a los acontecimientos; el primer paso, creo, es vernos, ya, ahora.

  Yo no estoy tan seguro de que "no somos el tipo" uno para el otro, o una para el otro o uno para la otra, como mejor te parezca. Que hay dos soledades, de acuerdo, pero la vulnerabilidad me parece relativa,[2] y las soledades me parecen deseables; quiero decir que no creo que esas soledades invaliden una relación, sino que, por el contrario, pueden dar la relación más potente y formidable que imaginarse pueda, la de dos tipos casi autosuficientes, y no esas parejas de inválidos que andan contaminando el mundo, la enorme mayoría. Somos muy distintos, de acuerdo; tenemos intereses bastante distintos, de acuerdo; gustos diferentes y experiencia de vida diferente. Creo que somos la pareja más explosivamente desastrosa que pueda imaginarse, si pensamos en términos de convivencia hogareña. Yo no me dejaría mandar,[3] vos no permitirías que yo no te obedeciera; yo rompería todos tus discos folklóricos y vos todos mis cassettes de jazz. Pero, querida, queridísima, creo que seríamos unos amantes prodigiosos, y que nos llevaríamos a las mil maravillas —solamente que viviéramos aunque más no fuera uno en la casa de enfrente del otro. Por otra parte, por otra parte, creo que nos complementamos perfectamente, justamente por las diferencias, y que hasta ahora hemos procedido enriqueciéndonos uno a otro, y no tenemos por qué empezar, por ejemplo, a competir y tratar de destruirnos mutuamente, como suelen hacer las parejas, al menos las que conviven, se atan, se controlan. Por otra parte aún, no es de hoy que te descubro como mujer atractiva; siempre me cautivó ese algo tuyo que sólo puedo comparar (perdón por la mala literatura) como una flor extremadamente recatada, que sólo muy de tanto en tanto permite que se abran sus pétalos y exhala el perfume de su intimidad; hay una íntima, recóndita, y se sospecha que tremenda, femineidad, que cubrís permanentemente de pétalos (y a veces, por qué no, espinas filosas). No es el caso del epitafio de Rilke, uno de los versos más extraños y profundos que se hayan escrito: "Rosa, oh extraña paradoja, ser el sueño de nadie bajo tantos párpados"; yo creo que podría arrancar uno a uno todos tus pétalos y no quedarías vacía, sino que por fin te revelarías en tu plenitud (de todos modos, sos el sueño de alguien bajo tantos párpados: el sueño mío).

Antes había muchos tabúes, algunos de ellos, o casi todos ellos, muy razonables. Ahora no los hay. Mirá, mi amor, si hubieras rechazado de plano mi carta no me habría animado a la postdata; y si hubieras rechazado de plano la postdata, no habría llamado esta noche ni estaría escribiendo esta carta; más o menos dolido, más más que menos, pero, en fin, vos sabés que no es la primera vez, por desgracia, que tendría que estar renunciando a un amor por imposible o llorando a un amor que pasó; quiero decir que me la hubiera bancado, como dicen aquí, y a otra cosa. No estoy tan vulnerable ni mi soledad es tan insoportable; quiero decir que no me prendí a vos como única tabla de salvación (y sería un idiota si lo hubiera hecho, en una situación tan difícil, tan problemática como la que debemos enfrentar); no; hay una cosa muy pero muy profunda de fondo, y jamás me vas a hacer creer, por más peros que le pongas al asunto, que es un invento mío, que es un delirio unilateral. *Esto lo fabricamos juntos*, y vos lo sabés; y que tu papel fue de empujar mi toma de consciencia, también lo sabés. (Con respecto a lo que venía diciendo antes, que me la hubiera bancado, me vino de repente la letra de un tango, que ahora mismo voy a escuchar en un cassette de Goyeneche y que dice, más o menos: "Menos mal que estoy hecho al rigor de cien esperas; si habré domado esperanzas y quebrado malas rachas y si habré aguantado penas" (o algo parecido). (Lamentablemente, el cassette no lo tengo más.) (Pero ahora mismo voy a escuchar otras cosas del Polaco.) (Hace añares que no tenía motivos para escuchar tangos, y ahora me llega, todo de golpe, como una necesidad impostergable. Por ejemplo: "Nos habían suicidado / los errores del pasado, / corazón, / y latías, rama seca, / como late en la muñeca / mi reloj. / Y gritábamos unidos / lo terrible del olvido /sin razón / con la muda voz del yeso / sin la gracia de otro beso / ni la suerte de otro error. / Y vivimos sin auroras / separados, pero ahora / por milagro, regresó. / Y otra vez, corazón, te han herido, / pero amar es vivir otra vez / y hoy he visto que en los árboles hay nidos / y noté que en mi ventana hay un clavel. / Para qué recordar / las tristezas, / presentir y dudar, para qué, / si es amor, corazón, y regresa, / hay que darse al amor como ayer". O aquel otro: "Amor, la vida se nos va, quedemos aquí, ya es hora de llegar. / Amor, la flor se ha vuelto a abrir, y hay gusto a soledad, quedémonos aquí. / Abre tu vida sin ventanas, / mira lo lindo que está el río / se despierta la mañana / y tengo ganas / de juntarte un ramillete de rocío...".)[4]

En resumen, lindísima, no te me achiques. Va a ser difícil, sobre todo el primer encuentro. Después, estoy seguro, todo va a fluir bien. Será difícil organizarnos, y todo lo que vos quieras; pero creo llegamos, por fin, después de tantas vueltas, al reconocimiento mutuo, a la caída de las barreras (de mi sueño); es el fin del juego de máscaras, roles, cáscaras o como quieras llamarles. No voy a permitir que reconstruyas defensas, al menos no para mí. Al contrario, prometo deshacerte todas las defensas, aniquilar todos tus falsos pudores (y beberme todo tu pudor auténtico). No tendrás paz hasta que seas completamente mía, y desaparezcan todos tus miedos.

Me fascina, por otra parte, tu capacidad de evolución, tu extrema juventud; recuerdo tu absurdo plan de vida que tenías el año pasado, decidida a cargar sobre tus hombros cualquier pesadilla hasta el fin de tus días, consumida como una solterona, negada por completo a ti misma, a tus sueños, a tu juventud —como si tuvieras que pagar todas las culpas del mundo. Hice lo posible por hacerte sentir que tenías toda una vida por vivir, y no necesariamente compuesta de sacrificios, trabajos y penas. Me sorprendió gratamente, meses después, tu nueva actitud. Bien; yo sé que, tal vez, no soy un modelo de marido, conocés como nadie mis miserias y debilidades, sabrás que por ahí hay unos cuantos tipos mucho mejores y más convenientes y, de todo corazón te lo digo, cuando todavía no pensaba en vos como pienso hoy, o como siento hoy, te deseaba de todo corazón que te encontraras con alguien que te hiciera vibrar. Pero, en fin, si uno no puede tener lo mejor —que como dicen los franceses, "lo mejor es enemigo de lo bueno"—, debés saber que algunos valores pequeñitos tengo, y que los pongo todos humildemente a tus pies. Es posible que sea la peor clase de marido que pueda existir en este mundo, pero también es cierto que soy uno de los mejores amantes: fiel, consecuente, adorador. Y, por favor, cuando digo "fiel", no te rías; es cierto.

Bueno, se acerca la hora de llamar por teléfono.

Martes 29

Recién hablamos por teléfono; creo que en esencia nos dijimos todo lo que aparece disperso en estas cartas, pero igual te las envío. Quisiera poder aportar algún contundente argumento para que te resuelvas a aparecerte por aquí ya mismo (¿qué te parece éste?: las promotoras ya no me sirven;[5] se han vuelto figuritas de papel, desdimensionadas, poco más que las imágenes de una revista erótica que si antes, en algún momento, me excitó, ahora me excita tanto como el Pato Donald. Al precio de un tremendo pico de ansiedad, fui conquistando zonas de la realidad, ganando dimensiones, consciencia; sería horrible que todo eso se fuera deshaciendo y volviera a mi monótono monólogo monodimensional. En resumen: estoy tratando de trabajarte la culpa, ¿viste?). Pero en serio, linda; estoy seguro de que esto es real, es bueno, es irreversible; tendría que aprender a ser más paciente, y en verdad que lo he sido durante mucho tiempo, pero ahora que explotó todo no sé cómo controlar las cosas —vuelo.

Un beso enorme, y la promesas de momentos maravillosos, ojalá que muy pronto.

[11]   29 Y 30 DE SEPTIEMBRE DE 1987

Buenos Aires, 29 de septiembre de 1987

Queridísima,
es el mismo día de mi última carta, sólo que por la tarde, después de la dura jornada de labor. Durante una tediosísima reunión (del ciclo "reuniones operativas de los martes") me pasé dibujando flores para vos y monstruitos para mi secretaria (finalmente ella se quedó con todo; está haciendo una exposición en una de las ventanas de nuestra oficina con mis dibujitos de los martes). (Mi secretaria, de quien debo forzosamente aclarar que es una chica recién casada, que no es mi tipo, que tiene una mente de cinco años y que al mismo tiempo es un genio, ha pasado a ser un poco mi confidente en los últimos días y, al mismo tiempo, depositaria simbólica de algunos homenajes dedicados a vos, como por ejemplo una compra de bombones —y otra de flores, que no me animé a llevar a cabo por no andar con flores en la mano por la calle.)[1] Mientras tanto, quiero decir, mientras dibujaba, mi mente trabajaba sobre los problemas de nuestros encuentros. Lo que más me preocupa es el primero de una serie que espero infinita; le doy vueltas y vueltas al asunto y, te aseguro que no caprichosamente, no me veo de otro modo que como locatario. (O visitante, claro, si vos pudieras ser realmente locataria.) No me veo,

entonces, en una cancha neutral, y menos en el lugar propuesto,[2] por muchos motivos, a saber: *a*) en nuestra particular situación, encuentro que un hotel es algo que implica algo así como sordidez o culpabilidad; como si uno se encontrara allí con la única finalidad de fornicar (desde luego, no descarto la fornicación, aunque le daría un nombre más hermoso; pero quiero decir que nuestro primer encuentro —no te olvides de que somos dos desconocidos— tiene otras finalidades primordiales). Me imagino, nos imagino, rígidos, culposos, tratando idiotamente de parecer cancheros, ante miradas inevitablemente sobradoras; *b*) esto me parece más grave aún en el lugar propuesto, del que guardo recuerdos —cierto que viejos y que posiblemente las cosas hayan cambiado, aunque no creo que allí las cosas puedan cambiar mucho— de bonachones y retrogradísimos campesinos, incluyendo desde el dueño hasta el personal de servicio; *c*) también en ese lugar pasé mi primera luna de miel, durante la cual me balearon —por suerte, sin dar en el blanco y sin que me enterara hasta meses, o años, después; me llamó la atención una especie de zumbido seco junto a mi oído izquierdo, en un lugar totalmente descampado, sin nada ni nadie a la vista; pensé en un pájaro, pero no había pájaros. El zumbido se repitió una o dos veces más. Quedé muy intrigado en el momento, después me olvidé del asunto, y meses, o creo que fueron realmente años después, me desperté súbitamente durante un sueño, o alguna ensoñación vigil, no recuerdo, exclamando: "¡Eran tiros!", y, en efecto, no cabe otra explicación. También estuve allí de niño, y una tarde estaba arrancando cáscaras de los gruesos árboles cercanos al hotel cuando, de pronto, debajo de una cáscara, había una araña enorme. Salí corriendo y me parecía que la araña corría detrás. En fin; hay también, supongo, recuerdos buenos, pero en este momento no los recuerdo; *d*) si las cosas se han mantenido como eran, es hasta probable que nos pidan cierta documentación de la cual carecemos; pero aunque no sea así, nos mirarán mal. Seremos probablemente los únicos turistas. Todo el personal estará ocioso y tendrá para entretenerse con nosotros; *e*) no descartes la posibilidad, o probabilidad, porque uno siempre se busca lo que más teme, de que te encuentres con alguien muy conocido: X; *f*) ¿querés que siga? Me encontrarás distorsionado por el viaje (soy fóbico), desorientado en medio del paisaje, etc. En cambio, como locatario, en mi ciudad, en mi barrio, en mi casa, tendré toda la paciencia, todos los recursos, toda la cancha, toda la afabilidad, toda la disposición, toda la energía, todo lo que quieras, para satisfacer todos tus deseos, positivos o negativos, si entendés lo que quiero decir. (Contra la opinión de muchos, no tengo una idea fija. Tengo, sí, una necesidad fija de afecto, y sé que hay una manera ideal de darse afecto mutuamente, pero sé también, y acepto, muchas otras maneras menos ideales.) Nos imagino paseando por Corrientes, peleando un poco como la otra vez, que fue tan divertido, tomando té o café, cenando afuera, y charlando, charlando, charlando. Cierto es que imagino otras cosas también, porque mi imaginación es bastante activa y extensa, tal vez por deformación profesional. Quiero decir, en resumen, que estoy seguro de que aquí podemos ser más nosotros mismos que en cualquier otro lugar imaginable —hasta eliminar dudas, temores, ansiedades, y llegar a un comportamiento razonablemente natural (cuando dejemos de ser extraños el uno para el otro).

¿No te parece? Más adelante todo será más sencillo; estoy seguro,

Bueno, estas son mis cavilaciones y preocupaciones del día, que, por suerte, desde tu llamada, se ha presentado más benévolo que los anteriores; sigo fumando mucho, pero creo que también las inyecciones de corticoides han contribuido a acelerarme; de cualquier manera, ya no estoy loco. Deseo con toda el alma que vengas *ya*, pero puedo esperar; sólo me inquieta la posibilidad de que te eches rotundamente atrás, o que postergues infinitamente las cosas, no sé por qué absurdos temores. Como están las cosas, hoy, o como estaban en el momento de tu llamada, me siento más tranquilo, como volviendo lentamente a mí mismo después de no haber estado en ningún sitio; incluso mis dudas y mis inquietudes son más razonables que aquella delirante confianza en mí mismo, por más que estuviera en lo cierto. Hay algo que me dice "todo está bien, no te importe lo circunstancial, todo va bien". El problema, quizás, central, en este momento, es el desinterés por las promotoras; como te decía en mi carta anterior, les está faltando una dimensión. Ahora tengo otro tipo de expectativas, otras razones para vivir, y temo que de alguna manera todo eso pueda revertirse; por eso estoy apurado (para ser más explícito, estoy en una situación tal que me atrae mucho más la idea de tener tu mano en mi mano o de pesar la punta de tus dedos, que la escena más disparatadamente erótica con la promotora más exuberante. Es así).

Por otra parte, pienso que exagerás sobremanera tus aprehensiones, en cuanto al ámbito familiar. ¿Qué puede pasar? En el peor de los casos, ¿qué puede pasar? Estoy de acuerdo con lo del ámbito local, pero no con lo del familiar. Y, de acuerdo con una información tuya, bastante reciente, la persona más importante de tu ámbito familiar me acepta.[3]

Bueno, espero esta noche poder dormir temprano; me estoy despertando a horas absurdas (seis y media, siete, siete y media) por más que me acueste a la una o a las dos; nunca dormí tan poco.

Perdoname si te he hecho sentir acorralada, presionada; hoy estoy más tranquilo, espero seguir así —pero no te aproveches de esto para postergar y postergar. No temas nada de mi parte; no lo pienses tanto; probá, y te convencerás (buena propaganda, ¿verdad?).

Mi amor, beso los dedos de tus pies.

J

P.S. ¿Has pensado en la posibilidad de radicarte en Buenos Aires?

esto es para leer primero:
30.9.87, 8:45 a.m.

Amadísima, me siento cada vez más avergonzado por haberte tratado tan mal, con tal prepotencia. Al rato de tu llamada de ayer, fue recién que me empezó a invadir la tranquilidad, y cuanto más tranquilo estoy más vergüenza me da haber actuado como lo hice. Espero que puedas comprender y disculpar o que, en todo caso, si decidís tomarte venganza, lo hagas de un modo artístico, o sea erótico. Por ejemplo, uno de los más terribles castigos para mí es que me muerdan suavemente un hombro. Bueno; iba a seguir pero siento que no es conveniente; es posible que si continúo pierda el estado de tranquilidad que estoy tratando de conservar. Pero lo que quiero decirte es que te comprendo, comprendo tus dificultades y azoramientos, y comprendo que he sido una bestia implacable. Tomate tu tiempo. Puedo esperar. No por eso te amo menos; muy por el contrario; sólo que estuve muy, muy, muy loco. Ahora estoy apenas muy, muy loco. Mañana espero estar solamente muy loco; y basta, porque ése es mi estado normal. Perdoname, pues, mi ángel de tacos resonantes, y pongamos las cosas en su sitio: como siempre, usted manda, yo obedezco (a propósito: ¿cómo hiciste para conseguir que me bañara todos los días? Fue, al parecer, una simple sugerencia, que tal vez hayas olvidado, dicha al pasar. Hasta ahora, nadie lo había conseguido. Y lo peor es que me gusta). Y si en algo no obedezco, espero que me castigues del modo antedicho o bien azotándome fuertemente la espalda con tus cabellos. (La vergüenza me ha vuelto terriblemente masoquista.)
Besa tus botas, tu humilladísimo esclavo,

J

para leer después

                          30.9.87, 9:30 a.m.

Estoy escuchando a Louis Armstrong,[4] en una canción que busqué especialmente entre mis cassettes porque refleja muy bien lo que estaba pensando y sintiendo durante el desayuno; dice algo así como "tú eres una melodía de una sinfonía de Strauss / tú eres Mickey Mouse". También dice cosas como que "eres la National Gallery", "eres un soneto de Shakespeare", "eres la torre de Pisa", "la sonrisa de la Mona Lisa", "eres lo máximo, eres Mahatma Gandi", "eres el brandy Napoleón", etc. Es muy linda. Pero creo que lo más tierno que se le puede decir a alguien es que es "el ratón Mickey" (y te cae justo). Bueno, pero durante el desayuno seguí desarrollando imágenes eróticas, y para recuperar mi tranquilidad pensaba que podía decirte que "sí, tomatelo (tómatelo o tomátelo) con calma, yo puedo esperar, porque tengo esa seguridad de fondo de que todo está bien. Por ejemplo, seguramente el año que viene, allá por julio o agosto, habrá un nuevo congreso al que concurrirás, y allí, en el intervalo de quince minutos entre dos sesiones, podremos encontrarnos en un boliche cercano y mirarnos a los ojos durante doce minutos (los tres restantes son para llamar al mozo y pagar la consumición que no hicimos)", y cosas por el estilo. Estoy tratando de superar las cosas con humor. Presiento que mi próxima carta no contendrá ninguna información útil, ningún plan, ninguna cavilación; mi próxima carta será de alto contenido erótico, sumamente inflamable, que se autodestruirá en diez segundos después de abierto el sobre, si no antes, durante el viaje, de modo que se incendie la bolsa del correo que la transporta, y posiblemente el avión.

    Te preguntarás si no tengo otra cosa que hacer que pensar en vos y escribirte. En realidad, sí, tendría que estar pensando y haciendo otras cosas, pero hace tiempo que no lo consigo. Por ejemplo, en la oficina, viene mi secretaria con unos papeles y me pregunta "¿Qué hacemos entonces con...?", y añade una serie de cosas que no me llegan, porque mi mente se ha ido contigo; entonces la miro, sin verla, durante algunos minutos, con cara de idiota, y finalmente digo: "¿Eh?", y ella vuelve a repetir todo, que tampoco entiendo, y entonces le digo que haga lo que mejor le parezca. Mientras tanto pienso en mi próxima carta y en nuestro próximo encuentro. También pienso, ahora, en la pobre Dra. Gargano.[5] ¿Estás segura de que puede recibir una o más cartas por día? ¿Qué pensará su familia? ¿Qué pensará el cartero? Por las dudas, ya estoy eliminando el remitente (¿eso no empeorará las cosas?). ¿Y si mando las cartas a tu dirección, pero a nombre de la Dra. G.? ¿Y si, intencionadamente o por error, la doctora abre las cartas que son para vos, las lee, y se enamora de mi estilo, y decide viajar a verme antes que vos? (¿Qué tal está?) Bueno, me dejo de bobear, al menos por escrito; entre tantos divagues, no recuerdo si en esta carta te dije que te amaba; por las dudas, lo digo ahora: te amo, y me gustás, y te siento resonar dentro de mí, y vivo permanentemente con una semierección que está exclusivamente provocada por y destinada a vos.

Me licúo a tus plantas,

J

[12]   3 DE OCTUBRE DE 1987

Buenos Aires, 3 de octubre 1987, 21:15 hs.

Queridísima mía,
te estoy esperando; contra toda razón, estúpidamente, estuve todo el día esperándote y ahora más que nunca (después de la llamada de esta mañana). Algo en mí se asombra profundamente, no puede comprender el hecho de que

no estés aquí. Esto viene del "enganche inconsciente" que tengo contigo, que me hace despertarme puntualmente todas las mañanas cuando vos te despertás, y que me ha hecho predecir con bastante certeza una serie de acciones tuyas; que me dio seguridades en las que no podía creer racionalmente, pero creía. Hoy, seguramente se me mezclaron las cosas, se cruzaron los cables, y tomé mis deseos por ese tipo de certeza infalible, y es por eso que te estoy esperando sabiendo que, naturalmente, no vas a venir.

Debo decir que, con tu llamada, te tomaste una buena venganza; es un castigo que seguramente merezco, aunque habría preferido los otros castigos que te proponía en mi carta anterior. Sin saber por qué, empecé a sentirme desgraciado e incómodo. Después supe por qué: fue esa construcción tuya del "cuento sin terminar" o algo así;[1] me pasaste toda la responsabilidad, toda la autoría del asunto, y me exigiste que lo culminara como correspondía (y no lo dijiste, pero fue lo que escuché subliminalmente: "si de veras sos hombre"). Así, empecé a sentirme débil, blando, maricón, una verdadera mantequita, indigno de cualquier mujer y mucho menos de una dama como vos. Como defensa, argumenté para mí mismo que hay una cuestión territorial, atávica. El macho es el que define un territorio (me contaron una vez de un pajarito que construye su nido, no sé si con barro, luego lo pinta, aprovechando el jugo de no sé que frutos, y después atrae a la hembra con un simpático bailecito y, bailando, se la lleva al rancho) (algo así fue lo que comencé a hacer cuando me mudé a este departamento; recordarás mi insistencia de que "ahora sí, esta es *mi* casa y me siento bien aquí". Después vinieron los ensayos con las promotoras, como para sentirme reafirmado en mi virilidad, y luego sí, sobre el pucho, aquel sueño con X, de fundación de una pareja.[2] Creo que han sido los pasos naturales, ancestrales, correctos, que coloco en su orden por primera vez en mi vida y, en definitiva, he estado trabajando en los últimos dos años y medio, lo supiera o no, para esto).

Durante la tarde tuve un sueño muy cargado, muy espeso, que no te voy a contar porque no sos mi terapeuta, pero del que sí te puedo contar que aparecía un coche que yo no sabía manejar, y que de pronto se le soltaban los frenos y se me iba hacia atrás, cuesta abajo, con riesgo de accidentes porque había otros coches en el camino; yo lograba detenerlo con gran esfuerzo físico (desde afuera, yo no había estado dentro del coche) y colocarlo en un lugar seguro, apuntando a un sendero que se abría y que me podría conducir al lugar donde yo quería ir, pero primero tenía que aprender a manejar el coche. Oscuramente sentía que no sería muy difícil. (No estoy seguro de si el coche sos vos, o soy yo mismo. Probablemente ambos, ya que estamos muy juntos, aunque no te des cuenta. A veces te siento tan cerca, tan presente, que hasta hablo en voz alta.)

Bueno, el hecho es que me diste una buena paliza. Ando con las defensas bajas, como para resfriarme. Salí, preocupadísimo porque tal vez justo llegaras en ese momento y no me encontrarías, a comprar cigarrillos; estaba muy lindo afuera y di una vuelta por la plaza, aunque me di cuenta de que estaba tal vez demasiado fresco, y sentía el cuerpo como maduro para una buena somatización. En fin, que después de la etapa maníaca, me olfateo una etapa depresiva. Como te decía en otra carta, no quiero la depresión, pero tal vez sea una necesaria defensa orgánica para no reventar; digamos, un repliegue estratégico. En fin, hay que aceptar todo lo que venga, de la mejor manera posible. Pero qué paliza me diste.

Por mi parte, no acepto tus razones para postergar las cosas, pero sí acepto las razones verdaderas, las que no das. Sé tanto, ahora, de cómo sos, cómo sentís, que no te podés hacer una idea. De ahí mi vergüenza de la otra vez por mi prepotencia. El hecho es que nos estamos asando a fuego lento —y por momentos consigo encontrarle la vuelta para que eso se perciba como una sensación agradable pero, la verdad, es que es un desgaste espantoso. Lo más incómodo es no poder poner la mente en otra cosa; estoy lleno (en el buen sentido de la palabra) de vos, de tu presencia constante, de tu voz, del tacto de tu piel; conozco el tacto de tu pelo en la yema de mis dedos cuando te acaricio la cabeza, conozco el tono exacto de tu rubor, el sabor de tu sexo y los gemidos de tu orgasmo. Por otra parte, también están los pensamientos que en vano tratan de encontrar una solución al problema del encuentro (no hay ninguna solución pensable; es sólo una decisión tuya). Luego, la proyección de futuro: cuáles son los pasos naturales para los próximos meses y años. Te diré que tengo todo resuelto.

Es difícil vivir así, cuando el tiempo se transforma en un obstáculo en lugar de un ámbito donde existir. Me tienta fugarme otra vez, a buscar algunas buenas novelas policiales que me saquen del tiempo y del cuerpo durante horas y días. Pero en forma paralela me sostiene el regocijo de saber que nos hemos encontrado, que —a pesar de mi sueño del coche— no has dado marcha atrás, como temía desde el primer momento; siento que entre nosotros se ha creado un vínculo eterno, y eso me da paciencia y me tranquiliza, aunque, claro, hay recaídas, recelos, temor o, como en el caso de hoy, un sentimiento de total desvalorización. Hasta me he mirado en el espejo y ya no me vi como en los días pasados, un jovencito de ojos brillantes y piel tersa, sino que vi un viejo fofo, blando, blanco, hinchado, un verdadero asco. Pero en la calle las mujeres me han seguido mirando (astucia de las porteñas: hace unos cuantos días que me miran, porque saben que voy contigo por la calle). Pensar que no existí para ellas durante dos años y medio. Ahora que miran pueden reventar todas juntas; no las quiero.

Te di mis razones para no ir a Montevideo, pero en realidad no te di las principales; una, la del territorio. Allá no tengo casa, mi casa ahora es de mi hija.[3] No puedo pensar en hoteles (no contigo, por Dios). También, como te digo en mi carta anterior, soy fóbico. Viajar me exige un gran esfuerzo y bastante tiempo para reponerme, aun en los viajes más cortos. No puedo pensar en un viaje en ONDA; tendría que ser avión a Carrasco,[4] o nada, y pocas cosas hay en este mundo que me aterren más que el avión. Pero lo haría; seguramente lo haría, bien provisto de Valium pero lo haría. El problema viene después: ¿con quién, con qué, te encontrarías? No conmigo, seguramente; no con este ser que ahora está escribiendo y paladeándote. Puede ser que en algún momento llegue a superar estas cosas (hasta ahora, no había sentido necesidad de superarlas; uno tiene sus trucos para vivir igual) y me transforme en un ejecutivo que desayuna en Buenos Aires, almuerza en Río y vomita su almuerzo en Barajas. He vivido ya cambios tan notables como éste, sólo que no me veo en ésas, no me parece algo deseable. Estoy muy satisfecho de haber conseguido con mi esfuerzo, por vez primera, esta casa mía; de haberme mantenido en el extranjero sin pensar en volver a los tres meses, que había sido siempre mi límite; de estar trabajando y cobrando un sueldo; de haber recuperado mis mañanas; de haberme llegado a apreciar, en los últimos días, tanto como para prepararme pacientemente ensaladas; de bañarme todos los días, incluso en invierno; de haber podido decirle "te amo" a la mujer más adorable del mundo (mi secretaria se sonrió porque me pescó cantando distraídamente "Dit you happen to see / the most beautiful girl..." —algo así como '¿Por casualidad han visto a la chica más hermosa del mundo?').[5] (Debo decir que mi secretaria está muy atenta a toda la historia. Como cuando la primera vez que le hablé del asunto, para situarla, le hablé de "mi doctora", ayer le volví a hablar de "mi doctora", y me dijo: "Ufa, ¿hasta cuándo la vas a llamar 'mi doctora'?". Tiene, razón, desde luego, y realmente no te pienso más como "mi doctora", pero era como una facilidad de lenguaje. Cuando llamaste a la oficina, cosa que yo tenía prevista hasta en la hora —y se lo había advertido: "Cuando te haga una señal, tenés que irte y dejarme solo hablando por teléfono", y me dijo que de ninguna manera—, resultó que mi oficina estaba llena de gente, además de mi secretaria, y entonces salí corriendo hasta la oficina contigua, de la jefa de arte, que todavía no había llegado. Llegó justo en el momento en que te despedías; y mi secretaria quedó frustradísima porque no pudo escuchar nada.)

Bueno, querida mía, voy a seguir cultivando mi incipiente depresión y mi incipiente resfrío. Voy a ver si puedo inventar algo para soportar el paso del tiempo sin fugarme demasiado. Últimamente me estuve dedicando un poco a resolver la revista *Enigmas Lógicos*;[6] eso me abstrae por un rato, me olvido de fumar, y no me deja mal, como la lectura exagerada. También la música me ayuda mucho; he grabado tantos cassettes en los últimos días que temo por mi presupuesto. O están pasando mejores cosas por la radio, o mi gusto musical declinó notablemente.

Quisiera cerrar esta carta con algo lindo, algo como un poema para vos, pero nunca fui buen poeta; ni siquiera poeta a secas. Quisiera poder traducir exactamente cómo te siento, cómo te conozco, cómo te paladeo (un tanto innoblemente, reconozco), te aspiro, te respiro; cómo he llegado al colmo de pararme en una vidriera a mirar vestidos de mujer, pensando cuál podría regalarte y cómo te verías con él. Lo que seguramente compraré para cuando vengas es una botella de whisky; ¿te gusta el Criadores?[7] (Nacional, eso sí; pero parece bueno).

Después de todo, mi amor, lo que nos pasa no es nada fuera de lo común; claro que uno lo vive como algo único, extraordinario, milagroso, y en realidad lo es, aunque suceda todos los días; claro que, todos los días, le pasa a otra gente. A uno puede pasarle una vez en la vida, tal vez dos o tres veces o más, o ninguna, pero para uno siempre es un hecho extraordinario, eso de que caigan las barreras y volverse loco, indefenso, enajenado, poseído, viviendo al mismo tiempo un cielo y un infierno. Una cosa es, por otra parte, enamorarse; recordarás que me ha sucedido no hace mucho. Pero en aquella oportunidad no pensé ni por un momento en entregarme, no percibí en ningún momento que allí hubiera una pareja, no hice el menor intento de construir nada. *Esto es otra cosa; es querer poner todo lo que tengo a tus pies, es no querer a nadie más ni nada más,* es estar dispuesto a soportar todo lo que venga, incluso esos dudosos catorce días que faltan para vernos (toda una eternidad en el asador). Y, como te dije, si tengo que esperar un año, también lo haré. Eso sí; no podré soportar que te eches atrás (podré soportar, supongo, que después de nuestro encuentro te defraudes y me mandes al diablo; por lo menos, sé que tenés todo el derecho del mundo a hacerlo así). Mi mayor temor, mi constante temor, es que me llames para decirme: "Mira, lo pensé bien, y..."; no; te juro que en ese caso iré a tu casa y armaré un gran escándalo y lo sabrá todo el pueblo.

Señora mía, te muerdo suavemente la cadera izquierda, la carne sobre la cadera izquierda.

J

Domingo, 13:35 hs. Acabo de escuchar una canción de Frank Sinatra que dice, más o menos: "Sólo la extraño cuando pienso en ella, y pienso en ella todo el tiempo". Y termina diciendo "Creo que la olvidaré completamente, cuando pasen unos cien años".[8]

[13]   5 DE OCTUBRE DE 1987

Buenos Aires, 5 de octubre de 1987

Querida Alicia,

parece que no tuviera otra cosa que hacer que escribirte cartas; no es así, pero realmente es la única cosa que *puedo* hacer. (Adjunto una carta de un chico conocido, muy loco el pobre.) (Era una mal chiste que destruí porque lo que escribí después no cabía en el sobre.)[1]

Un humor pésimo, hoy, todo el día. Mordí dos veces a una compañera, por ejemplo. Resulta que tenía ganas de morder (me hacía acordar a Snoopy;[2] hay días que tiene ganas de morder y se agazapa entre los pastos esperando que pase alguien), y en eso aparece una compañera apropiada, porque es muy juguetona y piola en ese sentido, y le pedí permiso para morderla y la mordí en un hombro. Se quejó, porque parece que no esperaba que fuera en serio, y a mí me alivió un tanto el mal humor y la tensión en los maseteros. Al rato volví a sentir ganas de morder y he aquí que aparece esta compañera; le pregunté si podía morderla nuevamente y me dijo que sí, pero en el otro hombro. Así pude pasar más o menos el resto de la tarde. Ahora estoy solo en casa y otra vez tengo ganas de morder, pero no tengo a quién. Me parece exagerado contratar a una promotora a domicilio solo para morderla, y por otra parte no estoy seguro de que lo acepte. Mordería un bife, pero no tengo hambre y, por otra parte, no es lo mismo. Ahora estoy comiendo un caramelo.

Queridísima, tus cartas no me han llegado; ni siquiera la carta de protesta. Te propongo que las próximas las envíes a casa, a ver si esta zona tiene más suerte. ¿Recordás la dirección? Hoy, por las dudas, averigüé bien el código postal. El conjunto es así:

Hipólito Yrigoyen 1782, 6° 24
1089 Capital Federal
R. Argentina

(Esta es la forma correcta de ubicar el código postal; si lo ponés en otro lado igual llega, pero tal vez sea otro motivo de demora.)

Colijo que lo mal que me estoy sintiendo proviene, todavía, de tu llamada del sábado. Ya te expliqué en otra carta cómo me hiciste sentir; y después faltó otra llamada compensatoria, que me devolviera la tranquilidad —¿te acordás de aquella tranquilidad que tenía? Por Dios, qué inseguro es todo, qué inseguro soy. Sigo esperando esa llamada, que no llega, preguntándome cómo te sentirás, cómo habrás recibido mi negativa (mi costosa, dolorisísima negativa;[3] qué más hubiera querido yo), esperando, en fin, el OK, el no pasa nada, sólo el tiempo, ese maldito tiempo-obstáculo, esa cualidad de obstáculo que uno le ha impuesto al tiempo, pobre tiempo, pobres de nosotros. Ay.

A falta de tu voz, introduje una tercera toma, intermedia, de 2.5 mg de Valium. ¿Podrás creer que no es lo mismo? En cambio, lo que más se aproxima al efecto buscado, es esta desatinada acción de escribir, de escribirte. Me alivia, aunque sólo durante el tiempo que me ocupa.

Aparte de morder, hoy descargué mi malhumor contra los médicos y la medicina haciendo una pequeña investigación que me resultó altamente satisfactoria; la historia es larga y no la voy a contar, pero resulta que durante los análisis que tuve que hacerme hubo un procedimiento por parte de un médico que me pareció irregular. Pregunté por teléfono a la Obra Social y me dijeron que, efectivamente, les parecía algo muy irregular, y me sugirieron que hiciera una denuncia por escrito a la Obra, cosa que voy a hacer, con enorme placer, en los próximos días —apenas tenga en mis manos el resultado de la prueba de marras. ¡Médicos, temblad! (Y yo también, porque después quedaré con el temor de que me rompan la crisma; aquí todo es mafia.)

Por otra parte, me fastidia que mi inconsciente se haya retirado a cuarteles de invierno. No me está ayudando para nada; ni un mísero sueño gratificante, ni una inspiración, ni una certeza válida, nada. Se borró. No puedo ni siquiera decir que estoy a solas conmigo mismo, o "yo y mi alma"; no; estoy solo, solo, solo. Sólo este yo, esta cáscara vacía, apenas útil para algunas cosillas prácticas pero, en el fondo, una basura. En lo único que se ha seguido ocupando el inconsciente es en despertarme puntualmente hacia las siete de la mañana —como para tener más horas de ansiedad por delante.

Recuerdo haberte dicho una vez, antes de que empezara esta historia reciente, que había estado tan aislado y tan desesperado que cuando me llegaba una carta tuya la besaba. Ahora sé por qué estuve tan aislado y desesperado. Por las mismas razones que lo estoy ahora. Pero no lo sabía. Pero besaba tus cartas. Ahora tengo dos cartas para besar; una está prendida con cinta scotch en la parte interior de la puerta de un placar,[4] junto a un autoadhesivo de Raúl Alfonsín, una bendición (auténtica) de Juan Pablo I (ojo: I, no II),[5] las fotos de mi madre y de mi nieto,[6] y una vieja carta, de cuando recién llegué a la Argentina, de mis compañeros de trabajo, dirigida (en broma, claro) a Migraciones, pidiéndole al director que no me den la radicación (firmaron todos). Bien: ésa es tu carta detonante, la que me tiraste sobre la mesa de la confitería Del Molino mientras estábamos tratando de dejar de pelearnos.[7] La otra, sigue sobre mi escritorio; es, desde luego, la tan desesperantemente esperada que llegó un lunes, creo del siglo pasado, con frases que repaso y repaso y por momentos me humedecen los ojos, y con otras que prefiero no repasar —las de las dudas, las de los quién sabe, las de lo que a lo mejor, mañana… Bueno. Es casi lo único que tengo ahora. Lo demás es un inmenso desierto, salvo, salvo, ahora recuerdo, ayer de tarde, domingo, cuando salimos con un amigo que estuvo de visita a tomar un café o, mejor dicho, cuando volvíamos para casa: los árboles de la plaza del Congreso, totalmente pelados, negros, con las ramas retorcidas, como raíces, entrecruzándose como formando una trama o una red, contra un cielo bellísimo, violáceo; me detuve, extasiado, mientras mi amigo intentaba seguir contando sus historias, sin comprender lo que yo estaba mirando (y viendo). Al final le dije que nos detuviéramos y que se callara un poco. Fueron unos momentos de maravilla, hasta que el cielo se oscureció apenas un poquito más pero ya dejó de ser aquello; los únicos momentos desde el sábado en que estuve lleno de algo trascendente y que el mundo fue mundo por un rato. Hoy volví a pasar por allí a la misma hora, a propósito, pero las cosas nunca se repiten. En cambio, me encontré con una tremenda luna llena, colgada sobre estrambóticos edificios, dándole un aire irreal a la ciudad (o sea, mostrándola en su auténtica absurda irrealidad) y, no sé por qué, pensé en la luna de Colonia; que esa luna, precisamente ésa, debería estar en Colonia; que ése era su lugar natural, y no éste. Es decir, que yo deseaba intensamente estar en Colonia, volver a diciembre.[8]

Y así, como ves, escribiéndote, voy recuperando un poco la magia del mundo y de la vida, borrando el resto del día, caluroso, de sol agresivo, cuando iba por las calles sin mirar ni ver, o cuando estaba en la oficina irradiando malas ondas para todos y mordiendo gente. Y en esa magia que recupero te voy recuperando a vos, trayéndote de nuevo a que resuenes dentro mío, a que vuelvas a llenarme. Claro, es artificial; tu voz sonando en el teléfono, apacible, cariñosa, cálida, sería más eficaz y duradera. Pero debo hacer lo que pueda por combatir al desierto.

Chau, lindísima.

J

[14] 10 DE OCTUBRE DE 1987

> *Buenos Aires, 00:23 hs. del sábado 10 de octubre de 1987, cuando todavía faltan seis días y medio para vernos, es decir unas 158 horas y media, o 9.500 minutos (son muchos, eh), o más de medio millón de segundos (algo que parece imposible atravesar). En fin; ahora falta un poquito menos.*[1]

Mi adorable idiota,

este idiota te escribe una carta que no te va a enviar, porque —Dios mediante— vos llegarás antes de lo que podría llegar la carta. Pero hace tiempo que no te escribo, y escribirte es una de las pocas cosas que me alivian. Ayer no te escribí, sino que te conté por teléfono un breve resumen de lo esencial de mi carta que escribí antes de ayer y que me llevó tres horas de trabajo, pero que después tiré en lugar de enviar, porque alrededor de lo esencial había mucha cosa trivial y hasta perjudicial: siempre me adelanto demasiado a los acontecimientos. En fin. Pero ahora no puedo dejar de pensar que —Dios mediante— dentro de exactamente una semana, a esta hora habremos estado juntos durante unas ocho horas, y por lo tanto completamente hastiados el uno del otro porque, como todo el mundo sabe y nadie ignora, lo nuestro es una cuestión de piel y sexo, una calentura, bah, y totalmente justificada, ya que me miro al espejo y veo esa mezcla irresistible de la delicadeza casi femenina de Alain Delon con la avasallante virilidad de Charles Bronson, más el *savoir faire* de David Niven y, por tu parte, tenés ese tipo avasallante, provocador de deseos irrefrenables, esa mezcla de Marilyn Monroe con Ornella Mutti y Catherine Deneuve. Claro, es una combinación explosiva de dos *sex-simbols* que no podría arrojar otro resultado. Así, se explica que en lugar de discar cierto número telefónico para tener en mi casa en diez minutos a una desgraciada veinteañera de enormes pechos, piel suave, nalgas abundantes y gran sabiduría en materia de complacer a los hombres, me dedique más bien a telediscados complejos, a esperas interminables de llamadas o cartas, a disolver mis jaquecas con aspirinas y migral,[2] a bajar las persianas y caminar desnudo por mi departamento para ver si la ley de gravedad logra vencer ciertas erecciones indeseadas, etcétera, y que vos, por tu parte, te compliques la vida en parecidas actividades (salvo la última, supongo) en lugar de arrojarte en los brazos del primer changador que se te cruce. Lo nuestro es piel y sexo (pero qué piel, qué sexo!!). No, mi amor, no es que seas completamente idiota; es que tenés miedo, como lo tenía yo, y lo tengo cada día más pero ahora consciente, consciente gracias a tus llamativas pautas de comportamiento que le dieron las claves a mi inconsciente para que todo saltara en un sueño. *Miedo de complicarse, miedo de equivocarse (otra vez!), miedo de sufrir (otra vez!), miedo de comprometerse y quedar pagando, miedo de perder, miedo de volverse vulnerable, miedo de ser dominado, miedo de volver a sentir la mordedura de los celos, miedo de extrañar, miedo de defraudar y defraudarse, miedo de volver a la vida —es decir, miedo de amar.* Te comprendo, te comprendo perfectamente, pero mucho me temo que no hay nada que hacer, que tendremos que jodernos, ambos, y mucho. Creo que soy cargoso, pero no puedo evitar citar otra vez aquel tango, que tiene tanto, tanto que ver con esto:

Nos habían suicidado
los errores del pasado,
corazón,
y latías, rama seca,
como late en la muñeca
mi reloj.
Y gritábamos unidos

lo terrible del olvido
sin razón,
con la muda voz del yeso
sin la gracia de otro beso
ni *la suerte de otro error.*

. . . .

Y otra vez, corazón, te han herido,
pero *amar es vivir otra vez.*

. . . .

Para qué recordar las tristezas,
presentir y dudar, para qué.
Si es amor, corazón, y regresa
Hay que darse al amor como ayer.[3]

En fin; ya veremos. Ya falta un poco menos. Ya veremos cuánto nos hastiamos, en cuántas horas, en cuántos minutos, en cuántos orgasmos. Una vez saciados, nos diremos adiós. Habremos roto nuestro vínculo terapéutico para unos minutos de placer. Habremos saltado las barreras sagradas para conseguir un espasmo que se podría haber conseguido más fácilmente de muchas otras formas. Habremos sido, en suma, tremendamente astutos. ¿Te parece que puede ser así? Claro, mi amor, te imagino, te veo, a fines de septiembre, tal vez sentada en tu coche, mirando el río, sin animarte a cruzarlo; tan sola, tan asustada, tan llena de responsabilidades, sintiéndote tan irreal, tan afuera de tu historia, tan revuelta. Mi caso es distinto; soy un experto en piruetas, en saltos al vacío, en muertes y nacimientos, en olvidos y recuperaciones... Me repito nuevamente, citando otro tango: "Y menos mal que estoy hecho al rigor de cien esperas [...] y si habré domado penas". Siempre fui un irresponsable. Siempre me metí con todo, con los ojos cerrados. Siempre salí deshecho. Siempre resurgí de mis cenizas. Claro, estoy viejo, y hacía tiempo que no practicaba mi irresponsabilidad. En realidad, ya estaba entregado: a la rutina, a la sobrevivencia, a una cierta depresión permanente y ya tolerable por conocida, casi una amiga, esa cáscara de mugre que me protegía del dolor a costa de otro dolor, dolorcito (y algo peor, una especie de desprecio íntimo por mí mismo y por la vida). Había dicho adiós a esa adolescencia que parecía eterna, adiós a los entusiasmos y a los fracasos, adiós a la vida y a prepararnos para la muerte: todos los esfuerzos encaminados a morir en un lecho un poco más tibio, más limpio, que el que me esperaba. Mierda: me cago en los lechos limpios y tibios y en la muerte. He vuelto a la irresponsable adolescencia. ¿Qué querés que deje por vos? ¿A qué querés que renuncie? Te regalo mi departamento, mi audio, mi máquina eléctrica, mi cargo ejecutivo, mis canillas de agua caliente, mi heladera, mis cassettes, mi procesadora de alimentos, mi juguera, mis calcetines limpios, mis camisas nuevas. Sólo te pido que me dejes conservar mi literatura, aunque sea ésta, epistolar, y que me permitas seguir amándote; y, desde luego, que me correspondas, que reconozcas que me correspondés. (Olvidaba mencionar que te regalo también mis chicas por teléfono, mis revistas obscenas y las miles de porteñas que miro todos los días por las calles.) (Te regalo la gran ciudad y la sociedad de consumo; los restaurantes y la calle Corrientes.) No quiero nada, y estoy dispuesto a un nuevo suicidio. De esos suicidios que yo llamo perfectos, porque te dejan vivo; puedo volver a asesinar mi yo inútil una vez más, y tantas veces como sea necesario y como me dé el tiempo de vida para hacerlo. Lo único que quiero es esto: esta ansiedad, este dolor, esta vida, estas lágrimas que corren ahora libremente, esta quemazón interior, esta taquicardia, estas esperas matadoras, estos terrores de perderte, esta sumisión a tu voz, esta imaginación desatada recorriendo todos tus lugares, aromas y sabores a la distancia, estas ganas de cantar y bailar y morder y correr y dormir ovillado y despertar contigo puntualmente a las siete; quiero exactamente esto que tengo ahora, aunque me esté matando.

Hasta hace unos días era un viejo cínico, vencido, que se las sabía todas y que no quería nada más que rutina y algunos placeres sucios. Jugué con ese papel y me divertí y me pareció que había llegado a lo máximo que me era dado esperar. ¿Alguna duda? Un poco de Valium, un poco de vino, un poco de música, un poco de muchachitas de diez dólares la hora. Por fin había alcanzado la madurez. Por fin había aprendido los códigos. Por fin sabía vivir. Sabía qué galletas, qué marca de aceite, cuál vinagre, cómo convencer, cómo ganar siempre. Me burlaba de los jóvenes que creían y que sufrían. "Ya se les pasará", les decía; "la juventud es una enfermedad que se cura con el tiempo". Y de un día para otro...

¡Mierda, cómo duele todo! ¡Y cómo amo este dolor! (Hoy, en la oficina, me puse a cantar canciones de Sinatra. Mis compañeros estaban molestos. Uno me dijo: "Entiendo que estés contento, pero no tenés por qué lastimarnos los oídos desafinando de esa manera". Yo le expliqué que no estaba contento; que más bien tenía una gran jaqueca. Y se lo expliqué con una sonrisa de oreja a oreja. ¿Vos entendés? Yo no.

Bueno. 01:48'. Creo que voy a hacer mis cuentas (sigo con esa rutina, paralelamente) y me voy a dormir. Dentro de pocas horas intentaré hablar contigo por teléfono, a Montevideo. Quiero saber cómo te fue con tu instancia tan temida; creo que bien, porque hoy te percibí bien, después de la jaqueca de la mañana que, sin duda, me provocaste. En realidad, yo te incité a que me la provocaras, cuando te invité a que te aferraras de mi imagen en les momentos difíciles. Me agarraste dormido, y me desperté con esa jaqueca terrible. Tomé una aspirina y me volví a acostar. Después fue aliviando. Ya por el mediodía todo estaba bien; hasta pude trabajar (cantando). De vez en cuando me quebraba, porque aparecía tu dolorosa presencia, la consciencia del tiempo que faltaba para verte, tu dolorosa ausencia; pero a vos te sentía bien, serena, aliviada. Espero haber captado lo justo.

De a poco, voy organizando las cosas para el viernes; hoy compré dos floreritos. Comprometí a un compañero para que me preste plata, porque quedé tocando fondo (no por los floreritos, claro), y como no está Jaime (está de viaje por España) el hijo de puta del socio me negó un adelanto de sueldo,[4] como venganza porque sabe que soy el capitán de quienes lo desprecian, porque lo he dejado varias veces en evidencia como inútil, hipócrita, vil e incapaz. No importa; tengo amigos, aunque Jaime no esté, y cuando vengas no nos faltará nada. Todavía me falta comprar tu whisky y tus flores. De acuerdo con lo que me digas mañana, si me acuerdo de preguntarte, sacaré entradas para Les Luthiers (sábado).[5] Comeremos afuera, y seguiré haciendo planes para protegerme de tu voracidad sexual (no te olvides de mis cuarenta y siete años). Pero, por las dudas de que ninguno de mis planes te venga bien, compré además dos docenas de preservativos.

Princesa,[6] me has transformado en un perfecto masoquista; no deseo otra cosa que ser pisoteado por tus botas. Mi amor, como notarás, esta carta la escribí bastante borracho. Y ahora, además, se suma la borrachera del sueño. Te quiero, ratón. Quiero lamerte. Quiero... bueno, basta.

Buenos Aires, 14:16' del sábado 10

Hace un rato hablamos por teléfono. Había dormido muy poco, pero, igual me desperté antes de que sonara el despertador, y mi intención era hablar contigo y después seguir durmiendo. No pude. Ahora voy a intentar dormir la siesta, pero antes quiero contarte qué me está pasando. Hoy (y probablemente, estando de por medio tu temida parapsicología) me convertí en un llorón. La cosa fue así: como no podía dormir, desayuné, di mis vueltas por la casa, salí a hacer un par de mandados, y llegué casi a tiempo para uno de mis programas favoritos, durante los cuales suelo grabar unos cuantos temas. Éste (y disculpá la complicada explicación, si no no se entiende nada) es un programa atípico dentro de una radio de muy mediocre programación, con locutoras y locutores que se creen pletóricos de seducción, y donde todo transcurre suavemente y sin notas inquietantes (lo más típico en FM). Pues bien: el programa que te digo se llama *El jazz y sus parientes*, y está hecho y dicho por un señor, Antín, que tiene pésima dicción (veterano, y seguramente con una dentadura postiza que no maneja bien), y que es capaz de pasar discos con ruido a púa y todas esas cosas.[7] Lo amo. (agrego una nota) Siempre pasa discos que tienen alguna relación con el jazz, a menudo música melódica, cantantes tipo Sinatra, etc., y por lo general con un fuerte tono nostálgico. Bueno. Hoy anunció que iba a pasar dos discos; el primero, de un monstruo sagrado del jazz, y el segundo de un cantante que, si bien no era un cantante de jazz, tenía ciertos fraseos jazzísticos. Me puse a grabar. A la mitad del disco jazz, volví atrás; era de Coltrane, uno de los grandes, pero haciendo algo bastante bobo. Cuando empezó el segundo disco, el del cantante, puse el grabador de nuevo en marcha pero casi lo apago porque salieron unos violines melódicos que me hicieron temer lo peor. Y qué te cuento: ¿quién sale cantando? Totalmente traído de los pelos (y según mi teoría, a influencias de mi inconsciente desatado), nada menos que Roberto Goyeneche, y en un tango de Homero Expósito (recientemente fallecido), un tango que no conocía. Homero Expósito es el autor de ese tango, *El milagro*, cuya letra te transcribí ya dos veces. El tango que pasaron se llama *Chau, no va más*, y describe exactamente una situación posible entre nosotros, que mucho temo, pero al mismo tiempo describe viejas historias nuestras (de uno y de otro, cada cual por su lado), y derrama una impecable filosofía vitalista.[8] (Lo más importante: es una versión poética, pero *exacta*, de mi teoría de los "suicidios perfectos".)[9] Ya te lo haré escuchar, para no transcribirlo aquí inútilmente. Bueno, ahí empecé a llorar. Despacito, suavemente, algunas lagrimitas. De inmediato, viene un bloque con Louis Armstrong. El primer tema comienza con su trompeta muy nostálgica que, por sí sola, ya me hizo llorar de nuevo, esta vez con más fuerza; y después el negro se pone a cantar una letra que, entre otras cosas, dice: "me paso los días anhelando, y preguntándome..." (no entiendo las palabras que siguen); y finalmente, "me rindo a ti en cuerpo y alma".[10] Después, un tema llamado *Sólo tengo ojos para ti*, y el último, *Hogar*.[11] Todo el conjunto del programa me sonaba tanto como una de mis cartas... Después volví la cinta atrás y escuché de nuevo a Goyeneche, prestando atención a cada palabra, y allí abrí de nuevo la canilla, a raudales; y de repente empecé a reírme. Hay tanto amor en esa letra, casi tanto como el que hay dentro de mí ahora, y que no me cabe adentro, y tiene que salir así, en palabras, o en llanto —o me muero, seguramente me muero.

Bueno, ahora cambié de idea; escribir esto me dio hambre. No voy a dormir; voy a comer. De paso practico, para cuando tenga que comerte a vos.

(sigue)

Minutos después

No hay caso, ya ni comer tranquilo se puede. Durante el almuerzo empecé a lagrimear de vuelta, porque recordé la película *Alphaville*, de Godard.[12] ¿La viste? Alphaville era una ciudad dominada por una computadora, a la que llega Eddy Constantine en su papel de Lemmy Caution (detective de novela y de TV). En esa ciudad, todos los días se colocaba un diccionario nuevo en las mesas de luz de los hoteles (en lugar de la Biblia que suele haber en los hoteles yanquis), que contenía las palabras permitidas. Si uno usaba palabras prohibidas, que ya no existían oficialmente, era ejecutado. Por supuesto, ya no existían las palabras amor, libertad y similares. Lemmy Caution lucha contra la computadora y destruye a la ciudad, y logra rescatar a una muchacha "robotizada"; mientras huyen en un auto, al final de la película, Lemmy Caution le va enseñando a la chica a pronunciar la palabra amor. (¿Te suena todo esto, mi querida?) (Heme aquí, otra vez llorando. ¿Qué me pasa hoy?)

(Recién llaman tus amigos, así que te envío esto (antes de ver qué me decís en tu carta que salgo a buscar. J)[13]

[15]   18, 19 Y 20 DE OCTUBRE DE 1987

Domingo, 18, 0.24 hs. (o sea, continuación del sábado 17, desde que me desperté cerca de las 22 hs.)

Princesa,
por primera vez mi casa está vacía. No exactamente hostil, pero ya no la puedo llenar como antes.

Estoy inquieto, incómodo, tengo jaqueca y no se me ocurre nada para hacer.

Comí, comí, comí, pero tampoco yo puedo llenarme.

Voy a hacer mis cuentas (muy sencillas, hoy, por otra parte) y seguiré durmiendo.

¿Mañana será igual? ¿O volveré a estar en *mi* casa?
Chau, Princesa

J

Buenos Aires, lunes 19 de octubre, por la noche

Princesa mía,

por suerte había decidido no enviar la carta prometida; sólo adjunto unos apuntes breves a mano, previos a la carta. Era muy confusa y estaba equivocada, y además tenía puntas agresivas que no merecés. Recién hoy, a las 18.45, descubrí la razón: estoy hecho pelota, no tanto psíquicamente, como creía, sino físicamente. El "bajón" tenía sus razones sentimentales, claro, y realmente mi casa estaba vacía, y todavía lo está, y no puedo llenarla, porque faltás vos escondida en algún rincón, sentada en el suelo, y te busco, inconscientemente, como te buscaba conscientemente cuando te me perdías (es muy gracioso: tan chiquita, y acostumbrada a andar por el suelo, a veces me llevaba un rato descubrirte). Pero también es cierto que no puedo llenar la casa porque me quedé sin un átomo de energía, porque abusé, sin pensar en los años que tengo, y como hacía tantos años, casi una década, que no se me daba el caso de "fundación de pareja", mis esfuerzos en esta casi década habían sido de lo más leves y sin ningún costo. Esta vez fue como si hubiera dado vuelta la plaza Congreso corriendo con *jogging* azul con rayitas blancas durante unas seis horas. El Señor, con su infinita sabiduría, limitó tu visita a unas rigurosas 24 horas; podría perfectamente haberme muerto (contento, sí, pero muerto al fin). Lo curioso fue no haber percibido ningún cansancio, ninguna fatiga, durante la exaltación, y, por el contrario, querer seguir más, y más, y más, y más. Más curioso todavía es que el dolor en los riñones apareciera 48 horas más tarde, y por suerte, porque me explicó exactamente qué era lo que me estaba pasando —este desgano, este como principio de virosis, esta depresión, este hambre (estoy engordando aceleradamente, porque no hago más que comer y dormir), este sueño constante. Me está pasando, pues, que estoy viejo;

ya no estoy para estos trotes. Ahora soy yo quien te ruega: cuídame. Soy un desaforado, y la próxima vez trataré de hacer lo mismo, y más, y más, y más, y más, y más. Y no debo (creo). La vieja máquina está desconcertada; a cada rato aparece un dolor nuevo, en nuevos músculos que se ve que hacía mucho no trabajaban; tirones de aquí y de allá. Me he pasado tachando cosas de la agenda, con la excusa de la depresión; pero más bien es el cuerpo que, con su sabiduría, me está gobernando para defenderse. Los años, los años... Qué cosa, ¿no? Qué cosa que sólo estén en el cuerpo; ése es mi mayor asombro. Espero que estés tan hecha pelota como yo, o por lo menos un poco, para que me puedas comprender. Y proteger. (De mí mismo, quiero decir.) Y para no volver a ser tratado de haragán (¿qué sería de mí si no lo fuera?). Como no había sentido nada, físicamente, intenté hacer mi vida de siempre y me irritaba y me desconcertaba no conseguirlo. Esta misma mañana me costó muchísimo despertar a la hora de siempre (siempre despertaba antes de que sonara el reloj), lo pensé mucho antes de bañarme, me bañé y no podía salir de la ducha, de abajo del agua tibia; la agenda sonaba y yo no le daba bola; a mediodía fui a almorzar con Giménez,[1] "sin hambre" y con malestar de estómago, y esta vez *había* paleta al horno y comí toda la gigantesca porción. Ninguno de los dos quería volver a la oficina. Del restaurante fuimos al café (Redón, claro) y al final volvimos al trabajo, culpables, pero yo estuve un ratito y me volví a casa;[2] tenía sueño, sentía que me estaba por enfermar, no sabía qué me pasaba. Dormí hasta las 18.45 porque a las 19 venía un amigo de visita; otra vez me costó despertarme, el reloj chillaba y chillaba y yo quería seguir durmiendo. Ahora son las 22.30 y no creo que pueda mantenerme despierto mucho rato más. Voy a hacer mis cuentas... (perdón). Y mañana te llamaré a las 14.00. Princesa mía, este anciano que tanto te quiere te saluda con un enorme beso, y te aconseja que te busques un muchacho joven y sano. No te mereces este cascajo inútil.

Chau, lindísima,

J

[...]

20 de octubre, 18.20 hs.

Princesa,

acabo de grabar (por segunda vez, creo) una canción de Sinatra cuya traducción diría, aproximadamente:

"Amo el aspecto (de ti)
. . . .
lo dulce de ti.
Los ojos, los brazos y la boca de ti,
el Este, el Oeste, el Norte y el Sur de ti.
Amo ganar el completo control de ti
y aun manejar el corazón y el alma de ti
. . . .
porque amo todo de ti".[3]

(Es una traducción literal de lo que logré entender, respetando la construcción de las frases originales aunque no suenen muy bien en español.) Bueno, adiviná por qué se me ocurrió que podría interesarte.

Hasta luego, Princesa.

[...]

20 de octubre, 23.15 hs.

Princesa,

acabo de cenar y estoy ligeramente borracho, ligeramente triste, pensando que tendrás que conformarte con migajas, que es verdaderamente una pena habernos encontrado tan tarde (parece un cuento mío: "Noveno piso").[4] Yo te hablé en alguna carta de piruetas y saltos al vacío, y hoy mucho me temo que no sean posibles; no tengo más recursos, estoy viejo, muy viejo. Tengo los orgasmos contados. Hace algunos años, llegué a contar doce orgasmos en un día. Por supuesto, no trabajaba, y tenía todo el tiempo para acumular energía, en una especie de relax permanente. Ahora no puedo dejar de trabajar. Tampoco es mucho lo que trabajo, pero implica una responsabilidad, una tensión, un horario, una descreativización de la vida (si se me permite la palabra), una desdimensionalización. Si pudiera dedicarme exclusivamente a la meditación, al relax y a la literatura... pero tampoco quiero eso. Aquí, entre nosotros, no quiero nada, no quiero otra cosa que estar contigo, en una cama, dentro tuyo, delirando, tejiendo historias en voz alta mientras mi sexo recibe los mensajes del tuyo; habitar eternamente esa maravillosa mansión, inagotable, recorrer todos sus pasillos cambiantes, su prodigiosa humedad, escuchar tu voz, abrir los ojos y verte con los ojos cerrados, sonriente, con esa sonrisa que no te abandona. No quiero escribir libros, quiero tejer historias para tu propio y exclusivo placer; historias cómicas, pornográficas, alegres, disparatadas, con muchos caballos galopando en praderas infinitas. Quiero vivir borracho de vos, y no de vino ni de valium ni de pronocta. Quiero erradicar relojes y almanaques de mi casa, quemar agendas. Quiero escuchar jazz, y a Goyeneche, al Goyeneche más borracho y con dientes postizos; quiero envejecer y morir en tus brazos, consumirme rápidamente, en una sola noche, arrugarme y morir sin darme cuenta. Hoy, cuando me acosté para la siesta, me abracé a una almohada y percibí tu olor ligeramente acre; no el de tus tontos perfumes, sino el tuyo —pero fue probablemente una ilusión, un recuerdo, porque después seguí oliendo la almohada y no lo volví a encontrar. Me dormí segregando lubricantes. Hay algo que está mal, hay un gran error, una gran traición, un gran engaño en alguna parte: ¿por qué uno no envejece parejamente? ¿Por qué Dios permite que subsista el deseo, cuando el cuerpo no puede responder? ¿Por qué los sentimientos? No sé qué es peor, si el papel de viejo sucio, o el papel de amante viejo. El amor me hace creer que tengo quince años. No los tengo, ni quiero tenerlos: quiero ser coherente. Y no puedo serlo. Muy bien: gracias a vos recuperé mis sentimientos, mis emociones y mi sexualidad. Gran revolución. ¿Pero cómo era aquello del vino nuevo en odres viejos?

Desde luego, estoy dramatizando. En el fondo, me estoy divirtiendo; soy un payaso nato, y estoy haciendo piruetas, las mismas que decía hace un momento que no podía hacer más. Estoy fabricándome el drama de la vejez, pero, Princesa mía, es mentira. Son apenas unos músculos que hace años no movía bien, apenas un cuerpo que estuvo congelado durante unos años, apenas un alma que estuvo sepultada unos años. En realidad no tengo quince años, sino dieciocho. Cuando te vea de nuevo te voy a reventar. Sos demasiado vieja para mí, pero te quiero igual.

Princesa, soy un buen chico: voy a hacer mis cuentas, mi control de cigarrillos y a preparar mi agenda para mañana. Después voy a ver si se me ocurre algo para no trabajar más. (¿Tal vez el PRODE?)[5]

Buenas noches, catedral mía.

P.S. Recordé una cosa fascinante. ¿Sabés que, aunque ya no seas mi doctora, conservás intactos tus poderes milagrosos? Aquel mal que tenía al despertar el sábado, después lo recordé, lo había tenido otras veces antes (y lo atribuía a algún virus, hongos, o similares) y, efectivamente, hiciera lo que hiciese, duraba *varios días*. Después de tu examen y diagnóstico, duró sólo *algunos minutos*. Es increíble, como aquello de la fiebre que desapareció cuando me tocaste con un dedo, pero es así. Te propongo que uses tu magia para algo más espectacular, como por ejemplo rejuvenecerme por completo, devolverme el pelo, los dientes, los pulmones, los bronquios y la energía.

P.P.S. Recuerdo una canción muy conocida, que se titula *Te llevo bajo la piel*.[6] La recuerdo porque siento exactamente eso, pero más que eso, más adentro; no diría que te llevo dentro de los huesos, pero sí probablemente en el estómago (y seguramente en los riñones, que todavía me duelen). Es como si te hubiera devorado; no me refiero a nuestro encuentro, sino antes, mucho antes. Hoy me hablabas de telepatía, yo te dije "puente" —pero son expresiones pobres para expresar lo real que hay en esto. Creo que de la realidad sólo percibimos un fragmento mínimo, algo muy pobre, con muchas menos dimensiones; si pudiéramos percibirla como es, nos daríamos cuenta de que estamos juntos, entrelazados, casi confundidos en un solo ser. Creo que cuando en tu carta me decías que mi sueño "no era un sueño, sino algo real", no sabías realmente cuánta verdad estabas diciendo. Después, claro, la costumbre de cerrar las puertas y vivir con la estrecha consciencia... uno necesita escribirse, hablarse, tocarse, viajar, planificar (bueno, por un lado está bien que sea así; pero en el fondo de mí mismo sé que sólo es consciencia estrecha, ceguera, o simplemente, "no ser". Este "no ser" necesita una larga explicación, muy larga para escribirla, y menos aquí y ahora. Ya te lo contaré: es una experiencia que tuve durante mi primera operación,[7] gracias a la morfina, probablemente). ("Para estar aquí, hay que *ser*; no se puede *hacer* nada, y vos no sos", me dijo la voz; y después me dieron a elegir, entre esto —un mundo de sombras, algo mucho menos tangible que la proyección de un film— y... no sé lo qué; creo que la nada. Yo elegí esto, y aquí estoy, Princesa mía, y gracias a vos, en momentos fugaces, rescato algo de aquello, aunque no puedo estar allí, porque *no soy*).

Te besa, sistemáticamente, todo el cuerpo,

J

[...]

[16]   26 DE OCTUBRE DE 1987

Lunes 26. 20.02 (35")

Te ubico: hoy es el día que te llamé desde la oficina, se cortó, te volví a llamar, te preocupé... No te preocupes, Princesa mía; mis mecanismos de evasión son bastante cómicos. Resulta que hace unos días, en previsión de la necesidad de escape, compré algunas novelas policiales. Me olvidé un poco de ellas, hasta ayer, cuando decidí que debía poner una pantalla, aislarme de mis pensamientos torturantes, de tu presencia-ausencia, de todo este dolor insoportable y dulce. Pues bien, me puse a elegir muy seriamente, muy objetivamente, qué autor, qué libro tenía ganas de leer. Por fin elegí uno y quedé muy satisfecho (aunque debo decir que tampoco las novelas policiales son lo que eran antes; ya nada me llena; todo es débil, intrascendente —salvo vos, mi amor). Soy tan, pero tan gil, que tuve que leer algunos capítulos y encontrar tu nombre claramente escrito para darme cuenta de por qué había elegido esa novela y no otra; es de Nicholas Blake, la había leído de muchacho, la volví a comprar sin vacilar, porque es uno de mis autores favoritos. ¿El título? MALICIA EN EL PAÍS DE LAS MARAVILLAS.[1] (Sólo cuando uno de los personajes nombra claramente a la "Alicia" de Carroll, me avivé, me puteé, te puteé... no me puedo escapar de vos...

¡¡¡¡¡¡¡me tenés agarrado de las bolas!!!!!!!!) (pero no me sueltes, por favor, amor mío, Princesita.) Así que, ya ves, es inútil luchar. Después, camino al teatro para sacar entradas y vuelta a casa (un hermoso recorrido, que si el tiempo está lindo y tenés ganas de caminar, vale la pena: se puede hacer de modo de atravesar no menos de tres hermosas plazas, entre ellas Congreso, claro), después, decía, aunque no sé después de qué; fue después de salir del trabajo, o del no-trabajo (hoy llegué bastante tarde, me encontré con Jaime, quien empezó a contar anécdotas de su viaje; cuando por fin llegué a mi oficina, ya estaba la comida que encargamos a un boliche; comí; tomé un café; después te llamé, durante más de media hora; después vino Walter[2] y contó algunos chistes y cuando, por fin, tomé el papel que estaba sobre mi escritorio para examinarlo, vino Giménez y me propuso ir a tomar un café afuera, cosa que acepté ágilmente y, claro, ya se me había pasado la hora habitual de salida). Después, intento contarte por tercera vez, mientras iba por la calle, estuve lleno de vivencias y pensamientos, que no quería perder, y los anotaba en mi papel de los cigarrillos. Por ejemplo, uno de esos chistes del Espíritu, a los que estoy acostumbrado desde hace muchos años, pero que sólo capto cuando estoy en un estado como el de estos días, es decir, vivo: toda Buenos Aires está empapelada con un cartelón, que creo que llegaste a ver, pero que yo no entendí en su momento, con un gran dedo que te señala (me señala) y dice, en grandes letras: AHORA NO ESTÁS SOLO. ¿Qué tal? (por supuesto, es referido a una lucha gremial, a boludeces de ese tipo. Pero recuerdo, por ejemplo, allá por el año 70, cuando yo andaba completamente eléctrico, enloquecido, por las calles, buscando "una respuesta", y llegué a la plaza Independencia, y tenía en la mente la frase de un amigo: "Las respuestas están en todos lados, basta con levantar la vista", y levanté la vista, y vi un enorme cartel que parecía de neón, brillante, con luces corriendo, muy llamativo, que decía nada menos que: "be!" (en inglés: ¡sé!, del verbo *ser*. El mensaje me llenó de ánimo, de vida, de alegría; era un claro mensaje del Espíritu. En realidad, no era eléctrico, ni de neón, ni de tan brillantes colores —eran efectos ópticos de otras luces, las mismas que habían cortado la última letra, que, en lugar de un signo de admiración, era una L minúscula; en resumen, era una trivial propaganda de los fideos bel). Cuando el Espíritu se pone juguetón, salen estas cosas, tan regocijantes. Hace días que veo, en realidad, el cartel de "AHORA NO ESTÁS SOLO", pero sólo hoy lo *vi*, lo sentí, lo viví, y lo agradecí como corresponde; y lo comprendí en toda su magnitud, en todo su compromiso. Sí, yo era feliz, solo; sí, yo tenía mi equilibrio, solo; sí, yo estaba satisfecho, solo; pero no tenía la dimensión que tengo ahora, no estaba vivo, y esto que tengo ahora tiene un precio, como todas las cosas, y hay un sufrimiento del que quiero escapar, pero mi teoría es que toda enfermedad mental viene de un sufrimiento que uno no quiere sentir, del cual uno trata de huir, y me parece bien que el inconsciente me engañe y me ponga en las manos MALICIA EN EL PAÍS DE LAS MARAVILLAS *para que no deje de sufrirte un solo instante*, para que aprenda a vivir con este dolor de estar vivo y de amar, para que no vuelva a caer en la inconsciencia *nunca más*: Alicia mía, no me dejes dormir, no me dejes morir otra vez. No me dejes, bah.

. . . .

Otro pensamiento que me atrapó en la calle: "Tengo la perplejidad del adolescente ante mi propio cuerpo", todo ese desbande hormonal que no puedo controlar, que desconozco, que quiero rechazar (ya lo hice una vez, en su momento, Princesa mía, en la mismísima adolescencia, y me fue muy mal. Después lo había aprendido, lo repetí muchas veces. Ahora tendré que aguantar, que quererme —porque alguien me quiere—, que aceptarme —porque alguien me acepta—. No, no te voy a fallar).

. . . .

"Soy un insecto pinchado a una tarjeta con un alfiler", es otra anotación en mi papel de los cigarrillos. Es una forma más elegante de decir "Me tenés agarrado de las bolas". Estoy clavado a la vida y al dolor por el alfiler de mi sexo erecto, que apunta directamente hacia tu vientre. Mi amor.

. . . .

Eso fue lo que anoté, pero había mucho más, por ejemplo ese diálogo constante contigo, desde que te fuiste (antes de venir, simplemente tu voz resonaba dentro de mí; ahora soy yo quien habla, argumenta, discute, apoya, anima, y tu voz sigue resonando pero, por suerte, no dice nada; creo que cuando me respondas en palabras estaré definitivamente loco). Espero que por la calle no se me note; yo pienso que pienso, solamente, pero a lo mejor voy hablando y gesticulando, como tantos que veo en esta loca ciudad. A lo mejor voy con el brazo doblado, como enlazando tu brazo, como quien lleva un melón invisible bajo el brazo; a lo mejor voy, sin darme cuenta, con el brazo extendido, rodeando tus hombros. En fin. De todos modos, si no es así, estoy a un paso.

Debo tener algo muy especial en mi cara; las mujeres me miran, cada vez más, por la calle. Y no con miedo, como alguna vez, que andaría, supongo, medio desorbitado; no; me miran con un curioso interés, y en alguna creo percibir alguna muda invitación que yo, por supuesto, no acepto. Han llegado, cosa insólita, y no una sola vez, a levantar la vista de pronto hacia mí y sonreírme, como si tuvieran la sonrisa preparada para mí. Yo sonrío, agradecido, y sigo mi camino, un poco más alegre. Porteñas de mierda, cuando estaba solo no me pasaba esto.

AHORA NO ESTOY SOLO. AHORA NO ESTÁS SOLA. AHORA NO ESTAMOS SOLOS. Esta es la hermosa y terrible realidad. Hay que creerla o reventar, o creerla y reventar. De todos modos, hay que aceptarla. no estamos solos. Así de simple, así de tierno, así de cursi.

Entonces, Princesa, como resumen de todo esto: lo que te dije por teléfono esta tarde no fue otra cosa que la expresión de un dolor insoportable pero creo que tenés razón: hay que bancárselo; no hay otra. Por otra parte, por otra parte, debo decir que *nunca* había tenido antes la certeza absoluta de ser amado. Es rarísimo, pero tiene su explicación: son años, ¿verdad?, es algo comprobado (me refiero: a tu capacidad de amar, y a las formas de amor que he recibido de vos en todos estos años). Las dudas que tenía, antes de nuestro encuentro, eran referidas a si nos íbamos a gustar o no. Eran dudas razonables; pero en ningún momento dudé de tu amor. Ahora creo que esas dudas razonables han quedado razonablemente disipadas y, entonces, desde cierto punto de vista, todo es perfecto. Me queda, sí, la idea, que compartimos, de que la convivencia entre nosotros puede ser funesta; pero debo decir que esta idea se hace un poco más débil, día a día. De todos modos, por el momento y al parecer por mucho tiempo, es imposible, de modo que *ahora* no es un problema. El problema, al menos para mí, es resistir las ausencias. Supongo que el torbellino hormonal encontrará su estabilidad, las ansiedades se irán calmando, se irá, con el tiempo, estableciendo una cierta rutina que, a pesar de lo odioso de la palabra, puede ser una necesidad vital de supervivencia, y podremos llegar a disfrutar del amor sin tanto sobresalto, sin pagar un precio tan, tan alto como el de estos días.

¿Todavía no es hora de hablar de mis planes de futuro? (Es una pena, los tenía clarísimos, pero la realidad exterior vino a complicármelos. Todo se basaba en el presupuesto de que, a fin de año o poco más tarde, yo iba a estar ganando mucho dinero. No millones, pero sí bastante. Hoy todo se ha congelado, paralizado, y se temen momentos peores. Mis planes duermen el sueño de los justos. Quién sabe hasta cuándo. Seguramente, para fin de año estaré poco menos que pasando hambre, como la mayoría de mis hermanos rioplatenses.)

. . . .

Te decía que por primera vez en mi vida tengo la certeza de ser amado, y eso es bueno, eso es grande, eso es maravilloso. También, por primera vez en mi vida, no siento celos. Es curioso; te imagino en mil situaciones (para vos tal vez inimaginables), y no se me mueve un pelo. Pienso: "Pobre, tiene derecho". Pienso: "Qué bueno si se divierte". Eso es, probablemente, porque estoy seguro de vos. De tu amor, quiero decir. Es fantástico. Creo que mi vida anterior, signada por los celos (a menudo secretos, aun para mí), estaba secretamente alimentada por la certeza de que, en el fondo, no me amaban —lo cual era bastante, bastante cierto. Hoy no tengo ni la sombra de una duda. Espero no equivocarme, porque sería la mayor tragedia; pero ese "espero no equivocarme" es una fría formulación racional, que no me toca el corazón. Estoy seguro de no equivocarme. (Claro, con esto no quiero atarte ni comprometerte; quiero decir que podés cambiar de sentimientos o de orientación, pero *yo sabré* que, una vez, alguien me amó. Eso es tremendamente bueno, tremendamente inédito para mí.)

Hoy, con Giménez, en el boliche (Giménez está viviendo su propio calvario, y tenía necesidad de hablar y hablar, y yo también), llegamos a reírnos de nosotros mismos, de nuestras historias. La mía es muy graciosa: me enamoro perdidamente de una mujer casada, en trámite de divorcio, con problemas familiares y que vive en el extranjero —en franca contradicción con un artículo publicado recientemente por el propio Giménez en la revista *Juegos*, donde se explica que, estadísticamente, uno tiende a enamorarse de la vecinita o cosa parecida. Reventábamos de risa, mientras tomábamos aspirinas. (¿Por qué uno debe ser sistemáticamente atípico, por Dios?????).

Mi amor, basta por hoy. Debería ocuparme de otras cosas. Trataré. Trataré. Trataré.

Chau, linda (aunque no sé por qué te digo chau, si vas a seguir aquí) (aquí: me toco el pecho, la cabeza, los testículos). Te besa, te muerde hasta sacarte sangre,

J

[17] 4, 5 Y 6 DE NOVIEMBRE DE 1987

Buenos Aires, 4 de noviembre de 1987

Princesa,

hoy, día de paro, estuve solo en el cuarto piso y allí te escribí una carta, que después rompí, porque ¿qué carta puede hacerse en una oficina que valga la pena? (Me temo que ésta tampoco será gran cosa, porque *vengo* de la oficina, y seguiré con esa cabeza enroscada hasta que me duerma, y mañana temprano me volveré a enroscar esa cabeza. En fin.) (Estoy un poco deprimido. Llueve y tengo la garganta hecha bolsa. Me estoy resfriando. Me mojé, a la salida. Me mojé mucho. Tal vez me agarre una pulmonía doble, o triple. Estuve solo todo el día, en la oficina. Hice crucigramas.) (Hice un crucigrama para publicar en la tapa de la revista, y después lo rompí, porque lo había hecho en tu homenaje y deschavaba muchas cosas.[1]

Después hice otro, que contiene un *pequeño* homenaje, que pasará desapercibido, pero a mí me satisface porque tiene esa referencia a vos; se trabaja de otra manera, así.) Te decía, entre las cosas buenas de la carta que tiré, que tu compañía es permanente y que ahora es eso, una compañía, y no una interferencia. Tu voz no me abstrae, sino que más bien me acompaña y me guía. Ojalá te pase lo mismo. El homenaje consiste en la palabra que indica tu profesión, horizontal, en el centro del crucigrama; y verticalmente, en los extremos, se lee "soledad" y "amantes". Exactamente los extremos.

Princesita, estoy leyendo *El Principito*, como corresponde.[2] Tal vez sea por ese libro, por tus citas de ese libro, que se me dio por llamarte Princesa. Y ahora te voy a copiar una cita de origen un tanto bastardo; la leí hace algunos años encabezando una historieta de última categoría, algo en la revista *El Tony*,[3] algo de cowboys; no llevaba nombre del autor (de la frase; el guionista creo que era Ray Collins, que tampoco se llama así). De todas formas, nunca la olvidé, porque es hermosa:

PARA ATRAPAR A UN PAJARO, BASTA CON LA JAULA AZUL DEL CIELO. Esa es tu técnica. Gracias por tus autorizaciones, que probablemente no utilice (aunque, claro, no puedo jurarlo). Mi jaula azul: me tenés bien atrapado. Quisiera reiterar una frase un poco más gruesa, al respecto, que ya conocés de otra carta, pero me contengo. Me tenés bien atrapado; dejémoslo así.

Princesa, antes de que la carta que rompí degenerara (lo mismo que mi ánimo), decía también que tengo la impresión, la casi certeza, de que los obstáculos se irán removiendo poco a poco y que nuestro calvario no será demasiado largo ni demasiado penoso; por más que atisbo hacia adelante solo veo serenidad, nada de nubarrones ni pedruscos. No sé decir cómo, ni cuándo, pero *siento* que las cosas se van a ir haciendo más tolerables, que podremos irnos organizando más aceptablemente. Dios quiera que no sea un simple deseo. Creo que no lo es.

En estos días está Leo pernoctando en casa. También en estos días vendrá Elisa.[4] Me gustaría poder contarle, pero no lo haré sin permiso. El edificio se vuelve día a día más pesado: hoy encontré un cartel, muy prolijo, metálico, de color rojo, junto a la cerradura de la puerta de calle, del lado de adentro, que dice que debe mantenerse cerrado con llave las 24 horas. Es una especie de cárcel. Me están recontrahinchando.

Con respecto a Leo, se me ocurrió, anoche, mientras charlábamos, que como está buscando apartamento para compartir con alguien, en Montevideo, podría compartirlo conmigo. Pero hice cuentas y no me da para pagar mi parte del alquiler. Sin embargo, por allí se me abrió una puerta mental. De todos modos, piensa alquilar con un amigo algo amplio, y me lo ofreció ampliamente para cuando quiera ir. La macana es que el amigo no viaja sistemáticamente a Buenos Aires como él, como para quedar dueño de casa, cruzándonos. Pero voy a seguir con la expectativa de este tipo de posibilidades (no puedo pensar en pagar alquiler más viajes, y menos si, como sospecho, sólo podrían ser viajes en avión —el viaje en ONDA, sin fumar y sin la hormona antidiurética, me llena de fobias con sólo pensarlo). Sí, todo es muy difícil pero estoy seguro de que el panorama se abrirá, se abrirá.

Sigue lloviendo, aunque ahora no lo noto en mi lomo; lo oigo, y también oigo que lo comentan por la radio. También se habla del éxito del paro.

Princesa, me cuesta mucho hacer méritos en el trabajo. Ayer tuve la reunión de los martes, insoportable. Solo me sostiene tu voz, tu angustia ante lo que podría pasar si no. Hoy hablé con Jaime sobre las reuniones; básicamente estuvo de acuerdo conmigo, pero dice que lo hable en las mismas reuniones (o sea, más fricciones con Daniel, para mí).[5] Lo voy a hacer. En realidad, lo importante de esas reuniones podría resumirse a quince o veinte minutos. Son dos horas largas, dos horas y media, de detalles imbéciles y charla vacía. Y cuando abro la boca, para señalar lo verdaderamente importante (por ejemplo, que no se está haciendo publicidad; que las revistas no las conoce nadie; que es urgente una campaña de promoción), Daniel dice "No quiero hablar de eso ahora". Por otra parte, mis intervenciones son muy breves: "Todo bien. Se están cumpliendo los tiempos previstos. No hay novedad". Pero no voy a seguir cargándote con este fardo. Si lo he hecho, y tal vez lo siga haciendo más adelante, es porque no tengo otra cosa de qué hablar. Empecé a trabajar. Ahora mi vida es esto. Arrrrggggghhhhhhh. Pero también en esto es cuestión de tener paciencia; las cosas tienen que cambiar, o la propia empresa va a sucumbir. Las últimas informaciones acerca de las economías de la empresa son dramáticas. Cada vez se hace más claro que hay que hacer algo, o cerrar. Cualquiera de las dos opciones me vienen bien. Pero no te asustes, Princesa; yo no estoy asustado. Sigo viendo un paisaje rosado ante mí, ante nosotros.

(Es curioso; no conocía, hasta ahora, ningún caso de "depresión rosa". ¿Será el SIDA?)[6]

Bien. Mañana, jueves, te llamaré por teléfono (si Dios-Antel-y-Entel lo permiten).[7] Espero encontrar tu buena voz. La necesito. Todavía no escuché el cassette. Está en la caja fuerte, junto con todos los otros materiales, incluso mi libro, que no te llevaste, porque no se me ocurrió decirte que era tuyo. Encontré también un pasaje a tu nombre, junto a las guías telefónicas. La otra vez, dejaste allí una foto boca abajo. Querés delatarte, cosa que en realidad me complace. Pero, por tu bien, ojo con las tretas de tu inconsciente.

Y, claro, estoy inhibido para decir las cosas que realmente quiero decir. Te dejo todo eso librado a tu imaginación, que pude comprobar que no te falta, ¡Princesa, Princesa! Si pienso en lo que realmente quiero decir, me sonrío, empiezo a babearme ligeramente, mi ánimo cambia... Voy a pensar en eso. Me voy a recostar un rato y pensar en eso. Pensemos en eso. Juntos. Mi amor.

. . . .

Vuelvo a tierra. Se habló de las vacaciones. En principio, se está proyectando tomárnoslas todos juntos, al menos la gente de producción; podría ser todo febrero, o fines de enero/principios febrero. No está mal, creo, ¿verdad? Tenemos que definirlo allá por el 15 de este mes. A más tardar el 30.

Bueno. A fantasear un rato. A imaginar que estás aquí. Chau, lindísima, loquísima mía.

El sobre se llena así:
Si ponés el código postal así, es posible que llegue antes.
1ª línea: nombre
2ª línea: dirección
3ª línea: código y ciudad
4ª línea: país[8]

Mismo día 5, 23.15

Hermosa mía, te adelanto que ésta es otra de mis cartas "pesadas". Podes tirarla sin leerla, o leerla con los ojos cerrados. Voy a decir alguna que otra verdad que probablemente no te guste. Sucede que, al rato de terminar mi carta anterior, hubo un *clic*, y salí mágicamente del estado depresivo y me empecé a sentir *bien*, casi sin poderlo creer. Me preparé laboriosamente una pizza mientras degustaba pacíficamente un vermut, y mientras estaba la pizza en el horno escuché con enorme placer una música de lo más aberrante que había grabado ayer (nada menos que mi odiado Ray Conniff, no sé si lo sentiste nombrar).[9] Volví a la anterior tranquilidad, a estar en mi piel, satisfecho en mi piel. Y mientras devoraba la pizza (y unas salchichas) descubrí que tenía que decirte estas cosas que vienen a continuación. Pero antes, para que no haya malentendidos ni zozobras: desde luego, te amo; te amé desde siempre y te amaré para siempre, pase lo que pase; y me gustás con locura. ¿Ta?

Bueno. Empiezo. Afirmado de nuevo en mi tranquilidad, que *vos* perturbaste, y mucho, el sábado, con la misma técnica que yo mismo había innoblemente empleado contigo, y que luego intenté hacerme perdonar, afirmado en mi tranquilidad, decía, veo con total nitidez que no hay otro encuentro posible que el de Buenos Aires, al menos por ahora y en estas circunstancias. Me pregunto, entonces, dónde está exactamente tu tranca al respecto. Me contesto que, probablemente, tenés un miedo bárbaro; no de Buenos Aires, sino del encuentro —y de ahí tus propuestas de encuentros imposibles. La otra explicación, no necesariamente contrapuesta con ésta, es la culpa. Hay varios puntos que apoyan esta última teoría pero antes quiero aclarar lo del miedo. Te he dicho, creo, que no debés temer nada de mí. Podés estar bajo mi techo, e incluso dentro de mi cama, que yo no voy a hacer nada que vos no desees. Te dije una vez que no soy un violador; te puedo decir ahora que soy todo lo contrario de un violador. No soy un buscador de orgasmos, porque odio el orgasmo, lo considero, en todo caso, un mal necesario. Lo que yo amo es el deseo, porque une; el orgasmo es el fin del deseo y el fin de la unión. Algo de eso se veía en mi sueño con X. No porque sea bueno, o mejor que otros, sino porque soy sencillamente así, mi goce viene del goce que doy, más que del que recibo. Y lo que quiero contigo es estar contigo, desearte hasta el paroxismo y, llegado el caso, y si así lo querés y permitís, aliviar en vos ese deseo (porque así no se puede vivir). Si tus temores son sexuales, podés, pues, desecharlos con toda tranquilidad. Nuestro encuentro transcurrirá en los términos y formas que desees y aceptes; sin violencias de ningún tipo (al menos físicas; admito que soy muy proclive a la ironía y la mordacidad). Puede ser que todo lo que acabo de decir sea innecesario, que no tengas ese miedo; pero por las dudas quiero dejarlo claro, porque en esta materia la experiencia femenina es, como me consta, muy triste y desgraciada; la mayoría de los hombres no están correctamente educados en materia sexual, y piensan que todo consiste en embestir y eyacular lo antes posible. No es mi caso.

Pasemos, entonces, al más palpable asunto de la culpa. Creo que hay en vos una culpa evidente, porque has intentado varias veces desplazar la responsabilidad de nuestro (¿romance?) (¿*affaire*?) (¿cómo lo llamamos?) hacia mí, casi diría en exclusividad. Todavía no recibí una línea de respuesta a mi carta "pesada",[10] ni tampoco, en verdad, la esperaba ni la necesitaba; me interesaba, desde luego, la respuesta a mi posdata telefónica. Sólo me decís que lo que digo está bien, que tengo razón, etc.; pero en otras instancias declinas graciosamente tu protagonismo en el asunto, como en el caso más notorio del "cuento que dejo sin terminar", que fue lo que me quebró.[11] "Vos lo empezaste, vos terminalo, y de esta manera imposible", fue la esencia de tu mensaje, el callejón sin salida de estos tres días hasta este instante de liberación. Mi querida Alicia, yo no lo empecé, ni quiero terminarlo (quiero que dure eternamente). Lo empezamos juntos, quién sabe cuándo; creo que mucho antes de diciembre, tal vez aquella noche que me empujaste a Buenos Aires mientras tomabas tu whisky sentada en un cajón de la mudanza inminente a Colonia, tal vez en la primera consulta que tuve contigo; no lo sé, no lo sabré jamás; ahora que sé lo que sé y que puedo sentir lo que siento, es un amor fuera del tiempo y del espacio, fuera de la historia; para mí, nació con el mundo y morirá con el mundo. Y no estoy haciendo literatura barata (lo es, pero quiero decir que estoy diciendo exactamente lo que siento) (paréntesis: no lo puedo creer, acaba de terminarse un cassette de cinta de máquina que había puesto hace muy poco. ¡Nunca escribí tanto en tan poco tiempo! Recuerdo que el cassette anterior se terminó con mi "carta pesada" anterior) (sospecho que tendré que volver a mi vieja Olivetti; estos cassettes están carísimos). Sigo. Esto lo empezamos ambos, pero mi toma de consciencia, mi "te amo", fue claramente empujado por vos, te guste o no te guste, te sientas culpable o no te sientas culpable. Y te lo agradezco infinitamente, pase que lo que pase, porque podré tenerte o no, pero seguramente me tengo más a mí mismo que antes. Si vos hubieras seguido en tu sagrado rol de terapeuta, si me hubieras traído los medicamentos,[12] si no me hubieras escrito esa cartita (que en el momento, en la confitería, me dejó perplejo, obnubilado, como con un gran blanco en la mente, y que soslayé durante varios días) hablando de roles, si no te hubieras "sentido malparada" en mi presencia, *en la sesión que me fue más útil*, que te entendí más claramente, que me abrió un camino despejado... en fin, hay otros síes; *si no* hubieras hecho todo eso, yo no habría hecho consciencia jamás, porque el tabú de tu rol terapéutico es muy fuerte, porque había otros tabúes, y, en fin, todo lo que te dije en mi carta pesada anterior. Ahora bien: ¿por qué no aceptás todo eso? Me decís "tenés razón", pero actúas negándolo. Ojo: no estoy diciendo que intentaste violarme, ni que te tiraste lances, ni insinuaciones, ni que me conquistaste, ni nada por el estilo; estoy diciendo exactamente que me llevaste a una situación de acorralamiento, en la cual debí buscar un médico y otros apoyos, y que me lanzaste un desafío con tu cartita de la confitería, y que lograste que tomara consciencia, a través de aquel sueño, y de inmediato en vigilia, asociando y asociando todas tus actitudes. Es posible que yo haya comenzado, sí, una etapa del asunto, en diciembre, cuando te vi tan joven y tan linda, tan floreciente, y te lo dije. Tal vez eso te cayó bien, y de ahí tus posteriores referencias, en varias cartas, a "diciembre". En fin; esto no tiene ninguna importancia. Lo que importa no es quién empezó, sino que quede bien claro que no es ninguna historia inventada por mí; no es un cuento; no es una novela; no hay una autoría. Creo, simplemente, y tal vez un poco vanidosamente, que hay nada más que un mutuo amor. Sé que no soy especialmente "sexy", pero sé también que he sido amado por mujeres que han sabido ver mi interior. Me alegraría mucho que en algún momento me dijeras que me amás (si fuera cierto, claro).

Entonces: no hay una historia con un autor, no hay un responsable ni un "culpable"; por favor, no sigas tirándome encima el fardo. Lo llevaría gustoso si fuera cierto; y con orgullo. Si no hubiera reciprocidad, trataría por todos los medios de lograrla. Pero no es así, y me preocupa tu actitud, porque sé que ahí está el freno, que ahí está lo que impide que ya nos hayamos encontrado, y lo que hará que nos encontremos Dios sabe cuándo, o nunca. Me pregunto: ¿dónde está la culpa? ¿culpa de qué? ¿qué culpa querés desplazar hacia mí, proyectar en mí? Ahí hay una gran fantasía, y no puedo aventurarme más allá en mi rol terapéutico porque no tengo elementos.

Alicia, por favor, asumí todos esos puntos de "empuje hacia la consciencia", pero además: no sigas comportándote como un delincuente. No hay nada malo en lo nuestro. No creo que realmente te persiga todo un pueblo; creo que la culpa te vuelve un tanto paranoica. Sé cómo son los pueblos del interior, porque los sufrí, y ni te imaginás cuánto;

sin embargo, en mi experiencia, esas cosas pasan cuando te sentís débil y culpable, en falta. Yo he llegado a enfrentar a todo Piriápolis, y una vez que di la cara todo el mundo pasó de perseguidor a genuflexo.[13]

(El carpintero Martín, que conspiraba contra mí en las esquinas, un día me persiguió en bicicleta pero para darme la mano y decirme que estaba orgulloso de tener en el pueblo a alguien como yo. ¿Qué fue lo que pasó? Simplemente, empecé a actuar abiertamente, ignorando por completo todo tipo de habladurías y haciendo las locuras más grandes a la luz del sol.)

Pero está bien: no te estoy pidiendo que te juegues, que me lleves a tu casa, que nos besemos en la plaza Artigas o como se llame.[14] Sólo te pido que te tomes un ferry con toda naturalidad, sin sentir todos los ojos del mundo clavados en tu espalda (o, probablemente, un poco más abajo). ¿Que alguien te vea y corra a contarle a tu madre? Bueno, ¿y qué pasa con tu madre? No lo entiendo. ¿No podés decirle "voy a visitar a Jorge, porque creo que nos queremos; voy a ver qué pasa, qué hay de cierto en todo esto"? Pero tampoco te pido que te la juegues así; simplemente estoy exponiendo crudamente posibilidades que se me cruzan, porque quiero entender y no entiendo.

Te decía que tengo planificado un futuro muy potable para nosotros. Pero tengo miedo de contártelo, mientras las cosas estén así. También tengo miedo de que nuestro encuentro disuelva todo. *Es posible*, aunque no lo creo, pero es posible que se produzca un rechazo físico; que la piel de uno repugne al otro; que descubramos incompatibilidades insospechadas; no sé; en este terreno, todo se me vuelve una pesadilla, todo es terror al vacío del fracaso. Por eso es que estoy ansioso por saber qué pasará en realidad. (Entre paréntesis, como calculo que tu experiencia es limitada en ciertos aspectos, te diré que los primeros encuentros —me refiero estrictamente al plano sexual— son decididamente decepcionantes, incluso en el mejor de los casos, de una pareja hecha el uno para el otro. Como en todas las cosas, hay un aprendizaje necesario, hay un conocimiento a adquirir uno del otro, y siempre la próxima vez será mejor que la anterior, hasta llegar a la maestría, que requiere más o menos tiempo.) (No es esto lo que me preocupa, sino la posibilidad de que exista alguna incompatibilidad real, insuperable) (no lo creo; simplemente, lo temo, porque tengo mucho, mucho, mucho, mucho, mucho, casi todo, puesto en vos).

Resumen: 1) no me tengas miedo; soy un caballero, un tipo sensible, un artista; 2) aflojale a la paranoia, buscá el origen de la culpa y, por favor, no me tiendas trampas: yo quiero querer esperar, quiero poder esperar; puedo esperar, mientras no me hagas trampas. *Te espero acá*, porque no hay, en este momento, otra posibilidad. (Incluso, tengo el problema de que Jaime fue a España por algunas semanas, y nos pidió como favor especial a los jefes —Giménez y yo— que lo supliéramos en su ausencia, que evitemos un vacío de autoridad en este período; y a Jaime le debo mucho como para fallarle en este pedido; es decir, que no debería faltar un solo día.) En otras circunstancias, *podría* ir a Montevideo, pero nunca de un día para otro; necesitaría estar allá por lo menos una semana, y no encontrarme contigo el primer ni el segundo día —primero tengo que encontrarme conmigo.

Quiero esperarte todo el tiempo que sea necesario, pero en paz. Ya te pedí perdón de mil maneras por haberte prepoteado y urgido;[15] no volverá a suceder. Y en este momento dejo de ser tu analista, para volver a ser tu rendido amante: te quiero, Alicia (aunque mi amor no sea ciego; conozco tus defectos y los acepto —aunque haré lo posible por no sufrirlos; si para algo sirve tener 47 años, es para saber lo inútil que es el sufrimiento, que uno buscaba tanto cuando mozo; para tratar de recoger de la vida todo lo amable y placentero, para tratar de hacer y cultivar un jardincito donde antes uno mismo sembró escombros y vidrios rotos; y vos debés conocer mis defectos mucho mejor que yo, y te pido clemencia para ellos, que también los aceptes— pero no los sufras. Podemos hacerlo, ¿verdad?).

Bueno, voy a tratar de dormir, aunque la pizza me baila un poco en el estómago. De todos modos, mañana me seguiré despertando a las siete, haga lo que haga. Me despierto contigo, porque seguramente duermo contigo. Y espero despertar con la paz que recuperé ahora, y no volver a perderla. Comprendé que también es bueno para vos que yo tenga paciencia y que pueda esperar, que me sienta seguro. (Hay algo muy peligroso, y te pido que tengas todo el cuidado del mundo, y es ese poder mágico que has tenido siempre sobre mí. Siempre actuó —hasta el sábado— de la manera más positiva y favorable para mí.

Roles aparte, ese poder lo seguís teniendo, si se quiere multiplicado. Podrías destruirme con toda facilidad, del mismo modo que has logrado construirme en lo que es mi vida actual. Sería muy triste que cayeras en esa tentación; cuando el poder se vuelve destructivo, ya no es poder, sino anti-poder; ya no viene de Dios y de la vida, sino de la miseria humana. Desgraciadamente, lo vivimos muy de cerca, no hace mucho, en estos países.) (Por ejemplo: hoy retiré de la farmacia una caja de 50 tabletas de valium; en mi depresión de esta tarde la saqué del bolso, en la oficina, y la miré con gran cariño. Por supuesto, es algo que no haría nunca; pero es terrible haber jugado por un instante con la idea.)

Espero, por vos y por mí, que logres disolver tus fantasmas. Después veremos qué pasa; cuando toquemos la realidad nuestra, todo se podrá solucionar, llegado el caso todo se podrá soportar, y si hay que sufrir, se sufrirá y estará bien. Lo que no tiene solución, son los problemas imaginarios; y no se puede soportar lo que no se puede comprender.

Ya el sueño me hace desvariar.

Hasta luego, mi amor.

J

Martes 6, 10.10 hs.

¿Cómo no aprovechar este espacio que queda para decirte una vez más que te amo?

¡Besos! [16]

J

[18]   27 DE NOVIEMBRE DE 1987

Buenos Aires, 27 de noviembre de 1987

Princesa,

unas breves líneas, un poco "por cumplir"; ayer te prometí una carta, y anoche te escribí una carta —cinco carillas como ésta, nada menos. Recién me levanto; me desperté con la clarísima idea de hacer pedacitos la carta de anoche, y así lo hice. ¿Por qué? Porque era un delirio de punta a punta, que tal vez hubiera interesado mucho a mi doctora pero que no tiene nada que ver con mi mujer. Lo siento, pero una vocación reprimida brota siempre de cualquier manera, aunque sea de mala manera, y lo que sucedió anoche fue un brote de literatura pervertida en mi interior, y fabulé y fabulé —pero mal; mala literatura y, como carta, una basura. Está, ahora, en el lugar que le corresponde. No me rezongues.

No descarto que el brote nocturno esté estrechamente ligado con el fenómeno parapsicológico diurno, en el que tuviste amplia participación. Tampoco descarto que todo esto sea la respuesta tuya (de tu inconsciente, claro) a mi pedido, o exigencia, de que me devolvieras también la literatura. Lo que pasa es que ayer me devolviste todo junto, ya desde la mañana. Eso que te decía por teléfono, "hoy me desperté", tiene un alcance muy amplio. Me desperté, sí, pero también vi muchas cosas, sentí muchas cosas, volvió un poco el loco aquel de septiembre y octubre (que estoy tratando de mantener vivo, a pesar de los cuarenta cigarrillos que me hizo fumar ayer); no creo que sea algo tan simple como una ciclotimia (vuelta a la manía), aunque haya algo, o mucho de eso. Creo, sí, que el Inconsciente está con todas las lámparas prendidas (y así también el tuyo), y cuando eso sucede, puede pasar cualquier cosa. Juramentémonos para que sean cosas buenas.

Preciosa, tengo que desayunar, vestirme, ir a trabajar, espero que con alegría (ayer no me pesó tanto el trabajo, y además hice muchísimas cosas, como te podés imaginar —después de tanto tiempo de ir pateando pesadamente el mundo). Esperemos que sea una reafirmación del renacimiento y no una simple chifladura más.

Besos. Besos, besos y besos. (Ah, cómo me cuesta no seguir escribiendo y llenando otras cinco o diez carillas; pero seamos responsables). Besos otra vez.

J

P.s.: se ruega no interpretar la firma (ya lo hice yo anoche, desde luego).[1] Besos otra vez, de

El Lúcido

P.s. 2: acabo de romper un sobre (que podía haber usado, bah) porque puse: SRA., en lugar de DRA. Tampoco interpretes esto, eh.

[19] 28 DE DICIEMBRE DE 1987

Buenos Aires, 28 de diciembre de 1986
(que la inocencia te valga: es 87)

Princesa,
mirá qué tierno esto que salió en la última revista *Juegos*:
"ADIVINANZA NOCTURNA. No tiene brazos y estoy en sus manos. Cuanto más lo interrogo más se encierra en sí mismo. Sin ojos ni pupilas ni pestañas devuelve inexpresiva la mirada anhelante. Su silencio parte el corazón, su sonido lo vuelca. Sabe que es mi única oportunidad y cuántas veces le descubro irónicas sonrisas. Cuando exasperado le juro destrucción ni se estremece. ¿Qué es?
"Qué va a ser: el maldito teléfono. Cuando pasa el tiempo pasa pasa y nada y sé que es cosa suya sé que tú llamas".
(De Alberto Escudero, *La piedra Simpson*, Alfaguara, 1987.)

Y ahora mirá qué tierno este fragmento (que te prometí) de *La boca sombría*, novela policial de Nicolás Freeling (el libro peor traducido que he leído en mi vida; tengo que cambiar algunas cositas porque si no es ininteligible) [1]

"Volver 'del extranjero' fue una ocasión notablemente adecuada para terribles ataques de chauvinismo; no era ése uno de los vicios de Van der Valk, pero sin estar precisamente complacido de ver el horrible lugar sintió más simpatía que la de costumbre por Schipol, aunque la mayor parte del deleite se debió a Arlette (pantalones verdes reseda y una elegante tricota nueva) esperando del otro lado de la barrera. Eso era lo que constituía el hogar, no los olores y sonidos familiares, no la vista de paredes de ladrillos limpios y de pintura blanca nueva, tan diferente de la chapucera Irlanda (lugar del que había disfrutado mucho y que le había gustado mucho). *Hogar era la casa de Arlette y constituir el hogar era el gran talento de ella.* Era una mujer inteligente, aunque alarmantemente obtusa a veces; encantadora, aunque 'sabía cómo ponerse extremadamente desagradable'; una persona equilibrada, aunque con muchos prejuicios fastidiosos y violentos; buena cocinera, cuando tenía ganas, que era la mayor parte del tiempo, por suerte. Pero sobre todo generaba amor y seguridad, su lealtad era total, su calor y su afecto tenían una cualidad explosiva, tan íntegra era".

¿Qué tal?

. . . .

Podría fácilmente cambiarse el nombre Arlette por el tuyo; sólo haría falta una pequeña modificación: donde dice "alarmantemente obtusa" yo pondría "de alarmante mal gusto a veces"; y donde dice "prejuicios" yo pondría "supersticiones".

. . . .

Lo del mal gusto, desde luego, viene más que nada por el cenicero. Estuve varios días anonadado, meditando sobre la posibilidad de que me lo hubieras regalado para inducirme al suicidio o, más bondadosamente, a dejar de fumar. Como es un regalo tuyo, se considera un "objeto sagrado", y no podría por nada del mundo arrumbarlo o deshacerme de él. Tengo que usarlo, tengo que ver esa cara a cada rato (que, para colmo de males, encuentro parecida a la mía). Espero que Edith dé buena cuenta de él, ya que es experta en hacer pelota los ceniceros y las tacitas de café.[2] Mientras tanto, lo único que puedo hacer es esto: descargarme escribiendo.

. . . .

Pero no te abatates, Princesa. Acordate de mi teoría de la salud que subyace en el ejercicio de las agresiones intelectuales. Me molesta mucho verte a menudo en el papel de "alumna rindiendo examen". No me tengas miedo, y mantente firme en las tuyas. Sabés que de cualquier manera te admiro, te respeto, y por supuesto te adoro.

[20]   28 DE FEBRERO DE 1988

Buenos Aires, domingo 28 de febrero 88

Princesa,
anoche invité a Ana a comer[1] (espontáneamente, en vista de que yo no oía casi su voz por teléfono, en varios intentos), y mi idea inicial era juntar las cosas que habían sobrado para comer (carne, paté, ensalada rusa, etc.) y decirle que ella preparara algo con todo eso, ya que es buena cocinera. Puse las cosas disponibles sobre la mesada de la cocina y luego, en principio porque demoraría en llegar, para ganar tiempo y porque ya empezaba a sentir mi famosa hambre, me puse a preparar ensalada. Mientras lo hacía me di cuenta de que la dedicación, la concentración, el amor y el placer que ponía en hacerlo estaban en realidad destinados a la Princesa. Es decir, que terminé preparando la ensalada que no había querido preparar.

Esta mañana, o este mediodía, hace unos minutos, mientras tomaba el baño diario que me recetó el médico, volví a pensar en el asunto y me pregunté por qué se dio así el asunto de la ensalada. La respuesta inmediata fue: "Porque no caben dos personas en la cocina. Porque estaba el horno prendido y hacía mucho calor". Entendí que en esto había de por medio una cuestión de poderes o, mejor dicho, de territorios. Vos viniste y te apropiaste de mi cocina, lo cual me parece muy bien. Más que muy bien; me parece perfecto. Pero esa actitud excluye por completo mi papel de anfitrión, al menos en lo que respecta a la cocina Yo fui desplazado, digamos que alegremente desplazado; y en esa posición de desplazado no se me puede exigir (o pedir, bah) que tenga el mismo comportamiento del anfitrión. Concluí que hubo en el asunto una cierta ambivalencia tuya, o tal vez la vieja "confusión de roles" que tenés conmigo. Adoptás el rol de ama de casa, pero no querés soltar el rol de Visita Mimada. Querés todo. Sin recordar que, para citar a una famosa autoridad en la materia, "las cosas se oponen al querer vivirlas en el mismo momento". Lo peor del caso es que traducís (visiblemente) esta o cualquier otra negativa mía (o, más en general, cualquier actitud-mía-no-encuadrada-en-tu-concepto-de-lo-que-debe-ser-una-relación-de-pareja) como "falta de afecto". ¡Falso!

Estos conceptos podés extenderlos fácilmente desde la cocina al resto de la casa, incluyendo el dormitorio, y con la misma facilidad podrás advertir las distintas confusiones de roles y exigencias contradictorias de tu parte. Ante las exigencias contradictorias yo me confundo, me paralizo y probablemente me irrito (¿no es esto natural?). Mi parálisis puede verse, desde un punto de vista abandónico, como indiferencia; y la irritación, como odio; en resumen, "ya no sos amada como antes". Y "todo resquebraja y amenaza derrumbarse". ¡Falso!

Finalmente habías llegado nuevamente a elaborar el asunto de la libertad. Creo que el tema no está agotado, por más desagradable que sea en ciertos aspectos (yo, al menos, no quedé conforme; no te vi convencida, visceralmente convencida). De todos modos, es necesario profundizar este tema y extenderlo a todos los aspectos de la relación. Creo que coincidimos intelectualmente en las cosas más importantes, pero que los problemas surgen en la cuestión de poderes y territorios. Yo no soy un tipo particularmente proclive al poder, salvo en un aspecto: el poder sobre mí mismo. No me atrae el poder sobre los demás. (Y esto te incluye.) Pero sí soy tremendamente territorial, como habrás podido apreciar; fuera de mi territorio no soy nada, no valgo nada; tal vez, precisamente por mi falta de interés en el poder, que me vuelve tan inerme ante los demás. Mi ejercicio de poder se limita, dentro del territorio —y tal vez fuera— a la defensa del territorio, que es el que me permite ejercer mi verdadero poder, a saber, la creatividad. Y en mi territorio yo necesito ser dueño y señor, aunque se irrite la gente a quien no abro la puerta o no la atiendo por teléfono cuando no quiero hacerlo. Sólo en mi territorio puedo entrar, o tratar de entrar, en contacto con lo mejor de mí mismo. Ahora bien: todo esto te lo ofrezco y lo pongo a tus pies, *en tu presencia*. ¿Podés razonablemente exigir lo mismo *en tu ausencia*? ¿Podés razonablemente pretender dejar fijado aquí simbólicamente o abstractamente tu rol de dueña de casa, cuando ya antes de salir de la casa estás fijada en otros roles? (Siempre te ponés la máscara antes de salir.)

La carta me está saliendo más larga de lo que pensaba, porque empecé a pensar con los dedos en el teclado y pido disculpas por el discurso y sus meandros. Pero para mí es tremendamente importante poder hacerlo.

Creo que ambos queremos estar juntos y no sabemos cómo lograrlo. Me acuerdo del sueño con el barco borroso en el horizonte = futuro.[2] Y que buscamos trucos mentales para darnos la ilusión de que todo está resuelto, de que no sufrimos con cada separación, de que el tiempo entre un encuentro y otro no existe. Pero existe, y me pesa, y todavía todo pesa mucho más cuando la ilusión no se puede confrontar con la realidad, y mi casa ya no es mi casa y todo eso. Princesa, es imperioso que mi casa vuelva a ser mi casa, para que siga defendiéndola, porque fuera de mi territorio no valgo nada. Lo que yo pretendo de vos es esa libertad. Para eso necesito que no sientas como un derrumbe el hecho de que desaloje el rol que dejás colgado cuando te vas. De lo contrario, no podría siquiera prepararme la comida en la cocina (tu cocina).

Empieza a ser tu casa cuando empiezo a organizar la puesta en escena, unas horas antes de tu visita. Cambio algunos muebles y plantas de lugar, hago algunas compras especiales —voy creando un nuevo espacio, que ya no es mío, sino nuestro. Después de tu partida, tardo a veces más, a veces menos tiempo en volver las cosas a su sitio, a deshacer la puesta en escena. Cuando estoy muy bien, tardo menos tiempo; pueden ser minutos. Últimamente, tardo días, e incluso hay cosas de la puesta en escena que quedan así. A esas cosas, cosas de ese tipo, me refiero cuando hablo de trucos mentales o ilusiones. Debo combatirlos.

Creo que esta última visita ha sido la más conflictiva, y estoy seguro de que se trata de territorios. Por ejemplo, invadiste mi escritorio —te vas extendiendo, y te entiendo, Princesa, te entiendo y casi te aplaudo, pero entendé que no puedo dejarme desalojar (simbólicamente) porque eso lleva inevitablemente a un desalojo real, no por parte tuya, sino de las autoridades: me quedo literalmente sin casa. Es probable que esta actitud "invasora", "expansiva", haya sido motivada por el tema de la discusión, que ya estaba prevista en conversaciones telefónicas; es tu necesidad de reafirmar, a tu manera, la posesión.[3]

Hay una pareja, como te he dicho más de una vez, con sus raíces entrelazadas en esa zona no visible de la realidad. Todas nuestras dificultades provienen de la zona visible, la que implica distancia, tiempo, otras personas, dinero, etc. Ambas zonas son importantes, porque de todas formas son una sola cosa (no achaquemos a la realidad exterior lo que es una limitación de los sentidos y de la consciencia). Pero yo creo que no debemos dejar que los problemas de la zona inmediata sacudan esas raíces y las perturben, o eventualmente puedan poner en peligro ese perfecto entrelazamiento. Creo que si desplazamos la atención un poco más hacia las raíces, podremos sobrellevar con menos dolor las dificultades de la zona más inmediata. Eso implica confianza, a falta de percepción directa (sé que parezco un cura hablando de la fe, pero en mi caso particular lo de las raíces está muy cerca de una percepción directa, no debo hacer ningún esfuerzo especial para *creer*: lo sé, lo siento, casi lo palpo). Creo que cuando hablamos de libertad debemos pensarlo así. La libertad fue entregada totalmente en ese plano profundo, y nadie la reclama para sí de vuelta.

Entiendo que tu historia te vuelva desconfiada, abandónica y necesitada de constantes reaseguros,[4] pero me gustaría que trataras de dejar el pasado en su lugar y que pensaras en mí de un modo distinto. Creo que me lo merezco. Creo, por otra parte, que ambos hemos dado pruebas terminantes y que no hace falta seguir exigiendo pruebas. Si no nos amáramos terriblemente, esta historia de los últimos seis meses sería la cosa más loca e inexplicable que a nadie se le pueda ocurrir. Y si partimos de esa base, todo es permitido, todo vale, todo está bien. Tu historia te lleva a buscar un exagerado control de las cosas, incluso un control remoto. No puede ser, Princesa. Se trata de creer o reventar. Literalmente. Si no creemos, estamos perdidos. Porque no se puede controlar todo.

Me da lo mismo que vengas como dueña de casa o como Visita Mimada, mientras el rol sea claro; y después, cuando te vas, necesito que te vayas de veras y llorar de veras tu ausencia y borrar tus huellas. De lo contrario, mis días y mis noches se arrastran insensiblemente en la depresión o en la melancolía; no puedo trabajar, sólo quiero leer y dormir y dejar pasar el tiempo hasta tu regreso. Bien sabés que eso es nefasto, y si bien lo combatís, al mismo tiempo lo fomentás o lo producís. Hay un "doble mensaje", y sabés cómo terminan esas cosas. Aun las frecuentísimas llamadas telefónicas —y en este caso, soy el principal culpable— me parecen contraindicadas; es como no aceptar que no estamos juntos cuando no estamos juntos, y después uno quiere integrarse al mundo y no lo encuentra (o, al menos, es lo que me pasa a mí).

Princesa, basta; no te doy más lata. No sé si queda algo claro de todo lo que he escrito, pero confío en tu inteligencia y en tu sensibilidad para que después me lo cuentes corregido y mejorado.

Chau, mi amor.

J

[21]   29 DE FEBRERO DE 1988

Lunes 29 (o marzo 1°: 00.17 hs.)[1]

Princesísima,

no entiendo bien lo que pasó, pero creo que tu llamada de esta tarde tuvo algo que ver. Me bajaron un piso, y me bajaron de status; estoy en una piecita miserable, con una puerta que da a un baño transformado en depósito, sin aire acondicionado (dos ventiladores que andan un poco cada uno), y, sin embargo, hoy estuve muy contento (¿tal vez porque estoy solo en esa pieza?). Después de acomodar todos mis cachivaches me puse a trabajar con tanto entusiasmo que me quedé media hora más de lo previsto y casi llego tarde a mi cita con Claudia[2] (no le compré regalo; pensaba comprar algo por el camino, pero sólo había sastrerías árabes y ventas de maquinarias, o en todo caso de salamines y pastas. Ya antes de saber que no le llevaba regalo me trató mal, de entrada; nada personal, supongo; probablemente estuviera en un momento difícil de su ciclo menstrual: fastidiada, fastidiosa, haciendo notar a cada momento que me estaba haciendo un gran favor y sin concentrarse para nada en lo que tenía que hacer. En fin). Pero es muy tarde y podría pasarme horas escribiendo y después mañana… En fin. La presente es para modificar lo expuesto en lo anterior en cuanto al asunto llamadas telefónicas; es posible que todo dependa del contenido de esas llamadas, y anoto ni responsabilidad al respecto: creo que abusé de un contenido de dependencia en ellas, que no te he llamado para saludarte sino para contarte cosas, y sobre todo problemas. Trataré de modificar esa actitud, y te pido colaboración al respecto. Trata de estar un poco alerta, de recordar que no sos mi madre ni mi médico. No debo verte como una tabla de salvación ni recurrir a vos para cualquier cosa (cosas graves, de acuerdo —como aquella llamada) (pero esperemos que no haya cosas graves). Vos sos muy solícita y caes fácilmente en mis trampas pro-dependencia; respira hondo y mandame al carajo.

Segundo ítem: la libertad es una cosa maravillosa (me refiero a cierta libertad específica, aunque es maravillosa en general). A los efectos, es lo mismo que tener la despensa llena de comida: el resultado es que como menos. Si me sacás tu freno, aparecen los míos, a saber: pereza, timidez, aprehensión y avaricia. Por eso, la falta de freno no implica un desenfreno. No hace falta que llenes tu mente de imágenes oprobiosas y perturbadoras; más bien sentite libre de un rol asqueroso, que yo contribuí en buena medida a crear (claro que vos pusiste lo tuyo). Tu misión auténtica es como aquella de "devolverme la vesícula" (ver sueños de un servidor, siempre tan nítidos), y no la de sacármela otra vez.[3] (Un tipo castrado lo es para *todas* las mujeres, incluyendo a la que pensaba salvarlo para sí mediante tal nefasta operación.)

Tercer ítem: hoy escribí muchísimo y, para mi gran alegría, la novela se me escapa cada vez más de las manos.[4] Cuando sucede esto, es cuando comienza la literatura. M.L. va desplazando a J.V.;[5] no importa que la novela se vaya al diablo o aparente eso. Estoy escribiendo con placer: hoy pasó una hora entera (sin fumar) que para mí fue un minuto, siempre escribiendo. Los personajes cobran vida, se nutren y crecen por sí mismos ante mis ojos maravillados. Claro, siempre serán de cartón; no soy Chéjov. Pero se está dando un raro fenómeno, el de personajes (en tercera persona) que comienzan a vivir con apariencia de seres humanos. Claro que es todo un pastiche y que siempre estoy en el grotesco o aun francamente en el ridículo; espero que el lector se dé cuenta de que soy consciente y de que gozo con ello. Para tu desesperación, la acción es cada vez más lenta, y creo que voy a llegar hasta estáticas imágenes hiperrrealistas (sobra una *r*), a la desaparición de toda acción. A todo esto, se me perdió el personaje principal, el detective que no llega nunca; no sé dónde está. Meditando sobre el asunto, y sumándole a eso el hecho de que sus ayudantes son doce, descubrí a quién representa el personaje —lo cual me ha puesto nervioso, porque en adelante deberé tratarlo con el mayor respeto. Es probable que, si estoy en lo cierto, no vuelva a aparecer; pero deberá seguir dominando toda la novela. Es una pena que sea demasiado consciente de estas cosas, porque pierdo libertad y puedo arruinar la novela si estoy equivocado, pero como compensación imagino que habrá un 90% de inconsciencia.

Princesa, a pesar de que no te guste mi literatura, te amo. Voy a hacer mis estúpidas cuentas (hoy no pagaron el sueldo; milagrosamente, en el momento en que, muerto de cansancio, me disponía a ir en colectivo a la casa de la dueña para explicarle y llevarle algún peso que tenía en casa, en un último intento "le arreglé" el teléfono y pude comunicarme; no estaba urgida; mañana le llevaré todo mi sueldo y casi todos mis ahorros en australes, y después quedaré alegremente en manos de la Gracia del Señor, que es mucha) (bueno, bah, y de los dólares ahorrados, que si bien no son mucho, "calman los nervios"). (Anoche estuvimos a punto de inventar un negocio con Giménez; yo tenía que poner tres mil dólares, y calculé que podría hacerlo) (cálculo intuitivo, digamos); pero después nos deprimió el negocio en sí y dejamos la idea de lado, lo bueno del caso es que Giménez empezó a pensar en irse él también de la empresa. (Aunque Giménez tiene sus cosas, entre ellas timidez excesiva y excesivo capricho, lo preferiría de socio —en relación a Jaime—, porque Jaime pasó a ser una especie de imagen paterna deteriorada, y no sé si eso tendrá arreglo; lo que sé es que por ahora no me inspira ningún negocio.)

Besos, lindísima.

J

Firma interpretable de muchas maneras; frená el potro, doctora.

(bueno, había ambivalencia sexual - pene = vagina)
(también un cristiano pez)
(¿Será lo mismo?)
Mejor cambio la firma:

Jorge[6]

(obsérvese el cuidado para que la rúbrica no castre la g)

[22]   1 DE MARZO DE 1988

Martes 1° de marzo, 21:51'

Princesísima,

escribo a toda velocidad porque me puse un plazo de diez minutos para escribir esta carta; mañana tengo que madrugar por un capricho de Jaime y hoy tuve un día TERRIBLE (dentro y fuera de la oficina; en la oficina, una reunión donde se debatió principalmente sobre la procedencia de permitir que se tome o no se tome mate, con un Giménez que perecía hermano mellizo de Daniel, y

Daniel tratando de conseguir que Giménez fuera un poco más amplio y humano; ya no entiendo nada de la Vida ni de los Hombres). Voy a tomar una pastilla a las 22:30, y todavía me quedan por hacer las cuentas del mes de febrero, así que abrevio:

Frase encontrada ayer en una carpeta de juegos que tenía que revisar: SIN EL ANIMAL DENTRO DE NOSOTROS SOMOS ÁNGELES CASTRADOS (Herman Hesse). Parece cosa de los dioses haber encontrado la frase justo en estos días en que mi principal tema de conversación y de razonamientos es el de dejar o no dejar entrar al mono. Increíble.

Recién, mientras me cocinaba una minicena, seguía dialogando mentalmente contigo y te decía (con respecto a tu llamada de hoy): "Princesa, no quiero que vengas si venís por celos o por control o por culpa. Quiero que vengas por deseo visceral, por una necesidad vital de estar conmigo, porque es tu placer y tu realización. Te quiero con tu mejor personalidad —de las tantas que podés mostrar" y cosas por el estilo. (Va a sonar el reloj indicando hora de cortar la carta, pero yo sigo.) (Soy mucho más lento de lo que creía.)

Eso me sugirió otras cosas, y de pronto me encontré con el razonamiento que es el meollo de esta carta: me di cuenta, Princesa, de que si el mono está afuera, siendo que había entrado (y en gran forma: véanse cartas de septiembre y octubre), es porque yo lo eché afuera. Me pregunté cuándo, cómo y por qué. Y vino enseguida la imagen: aquella discusión de borrachos, una imagen tuya sufriente, mi carta escrita poco tiempo después (la que no envié y destruí); y creo que en el momento en que destruí la carta, simultáneamente eché al mono. ¿Cómo? Muy sencillo: Princesa, creo que me resulta muy difícil sublimar porque me resulta muy fácil inhibir; lo aprendí muy joven, muy niño. Echar al mono significa cortar la percepción de los instintos, o desviarlos, por debajo del nivel de la consciencia. La sublimación debe ser consciente (a menos que quede automáticamente incorporada por la práctica consciente); pero la inhibición o el desvío del impulso se me instala en un nivel subconsciente, y cuando aflora lo hace de un modo distorsionado; hay un lugar por donde no pasa, el lugar donde se instauró la prohibición. Me veo a mí mismo destruyendo la carta y tomando una resolución consciente de hacer lo que se me antoje, pero bajo cuerda me veo instalando yo mismo la prohibición: "No puedo hacerle eso a la Princesa". Empiezo a vivir el doble juego: "Soy libre pero no quiero; en vez de esto prefiero aquello otro", etc. En realidad estaba aprovechando un juego aprendido desde muy chico. De ahí que el mono patee y que se replantee todo el problema. Me gustaría acceder a la sublimación —pero el punto de partida debe ser la libertad real, una libertad no sólo permitida o aceptada sino estimulada por vos. La transacción sería pues, según lo veo ahora, y creo que lo veo bien, así: si consigo tu apoyo entusiasta, incluso tu estímulo, por mi parte prometo hacer lo posible por sublimar; si fracaso, fracaso, y sólo deberá considerarse una etapa del aprendizaje por ensayo y error, que no debe ser castigada sino más bien recompensada: "No importa; un tropezón no es caída; vas muy bien; volvé a insistir".

¿Te parece posible? Me gusta mucho la idea. Y especialmente si pensamos que todo se liga indisolublemente con mi éxito o mi fracaso en el cambio de vida que me propongo (o simplemente cambio de trabajo, porque me doy cuenta de que puedo volver a trabajar en una oficina si tengo el estímulo suficiente —pero Dios no lo permita) (lo de la oficina, quiero decir, no lo del estímulo).

Princesa, son 22:14. Me pasé feo. Chau, lindísima.

J

[23] 2 DE MARZO DE 1988

Miércoles 2 de marzo

Princesa,

un sueño de ayer hacia el despertar, que me parece sumamente interesante:

Es un lugar amplio y como abierto, o por lo menos con grandes ventanales o puertas-ventanas que dan a un paisaje más bien marino, con médanos de arena y por momentos la vista del mar; no es exactamente mi casa, pero yo estoy como viviendo allí, con gente que me es familiar, entre ellos mi madre (y no recuerdo bien si también mi padre). Había toda una historia que no puedo recordar y sucedían muchas cosas; voy a lo que recuerdo: yo estaba contigo (primera vez que aparecés en mis sueños, después de aquel famoso;[1] aparecés con menos nitidez o contundencia que en aquel sueño, pero sos inequívocamente vos, y se te llama por tu nombre, aunque se hayan mezclado rasgos o modalidades de otras antiguas parejas; lo cierto es que aparecés como pareja mía y con tu nombre y tu figura), y en determinado momento te vas, y luego (no sé, pero creo que al día siguiente, por la mañana) yo te estoy esperando porque habías quedado en venir, y no venís. Me entero, no sé por qué medios, de que estás con otro hombre (e incluso te veo, no sé cómo, angustiada por el conflicto; parece que te costara no cumplir conmigo, pero no podés evitar ir con ese hombre), que luego aparece y de visita, con aire un tanto desafiante; es un amigo, Jorge R. (un tipo por quien una pareja anterior profesaba inocultable afecto).[2] Yo hablo con mi madre, muy angustiado, y le digo que no sé por qué hacés esas cosas. Ya el sentimiento de angustia es insoportable, es un dolor inmenso, incontenible; tanto que luego me encuentro con el Tola, frente al mar, y le digo que estoy tan desesperado que me metería mar adentro, que quisiera perderme allí.³ Me despierto, y el dolor no me abandona; está enquistado, no consigo liberarme de él; va desapareciendo lentamente o mejor dicho la angustia se va depositando en otras cosas; todavía me dura. Es el dolor y es la angustia de los celos, que yo creía no sentir contigo. En la historia de este sueño, veo la historia de lo que sucedió en Piriápolis y de lo que yo no llegué a percibir que estaba sucediendo en mí; evidentemente, los celos están dirigidos a o provocados por tu hijo; *no quiero compartirte* (y de ahí la acusación de darme "las sobras"). *Me siento relegado* y traicionado. Es muy doloroso, Princesa; es algo que no sabía existía y que ahora no puedo manejar.⁴ Por otra parte es bueno que se haya puesto de manifiesto, pues tengo mis sospechas de que este odioso sentimiento, actuando desde las sombras, ha hecho mucho en favor de mis fracasos amorosos. Espero que me ayudes, si es que eso es posible.

Besos.

J

[24]   3 DE MARZO DE 1988

Jueves 3 de marzo 88

Princesa,

acabo de hablar contigo por teléfono en un desesperado intento de unir mis pedazos. El martes y el miércoles son días que parecen haber sido fabricados por el demonio; del martes recordaré siempre una insensatísima caminata por la ciudad en medio de un calor insoportable y un sol enceguecedor; ayer estuve siete horas de reunión en reunión y llegué a casa con *El Danubio azul* sonando muy fuerte en mi cabeza (y no se iba) (lo dejé: de pronto era el recurso de la mente para mantener la unidad). Apenas dormité un rato y me levanté para dar vueltas sin sentido y desesperarme. Después escribí el final de la segunda parte de la novela, y al poner el punto final casi me muero. Después tuve que hacer parte de las complicadas cuentas, en las que estoy atrasado, y tratar de conseguir una agenda coherente para hoy —todo eso a la una de la mañana, ya con los ojos pegados de sueño y un estado de absoluta borrachera, aunque no tomé alcohol.

Toda la tarde me había estado repitiendo: "No puedo más; ahora me desmayo o me muero"; y de noche sentía que había llegado a un punto límite, que me había quedado para siempre sin fuerzas. A mediodía había pasado a retirar las fotos y encargar ampliaciones; las fotos contribuyeron a shockearme. Estoy viejo y gordo y mi cara real me es totalmente desconocida (y un tanto repelente). De noche miraba las fotos y pensaba: "¿Y *éste*, este tipo pretende recomenzar su vida?".

Esta madrugada, a eso de las seis, me desperté entre restos de ensueños y estuve dando vueltas en mi mente a algunas ideas que no son del todo erradas:

-me estoy disgregando, tal como lo había dicho una vez mi doctora: "Te vas a hacer pedazos" (si me quitaba la armadura que me había puesto para venir a Buenos Aires). La novela que estoy escribiendo es una permanente disgregación. Se me perdió el protagonista (a quien identifiqué como Cristo, pero, descubro esta semana, principalmente soy yo: se me perdió nada menos que el yo) (estoy viviendo en base a un juego de personalidades secundarias).[1]

-pero: esta disgregación yo también la había previsto, a mi manera, y me parecía deseable y necesaria; lo que pasa es que no me gusta vivirlo, y me hace sentir como en un riesgo inmenso, como que todo se derrumba, y esta experiencia, no del todo ajena a mi historia, sí me es ajena en Buenos Aires, donde todo es más peligroso y dramático.

—por otra parte, también la disgregación tiene que ver con la multiplicidad de actividades que me inventé como ganchos exploratorios de posibilidades económicas; creo que exageré la nota, porque hay un sinfín de actividades paralelas que, bien miradas, no son demasiado sensatas, y me llevan mucho tiempo, y entre trabajar y mantener mi casa funcionando y escribir la novela ya hay suficiente para agotarme. Estas actividades (entre ellas, el taller, ahora en su etapa de preparación y publicidad) (ya se inscribió gente)[2] proliferaron por el temor de cesar en el trabajo y no tener otra cosa, pero no estuvo bien hecho —fuera de momento y sin calibrar importancias. Me creé una serie de compromisos, al menos conmigo mismo, que ahora debo revisar.

Más tarde
(después de cambiar la cinta, como puede apreciarse).

Entonces, Princesa, desde mi punto de vista, estoy "en terapia"; no contigo, pero apoyándome en tu afecto (has llegado a ser como el terapeuta, un punto único de referencia y de conexión con el mundo; sé que es pesado, muy pesado para vos, y espero tu opinión sobre el camino a seguir: si pensás que preciso un terapeuta, allá iré). El inconsciente está soltando muchas cosas, y mi pobre intelecto se afana por acomodarlas.

Por ejemplo, los celos. Es muy probable que, además de descubrirme uno de sus escondrijos secretos, el inconsciente haya tenido intención de hacerme probar un poco de mi misma medicina, es decir: vos sos muy celosa, aunque lo niegues; yo también lo niego; yo te he colocado en una situación de máxima sensibilidad a los celos, y el inconsciente me muestra lo feo que es sufrir de eso. De ahí, tal vez, esa carta anterior, escrita en la noche posterior al sueño, en la que busco desesperadamente el camino de la sublimación.[3] Es todo muy jodido, y más en estos momentos, en los que se supone no tengo tiempo para estas cosas; por otra parte soy consciente de la reactivación del narcisismo, este constante monólogo y contemplación de mí mismo (hasta en fotos). Todo esto es agotador, y sin embargo creo que debo vivirlo para poder superar el trance de estos meses y más aún: para poder empezar a pensar razonablemente en la existencia de un futuro (tanto para mí como para vos y yo juntos). Esta actividad, que llamo "terapéutica", se parece mucho a perder el tiempo y me añade culpa y zozobra; pero creo, empecinadamente, que en el fondo debe ser así y por lo tanto está bien. Aunque ahora me parezca ridículo, voy en busca de una renovación, de una nueva vida; voy en busca de las fuentes. Creo que el trabajo en la novela contribuye a lo mismo. Igual el descanso y el relax. Sin embargo... dudo. Mis dificultades con las cosas prácticas me pesan tanto... y vivo en una ciudad y en un tiempo "con taxímetro", donde a cada instante baja una ficha, corre el dinero... En fin.

Te besa,

J

[25]   4 DE MARZO DE 1988

Viernes 4 de marzo 88

Princesa, hace un rato el portero me trajo tu carta. Es fantástico; las cartas nuestras que se cruzaron conforman casi un diálogo perfecto, como si realmente cada uno hubiera estado espiando los pensamientos del otro. Es curioso, porque no tratamos el "tema fuerte", sino que estuvimos de acuerdo en poner el acento en los territorios.

Quiero recalcar que no me provoca el menor malestar el hecho de que te apropies de la cocina; lo encuentro natural. El único problema es que al mismo tiempo quieras conservar el rol de Visita Mimada; no se puede, o yo no sé atender a las dos circunstancias.

Tu preocupación acerca del "nuestro lugar", también queda contestada en mi carta; desde un principio yo había encontrado intuitivamente una solución con "la puesta en escena". Me parece válida. Lo único que pido es que respetes mi escritorio, el lugar de los ritos, no compartible o por lo menos no invadible. En los demás lugares te delego gustosamente el mando (*mientras estás presente*, claro).

En cuanto a tu "odiosa manera de imponerte" la cosa no es tan clara, ni es tan fácil para mí pararte el carro. Yo adolezco de una falta de confianza en mí mismo que me exige muchos reaseguros y sobre todo *alguien* que me merezca respeto y me obligue a hacer lo que quiero y debo a fuerza de confianza. Eso lo lograste más de una vez, pero ya no. Cuando noto tu vacilación, de inmediato mi confianza en mí mismo cae, me lleno de dudas y me paralizo. Entonces me parece más lógico dejarme conducir por alguien que es más capaz que yo, que tiene más experiencia práctica, etc., y me voy enredando en una dependencia total —que va mucho más allá de la dependencia natural y deseable que genera el afecto. El problema es difícil porque vos no sabés fingir, te falta convicción, y algunas aquiescencias (o como se escriba) parecen forzadas y débiles; el maligno ser que hay en mí capta todo eso con demasiada facilidad.

Una solución podría ser la siguiente: nadie te puede exigir que confíes en los resultados, pero sí en las intenciones. Yo necesito que me digas, aunque sea, algo parecido a esto: "Veo que te has planteado una lucha muy difícil y dura. Debés estar preparado para la idea de que todo eso puede no salirte bien. Pero al mismo tiempo debés saber que yo comprendo plenamente la necesidad de que hagas las cosas así, y de que a pesar de tu edad todavía necesites adquirir por vos mismo una experiencia directa de ciertas cosas elementales. Estoy muy de acuerdo con que lo hagas así, y quiero que sepas que yo voy a estar a tu lado en las buenas y en las malas. Aunque cometas errores que pongan en peligro nuestro hogar o incluso la frecuencia de nuestros encuentros, yo sé que tu intención es hacer las cosas de modo que salgan bien para los dos y confío en que de un modo u otro lo vas a lograr". Algo así necesito. Pero con convicción. ¿Puede ser, princesa?

También en mis cartas se toca el tema de tu historia anterior;[1] comprendo que no quieras repetirla, pero me parece que no debería haber ninguna duda. Yo no deseo que "permitas" nada que te afecte, sino que deseo convencerte de que ciertas cosas no deben afectarte. En estos días, como se ve en mis cartas, he aprendido unas cuantas cosas al respecto, pero no puedo asegurar nada de mi conducta futura, salvo que seguiré luchando por mi unidad y mi identidad, pues esa es la historia de mi vida. Tengo que desarmar el mecanismo de desvío de impulsos, sumergirme por entero en ese punto y tratar de desentrañarlo de una vez para siempre, porque no puedo resignarme a vivir mutilado. El acto exterior siempre está al final de una larga cadena de hechos invisibles, y en última instancia no es importante; no es más que el cebo, el truco, la zanahoria para hacer caminar al burro. El problema es que si en determinado momento clave el burro no alcanza la zanahoria, cae desmayado. O se empaca; vos sabés como son los burros. Mi problema es que necesito tener al burro marchando siempre, y sólo yo puedo intuir cuándo es el momento exacto para dejarle alcanzar la zanahoria, de modo que el truco pueda seguir funcionando en el futuro.

Chau, linda.

J

[26] 6 DE MARZO DE 1988

Domingo 6 de marzo 88

¡Princesa! Como dicen Les Luthiers, "los acontecimientos se precipitan" (cuando el cantante se cae de una escala). Sueño de esta madrugada: estoy en una casa como de visita; está en una especie de balneario, en medio de un bosque o algo así. Allí vive un matrimonio con hijos; no corresponden con nadie a quien conozca, aunque, en algún momento, el hombre pudo ser Jorge C.[1] Como siempre, hay largas historias, novelas enteras, que luego no recuerdo; un tiempo que transcurre lentamente, "realistamente". Sólo me quedan algunos detalles. Yo voy a salir de allí con el dueño de casa, rumbo no sé adónde; suena el teléfono, atiendo y me quedo callado, y oigo una voz lejana, interrumpida por descargas y ruidos telefónicos, que dice: "¿Es la casa del doctor? Habla la Madre Superiora, necesitamos que venga urgentemente porque hay alguien grave". Luego repite el mensaje. Cuelgo, sin decir nada, y le cuento a mi amigo. Él toma resignadamente su maletín y dice que debe ir allí; es un convento o colegio, que queda bastante lejos. Después de eso, yo estoy en tensión, esperando un ataque a la casa; espero que mi amigo vuelva a tiempo para ayudarme a resistir, y mientras tanto trato de dormir por algún lado, creo que en una especie de cajón cuadrado de madera que hay afuera; no recuerdo exactamente si soy yo que duerme allí, o una perra grande que me cuida y a quien he mandado dormir. En algún momento, la perra me despierta tironeándome de un brazo; está inquieta por el ataque; mi amigo todavía no ha vuelto. Creo que hay algo acerca de un fusil que debo usar.

Después, al levantarme, estuve más inquieto y desasosegado que nunca, lo cual es (¿no falta una palabra acá?) decir;

fue una semana terrible. Pero hoy las fobias me acorralaron incluso dentro de casa, con mucha fuerza. En determinado momento hasta un cassette grabado por mí de la radio me resultaba intolerable (me producía temor). Resolví acostarme. Se me desataron pensamientos en tropel; me vinieron varias versiones acerca de lo que me está sucediendo. 1) La novela que estoy escribiendo es simbólicamente premonitoria de hechos sociales graves argentinos;[2] por ejemplo, empieza con alguien que tiran por la ventana, y después ya van dos que tiran en la realidad —o se caen. Si es así, supone una ola creciente de violencia en las calles, una guerra y un cambio hacia el socialismo o hacia el fascismo, o ambas cosas (todas instancias aún no escritas pero visualizadas de la novela). 2) Alguien, la misma persona que está tras la amenaza telefónica, ha recurrido a brujerías en mi contra. No deberían afectarme, pero me afectan porque estoy debilitado en lo personal.

Estos pensamientos me angustiaron más, y uní fuertemente mis manos (es un truco religioso pero también parapsicológico) y recé varias veces el Padrenuestro. De inmediato me tranquilicé y me llegó una respuesta más aceptable que las anteriores:

estoy viviendo el deterioro de una imagen paterna (=Jaime); en realidad ya dejó de funcionar como tal, o pasó a ser lo opuesto (de protector a perseguidor).[3]

Allí queda un vacío que me produce una inmensa confusión. En estos días había encontrado (sin pensarlo así) una forma de superarlo: tratar de vender una revista de crucigramas a otra editorial; incluso hablé con Jaime al respecto. Ese proyecto se fue haciendo más firme en mi mente en estos días; pienso que es una forma de "matar" a Jaime, y eso reactiva multitud de sentimientos de culpa que me asaltan y "me persiguen" y no me dejan descansar. Otra consecuencia (ver sueño), grave, es la transformación de "mi amigo" en "el doctor": te estoy masculinizando (ya había comenzado en tu visita anterior, si recordás bien) para construir rápidamente una imagen paterna. Me parece horrible. (Aunque como "Madre Superiora" no sería mejor la cosa). Ahora que todo esto está consciente, descubro que temo tu visita de hoy; temo que te horrorices de verme en (este) estado y temo fracasar como hombre. Sin embargo, ahora me estoy sintiendo mucho mejor y he visto en el espejo que mi cara se ha distendido bastante y tomado algo de color; tal vez el pico de la crisis se haya superado, pero de cualquier manera temo que nos pasaremos todo el tiempo de tu visita charlando.

Mi amor, espero que tu gran lucidez te permita quedar intacta en esta tormenta; no vayas a dejarte arrastrar por el torbellino.

Mi amor.

J

[27]   9 DE MARZO DE 1988

Miércoles 9 de marzo 88

Princesa,
deben ser como las 23:00; recién cené, después de haber terminado el borrador de la grilla,[1] que me llevó horas, renuncié al crucigrama; es imposible (para mí). También estuve horas en los días pasados, sin ningún éxito. Hoy hice un último intento, y pasé entonces a la grilla. Debo confesar que estas cosas no son para mí. No puedo obtener la frialdad profesional necesaria; para empezar, estuve un buen rato eligiendo una frase de un libro; tenía que ser un libro que me gustara y una frase que me gustara, y que además fuera apropiada. La que elegí no era demasiado apropiada (para hacerme las cosas fáciles). Dice así: "Cuántas veces había caído desnuda entre los brazos de un desconocido y

le había dicho: '¿No te gustaría ir al África?'". En la grilla, va seguido del nombre del autor: Roberto Arlt. Contando las negritas que separan las palabras de la frase, formé un rectángulo de 14 x 9. Dividí el número de letras de la frase entre el número de letras del título del libro (los siete locos), para tener una idea aproximada del largo de las palabras que debía usar (se trata de hacer una lista de palabras, que el lector debe encontrar mediante definiciones, con las letras que intervienen en la frase). (Además, leyendo verticalmente la inicial de cada una de esas palabras, aparece el título del libro.) (*Los siete locos* no es un título apropiado, porque tiene muchas palabras que deben comenzar con O; además quería que las palabras también tuvieran relación con la literatura, aunque no lo conseguí del todo. Bueno, fui buscando palabras y armando la cosa. Como cometí errores, al final no me daba bien. Pasé todo en limpio; faltaban letras de aquí y sobraban de allá. Corregí algunas cosas, se fue acomodando, y aquí el Inconsciente me jugó una linda pasada: me sobraban una cantidad de letras imposibles de ordenar, sobre todo porque tenía que ir todo en una sola palabra que empezaba con C. Las letras eran: A, E, I, I, O, U; B, (C), F, N, R, T. (La C entre paréntesis es porque forma parte del título, es comienzo obligatorio.) Pues bien: de pronto se me arma todo: pongo la palabra CONTRIBUÍA... y me sobran dos letras. ¿Cuáles? Pues F y E. Me empecé a reír; el Inconsciente se tomó todo ese trabajo de confundirme y hacerme reordenar todo para hacerme notar que había dejado afuera la fe. Era como la voz del Señor reprochándome: "¿Por qué temes, hombre de poca fe?".

Bueno; ahora seguramente me pondré a corregir y pasar en copia definitiva; no puedo dejarlo para mañana. Ese es mi problema: estas cosas me absorben, me desesperan, me paso horas concentrado, y después no dejan nada... Sólo unos pesos, pocos. No es como escribir un cuento o una novela, que deja dentro una experiencia inolvidable, te enriquece. Esta actividad de hacer juegos es alienante (es cierto que me llega a fascinar, me evado por completo del mundo). Si no tengo más remedio que hacerlo, trataré de acotarla al máximo. Me raya. Me robotiza.

Princesa, hoy me quedé pensando en tu llamada, dándole vueltas al asunto del egoísmo. No sé por dónde vendrá, aunque sé que soy, en general, visiblemente egoísta o quizás más propiamente egotista (distinción que aprendí de Unamuno) (el egoísta centra su vida en sus bienes materiales; el egotista, en sí mismo, como centro del universo) (una vez, yo llegué a la conclusión de que no se puede vivir sensatamente de otra manera que sintiéndose el centro del universo; soy, por lo menos, el centro de mi vida, y no conozco directamente otra cosa que mis propias sensaciones, emociones y percepciones; como me pareció un pensamiento muy loco, seguí trabajando en eso y logré complementarlo con un acto de fe que me dejó muy satisfecho; la formulación final es: "Yo soy el centro del universo, y tú eres el centro del universo, y él es el centro del universo, y cada cosa es el centro del universo" —ya que una de las definiciones contemporáneas del universo, científico-filosófica, dice que el universo (antes se decía lo mismo de Dios) es una hiperesfera, la cual tiene a su vez por definición el centro en todas partes). (Tal vez mi aprehensión o cuidado de los demás, que me hiciste notar con su componente de agresividad, se deriva también de esta filosofía mía, que me impone un respeto especial por cada cosa, especialmente los seres vivos = centros del universos = nódulos divinos.)

¿Ves lo que te decía? Hacer juegos me raya por completo.

Te decía que no sé por dónde viene lo de tu carta; traté de visualizar alguna acción mía concreta de éste domingo, pero no encontré nada reprochable —salvo, claro, el hecho, aunque no tan reciente, de que me he transformado en protagonista de mi drama y solicito demasiado al público. ¿Será eso?

Por otra parte, las broncas al despertar no son novedad para mí; de tanto en tanto me despierto (como te he contado) con alguna bronca grande hacia vos, no bien definida, y que atribuyo a mi parte femenina en competencia contigo. ¿No te pasará algo parecido? (Es al despertar y, sin embargo, no tiene una relación visible con los ensueños; es como otra pista paralela.)

También a veces pienso que esas broncas misteriosas se deben a tu ausencia. A veces me pasa algo parecido cuando se acerca la hora de irte; me viene un malhumor y un sentimiento que podría expresarse "¿qué espera para irse de una buena vez?". En realidad, siempre empiezo a preocuparme por tu ida desde el momento en que llegas. Y me pasa lo mismo con los días libres: nunca me resultan suficientes, los estoy llorando mientras los estoy viviendo. Cuando estoy contigo, en medio del placer de tu presencia no puedo evitar suspiros de angustia: "¡qué poco tiempo se queda!", "esto se va a terminar dentro de unas horas", etc…

Bueno, Princesa, esta carta me compensa de la grilla; este es un trabajo que deja algo —no tanto como una charla real contigo, pero algo.

Mi amor, ahora vuelvo a enajenarme. Chau, linda.

J

[28]   10 DE MARZO DE 1988

Jueves 10 (marzo 88)

Princesa:

hoy quedé con gran sentimiento por no haberte llamado, como había pensado anoche; me desperté cerca de las diez y media, y estaba tratando de inteligir un poco el mundo y ya había llegado a la conclusión de que debía acelerar el proceso de despertarme para llamarte y poder decirte algo coherente cuando llamaron a la puerta. Creí que era el cucarachero (estúpidamente, porque viene los viernes, y además no golpea sino que toca el timbre). Era Alba, la ex esposa de Lizán. Hacía mucho tiempo que no la veía; vino por el día a Buenos Aires por un trámite de su trabajo. Eso me distrajo y se me pasó la hora de llamar. Después me quedó un gran hueco en el alma, es decir, el hueco está siempre, pero hoy me dolía. Abrí las puertas del placar y vi el camisón rosado y casi me pongo a llorar. Lo agarré, lo desplegué, lo amasé, me lo pasé por la cara, lo olí. No me sentí mejor.

Estoy tratando de sublimar. Puse en práctica el método del personaje de mi novela: dejo que la erección se manifieste y trato de convivir con ella hasta que se va. Después la extraño.[1]

Al mediodía estuve en un raro equilibrio, sin decidirme por la depresión o la euforia. Tenía pensando ir a Migraciones si el tiempo era fresco, pero no era fresco. Deseché la idea pero la consciencia me pinchaba: andá, andá. Finalmente decidí ir en taxi. Tomé 1/4 de valium. En ese momento, el cielo se oscureció por completo; desde mi ventana se veía, por detrás del Congreso, una negra tormenta. Abandoné la idea de ir. Seguía con esa angustia un tanto paralizante. Pensé en acostarme. Después me acordé del libro de do-in, una técnica china de dígito presión, y busqué en la página dedicada a la angustia y la ansiedad, y clavé la uña en el lugar indicado. Es increíble; en pocos minutos me apareció una sonrisa de oreja a oreja y me sentí bien. Me puse a trabajar. terminé con la versión definitiva de la grilla y después trabajé en mi sección para *Crisis*.[2] Hice algunas llamadas importantes. Las cosas se fueron ubicando. Ahora me cansé. Creo que voy a tirarme un rato en la cama. O a clavarme la uña nuevamente.

Cuando desapareció la angustia, te percibí como antes, como en octubre. Me desespera no estar bien, no poder recuperar todas aquellas dimensiones. Pero hoy hubo una apertura. También por un rato recuperé mi casa. Escuché *realmente* algún cassette. Sonaba bien. Pero te extraño todo el tiempo. Apenas saco la mente de lo que estoy haciendo, allí aparecés vos. Princesa. Mi amor. La vida es dura.

J

[29]   15 DE MARZO DE 1988

15.3.88

Princesa,
hace un ratito (es de mañana) tuve uno de esos sueños complicadísimos que no recuerdo; algo en un balneario, historias confusas. Al final, voy con alguien hacia un camino, entre pastos y matas; está más bien oscuro. Al llegar al camino, allí hay un montículo de arena, donde yace un cuchillo de mesa, redondeado y dentado; creo que lo veo a la luz de los faros de un coche que pasa. Luego es de día, y hemos llegado a un lugar muy amplio, junto al mar, donde se ve un puente enorme. Hay otra gente conmigo que no sé ahora quién es (o quiénes son; aunque entre ellas parece estar la sra. Fanny —mi ex-suegra),[1] pero estás claramente vos y también tu hijo, aunque no tan claramente. La gente se interesa por el puente y algunos suben (no sé cómo) (está por encima, bastante por encima, de mi cabeza), entre ellos vos. Nuevamente hay en el sueño una alusión a un personaje de novela policial *El Santo*,[2] aunque no sé ahora en qué consiste. Y vos recorrés el puente, acercándote hacia el extremo cerca del cual estoy; termina en una especie de pared, tal vez con vidrios esmerilados; hay gente pegada a los vidrios tratando de mirar hacia el otro lado (desde donde yo estoy, se ve perfectamente para el otro lado; no se ve

nada especial, sólo la continuación de la playa y el mar). Yo hablo, contigo, desde abajo, del "Nada Point". Horas más tarde, caigo en la cuenta de que en inglés *point* no es puente, sino 'punto'. Puente es *bridge*[3] ("Nada" es el nombre del puente). Vos me preguntás por qué lo llamo así (estás muy turística, desde luego, recorriendo y queriendo saber todo), y yo respondo que porque no va a ninguna parte.

[30]   18 DE MARZO DE 1988

Viernes 18 de marzo, 11:30 hs

Princesita,

una breve polémica antes del desayuno. Ayer, o antes de ayer, en una de las tantas veces que hablamos por teléfono, te avergonzaste de tus problemas "adolescentes" y manifestaste tu alivio porque yo andaba en las mismas y podíamos ser un tanto cómplices en el asunto. Después hablaste de crecer, y ahí es donde surge la polémica. No me gusta esa palabra, Princesa, no por la palabra en sí sino por el uso y el abuso que hacen de ella. Por otra parte, no creo posible, a esta altura del partido, "crecer", y creo que es una suerte. (Cuando me asomó en la encía un huesito de una muela que me habían sacado, le dije al dentista: "Creo que me está saliendo una muela". El dentista me dijo: "Mirá, viejo, hay que convencerse: a nosotros ya no nos crece nada". Yo asentí, y luego comenté: "Salvo un cáncer", y el dentista quedó de color gris.) La anécdota entre paréntesis viene al caso: cuidado que el afán de "crecer" no nos lleve a hacer crecer un cáncer. Creo que nos gustamos y nos amamos justamente por lo que hay en nosotros que no ha "crecido"; por las mismas razones que amamos al Principito. Creo que no podríamos ser como somos si fuera de otra manera, y que *no debemos hacer ningún esfuerzo por cambiar*, aunque esto te suene espantoso. Sin embargo, somos muy buenos, no jodemos a nadie, y no hay nada de que avergonzarnos ante nadie; sólo nos complicamos terriblemente a nosotros mismos, pero ése es el precio —el precio de ser como somos, es decir, mágicos. Somos fabulosos, Princesita; deberíamos querernos más (cada uno a sí mismo, quiero decir).

Tal vez —tal vez— esa sombra mezquina que a menudo me posee no sea otra cosa que la protesta del niño que se siente obligado a crecer. Ese niño no puede ni quiere crecer; es y será desde siempre así. Hay otros sectores que han crecido y *tal vez* sigan creciendo, pero el niño debe ser siempre él y convivir con ellos.

La sociedad —y los psiquiatras y psicólogos—, te decía, marca el "debe ser". A mí ya no me interesa ese debe ser; esa parte mía ya está formada, y para qué vamos a hablar de tu caso. Por otra parte, la fuerza moral de la sociedad cada día es más débil, porque ha fracasado; el materialismo y la masificación de la sociedad industrial han arrasado con todo, incluso consigo mismos. Creo que la novela que estoy escribiendo quiere decir eso; me he enamorado de algunos personajes, y los dejo vivir y vagabundear como ellos quieran, mientras los hechos sociales, masivos, espectaculares, van quedando relegados a un plano lejano: violencia, muertos por docenas y centenas y miles, sin significación, sin nadie que los llore, sólo números en un papel.[1]

Princesa, demos un espacio al niño, cuidémoslo, respetémoslo —aunque sea insoportable vivir con él, especialmente por sus efectos secundarios. Pero si vos fueras solamente eficacia, no sé si me gustarías; vos sos vos porque tus recetas pueden usarse como talismanes, en lugar de llevarlas a la farmacia.

Chau, mi amor; no crezcas nunca.

J

[31] 20 DE MARZO DE 1988

Domingo 20.3.88

Princesa,
esta mañana me desperté con la siguiente expresión: *follie à deux*.[1] Durante un rato viví en estado de pánico, con la certeza de que estamos locos; pensé que habíamos caído en la mutua fascinación narcisista, ya que cada uno es el tema preferido del otro, y que vivimos en una locura resonante como de dos espejos enfrentados. Después me tranquilicé, en el sentido de que tal situación no es necesariamente invalidante del amor, si es que podemos llegar a controlarla; pero ahora, sin pánico, sigo pensando que hay mucho de eso y que deberíamos estudiar el asunto (¿no te parece que hace falta un punto de vista exterior, ajeno a nosotros?).

Hace un rato intenté llamarte por teléfono, sin ningún éxito. Quería decirte (muerto de risa, desde luego) que eras una bruja. Me llamó por teléfono la joven con quien tenía una cita, porque le surgieron complicaciones y no puede concurrir. Ahora guardaré en secreto el día y la hora de la próxima cita, si la hay. ¡Bruja!

No sé, pero me parece que nuestro próximo encuentro será muy agitado. Oh, Dios.

Besos,

J

[32] 20 DE MARZO DE 1988

20.III.88

Informe, fantasía y fuga sobre el espantoso eczema que padezco

Eczema es una palabra que viene de un verbo griego que significa 'hervir'. Siempre pensé que los griegos eran muy astutos.

—Dos dermatólogos que he visto coinciden en afirmar que la enfermedad es en primer término constitutiva (lo cual no me explica mucho), y que en segundo término hay empujes debido a factores alimenticios y stress (lo que tampoco me explica mucho).

—Ciertamente, es algo que padecí más o menos desde siempre, pero nunca con tal grado de intensidad ni de manera tan prolongada. En sus orígenes no creo que pudiera hablarse propiamente de eczema, sino de caspa; no había manchas rojizas, pero sí picazón, descamazón y pérdida de pelo. Estos empujes se daban por un breve período y con intervalos a veces de años entre uno y otro.

En los últimos quince años se hicieron mas regulares, apareciendo más o menos una vez al año, especialmente durante el verano. Y que yo recuerde, hará unos diez años que empezaron a aparecer las manchas rojizas, especialmente entre las cejas, y luego debajo de las cejas, aunque en principio eran manchas rosadas, que no llegaban a hacer cáscara. Comencé a asociar el eczema con ciertas comidas, especialmente el tomate, y también los fritos. Después de probar varias pomadas, encontré el Tetravate (que ya no se fabrica en ninguna de las márgenes del Plata), que curaba rápidamente las manchas con una o dos aplicaciones y dentro del período crítico no volvían a aparecer durante unos quince o más días.

—Después de la operación de vesícula los empujes se hicieron más frecuentes y ya fueron acercándose a su expresión actual; en un comienzo partiendo también de las cejas, pero a poco se fueron extendiendo hacia la parte de atrás de la cabeza, sobre la nuca, y bordeando el pelo y luego por toda la cabeza, aunque con ciertas zonas privilegiadas (sobre las orejas, etc.). Desde hace aproximadamente un año se ha extendido a prácticamente toda la cara, aunque es como si poco a poco fuera ganando terreno desde las zonas ya conocidas hacia las nuevas; especialmente afectado el mentón y parte del cuello del lado izquierdo de la cara. Otra zona privilegiada desde hace tiempo es un punto debajo de la nuez, y a menudo el pecho, con formación de tres o cuatro manchas con cáscara.

–En los últimos meses la afección es casi continua.

Teorías

1) En los veranos en Piriápolis (últimos quince años) me había llamado la atención un fenómeno para mí inexplicable: al acercarme a las estanterías de libros, me venía picazón en las piernas y en los brazos. Después leí una noticia en un diario que decía que un investigador japonés había denunciado la existencia de ácaros microscópicos, que suelen encontrarse en los libros viejos, que se activan a temperaturas de más de veinticinco grados centígrados, que se alimentan, una vez activados (cuando andan por todos lados, especialmente en la tierra del piso), de las escamas de piel que vamos perdiendo por ahí, y que había personas que eran alérgicas a estos ácaros, los que producían especialmente trastornos de tipo respiratorio, al inhalarse y alojarse en los bronquios. Me pareció una perfecta explicación para varios de mis males, pero nunca sentí nada más al respecto de esta teoría. Es posible que, de ser así, el Tetravate contuviera un componente (no sé cuál de ellos, pero no el corticoide, sino uno de los antibióticos) que combatiera a estos simpáticos animalitos.

Esta es la explicación que más me satisface, no tanto porque deje de lado las implicancias psíquicas, sino porque da una razón bastante completa del trastorno: siempre anduve entre libros viejos; la picazón de brazos y piernas al acercarme a los libros en verano.

2) Si queremos introducir el factor psíquico, podríamos hablar de dependencia y sobreprotección, estado en el que me encontraba casi invariablemente en los veranos piriapolenses. Por mi parte, le añadiría un factor físico: un conocido que sufría del mismo mal, dice haber sido curado

por un médico (en Uruguay) cuya teoría era que el mal se producía por un exceso de hormonas masculinas; dice haber sido curado mediante un tratamiento hormonal, en base a sustancias provenientes de los caballos.

3) Creo que el problema de las teorías radica en su exceso. Tenemos demasiados factores a tener en cuenta como para poder establecer una teoría única que los contemple a todos:
-constitución
-alimentación
-stress
-ácaros
-hormonas
-dependencia y sobreprotección

Nota: la agravación de los últimos tiempos coincide con la aparición de un nuevo elemento: el propóleos. He escuchado severas advertencias en cuanto a su poder alergizante, pero no me animo a suprimirlo.

Propuestas de tratamiento
Intuitivamente, sé que me curaría definitivamente del eczema si pudiera poner en práctica los siguientes puntos terapéuticos:

a) conseguir la fórmula del Tetravate y tratar de obtener sus componentes de otros medicamentos, para un control local de los ácaros;

b) obtener permiso para el desenfreno sexual, un modo de gastar todas las hormonas masculinas tóxicas sin darles tiempo a que se vuelvan a producir y circulen por la sangre;

c) internación para dejar de fumar y poder así suprimir el propóleos;

d) conseguir una beca para no tener que preocuparme por la subsistencia (stress) y de paso poder mudarme a un lugar más tranquilo (Colonia)

[33] 21 DE MARZO DE 1988

lunes 21.3

Princesa:

quiero desarrollar un poco más el tema que ayer escribí (por favor, leer las cartas en orden) y que ayer no tenía ganas de escribir y que por otra parte hoy tengo un poco más claro (me refiero al tema de la *follie à deux*).

Hoy, el desarrollo del tema se me aparece así: creo que cada uno de nosotros ve en el otro una imagen suya que le gusta mucho; parece que no estábamos acostumbrados a ser amados, respetados y aun admirados, como lo somos entre nosotros, y este hecho genera una especie de fascinación, con lo cual aparece una duda: al menos en mi caso particular (pero pienso que también en el tuyo), hay un tradicional y nada oculto narcisismo básico (que genera algunas cosas buenas, y otras no tanto), que en ciertos períodos comienza a expandirse y a apropiarse, por así decirlo, del vínculo amoroso, y por momentos lo sustituye. Es decir, cuando te miro a vos (cuando pienso en vos, etc.), estoy en realidad viendo mi imagen en tu espejo, esa imagen tan grata que de mí me llega a través tuyo. Ahora bien: yo quisiera mirarte a vos y verte a vos, pero por otra parte mi necesidad de autoafirmación me hace anhelar verme a mí con esa imagen, y es más, desde cierto punto de vista, es algo que me ayuda mucho y me hace bien. Pero... Los efectos secundarios son, a mi juicio, *una excesiva dependencia* (en ambos), como lo atestigua el fluir de las llamadas telefónicas, que implican un control del tiempo y de las acciones del otro y, por otra parte, siento, me consta, que esa contemplación narcisista no puede coexistir con el vínculo amoroso; cuando está el uno, no está el otro; y la contemplación narcisista tiene ciertas ventajas, aparentes e inmediatas, pero nefastas en el fondo y a largo plazo, como por ejemplo el descenso de la angustia y la tensión, el aplacamiento del dolor de la ausencia, la atemperación de la tensión sexual (con la libido dando vueltas de uno hacia uno) y, en mi caso particular, el retraimiento, la timidez (tratar de pasar desapercibido para ocultar el engreimiento narcisista) y, en última instancia, la fácil fuga hacia el monólogo (falso diálogo contigo) y la fantasía —lo cual me produce fatiga y depresión, o aburrimiento (de *ab horrore*, o algo así: sentir horror) (es la misma raíz del verbo *aborrecer*; uno se aburre porque se aborrece, porque siente horror de sí mismo).

Claro, es una situación muy especial; el desgarrón de cada despedida es muy duro y también es dura cada ausencia... No le veo solución, pero creo que el problema debo plantearlo.

Me besa,

Narciso

[34]   27 DE MARZO DE 1988

Domingo 27 de marzo 88, 19:37 hs

Mi amor,

tengo un gran desasosiego y todas las tripas revueltas (he tomado el ultimo neo-odiespasmil que guardaba celosamente para alguna emergencia).[1] El desasosiego proviene en buena medida de esta lluvia interminable, la reclusión, el frío (que se va colando poco a poco sin que yo termine de aceptarlo, y sigo pensando que hace calor y ando en shorts, y de hecho *hace* calor en algunas piezas de la casa), pero sobre todo por la falta de noticias: el teléfono sigue bloqueado, sin siquiera encenderse su lucecita, pero han entrado increíblemente algunas llamadas —pienso que si intentaras, tal vez consiguieras comunicarte conmigo. Estoy preocupado por vos, por tu stress, por tu incapacidad para procurarte un descanso (casi, casi te estoy deseando una enfermedad leve pero que te haga quedar quieta unos días) (¿por qué no sabrás somatizar? Arregla tantas cosas...). Por un lado es un poco terrorífico que un psiquiatra comience a identificarse con los pacientes; por otro lado me parece una apertura afectiva que puede significarte muchas cosas valiosas, pero hay tanto riesgo... No sé; te veo en un estado bastante delicado, y siento verdadera impotencia por no poder hacer nada, por no poder estar allí. Anoche soñé nuevamente contigo, o mejor dicho con un aspecto tuyo que se corresponde mucho con tu última visita (en la cual no estabas con tu personalidad completa, sino reducida a un fragmento). En el sueño, de esos muy largos y complicados y al mismo tiempo triviales, pasaban muchas cosas que no recuerdo; en algún momento yo estaba acostado en mi cama, en mi dormitorio, pero el resto de la casa no coincidía exactamente con ésta; estaban mis padres, y en algún momento mi madre echaba un perfume en el piso de un corredor que había junto a la puerta de mi dormitorio, y yo me sentía invadido por ese olor intenso; esto tenía que ver con la falta de agua en la casa. Más tarde llegabas vos, con ese fragmento de personalidad que te decía y que me cuesta mucho explicar mejor: chiquita, vestida de negro (¿luto?), como reducida a tu ser físico, sin esa aura grande, enorme, que siempre te acompaña; llegabas con naturalidad y te ponías a hablar de distintas cosas, y pasaba como una hora, hasta que de pronto me pedías dinero para pagarle al taxista que estaba esperando abajo. Yo me ponía furioso: "¿Cómo? ¿Recién te acordás?". Vos no le dabas importancia: "Yo le dije que iba a tardar en bajar a pagarle", decías.

Por otra parte, mi amor, mi desasosiego tiene que ver también con una especie de culpa o más bien de disgusto conmigo mismo; creo que no estuve a la altura de las circunstancias, en parte porque estaba dormido, también en parte porque estaba desconcertado por tu personalidad, que no sabía muy bien cómo manejar. Pero sé que la cosa estuvo muy lejos de satisfacer tus expectativas; yo estuve egoísta y grosero, y ahora siento una gran pena. Creo que no te cuidé como debía, que no te di nada de lo que necesitabas, que no llegué a entender bien qué estaba sucediendo —hasta que dormí e hice todo el proceso inconsciente. Me digo, en respuesta, que si no sabés cuidarte, es muy poco lo que yo puedo hacer en el escaso tiempo que estoy contigo; y que tenés una forma de manejar las cosas, de dosificar la información, de dar retazos de lo que estás viviendo, que el esfuerzo de armar el rompecabezas es cada vez mayor. Pero esto no me sirve, porque le hace daño a mi omnipotencia, y me siento muy responsable de una especie de negligencia. En fin, un mal día si los hay, Princesa mía, y para colmo no poder intentar una llamada telefónica que tal vez, tal vez, trajera alguna novedad, alguna voz reveladora, una esperanza de acomodación de las cosas. Un beso,

J

[35]   3 DE ABRIL DE 1988

Domingo (de Pascua) 3 de abril 88

Altísima (bajísima) princesa,
heme aquí, trenzando la nada con dedos ágiles. La profunda depresión (muerte) del viernes dejó paso a la resurrección (vacilante) del sábado, que abrió camino a esta angustia de hoy. La angustia es mejor que la depresión, aunque uno no sepa bien qué hacer con ella. Creo que favorecí su advenimiento mediante un autorrelax que me hice anoche, y cuya consecuencia inmediata fue desatar un torrente de instinto de conservación que curiosamente

adquirió la forma particular de un violento deseo de comer milanesas. Así, a las 23:15 puse manos a la obra. Rompí uno de tus huevos (están fresquísimos) y lo batí, rallé mi propio pan y empané dos gruesos trozos de tierna carne; demasiados gruesos, y por otra parte se me quemaron por fuera y quedaron crudos por dentro, pero de todos modos los comí tragando y suspirando y gruñendo como un cerdo. Hacía poco rato que había tomado un té con tostadas y fiambres y quesos; sin embargo, estaba totalmente desesperado por milanesas. Después estuve hasta las dos de la mañana esperando el fin de la digestión, aunque no tuvo mayores consecuencias desagradables. Mi casa quedó llena de olor a aceite quemado. (Otras veces, después de algún relax particularmente exitoso, me da por prepararme pastas con tuco.)

Princesita, estoy a la deriva, buscando algo de qué agarrarme. El militar que hay en mí sólo espera órdenes para ponerse en marcha y arrasar con lo que sea preciso para alcanzar los objetivos señalados; pero no hay ningún objetivo concreto. Tamborileo los dedos sobre el escritorio. Escucho el tic tac del reloj. Me angustio. No quiero estar angustiado, pero peor es deprimirse. Mi angustia tiene que ver con el temor del futuro y con temores presentes, como por ejemplo de salir a la calle. No puedo salir a la calle sin un motivo concreto, y hoy no hay ningún motivo concreto para salir. Temo la desestructuración de mi tiempo cuando deje el trabajo, y por otra parte, mientras me bañaba (porque hoy me bañé, después de la gimnasia, qué te crees), pensé que "el tiempo sin angustia no deja memoria": es un tiempo horrible, ese tiempo de oficina, tres años sin huellas, de papel, de papel de fumar, inconsistente, vacío de vida y de sueños, sin espíritu, sin *angustia* (perceptible), distraído por reclamos absurdos del mundo exterior, dando vueltas a la noria por un poco de supervivencia mezquina, Dios mío, por qué me has abandonado. No quiero la angustia, sino que quiero ser inmensamente feliz; quiero revolcarme con mujeres bellísimas, desnudas, en campos cubiertos por margaritas, en tibios días de sol; quiero cazar multitud de conejos y después soltarlos para que tengan cría. No quiero la angustia pero sé que es mejor que la depresión; la depresión es muerte, es angustia retenida, congelada... qué asco. Hoy la angustia me baila en todo el cuerpo; estoy vivo, y lo voy a recordar; no es un día para tachar con una cruz negra en el almanaque. Cuando pienso en esos tres años de oficina... por Dios. Pero también, cuando pienso en el mes que viene, a solas con mi angustia a cuestas... ay, ay, ay. Princesa, me vuelvo loco. Hablo solo. Hablo con las plantas (atención: una planta dio flor, unas minúsculas, tímidas florecillas rosadas. ¿No es un buen augurio? Parece, por otra parte, que la planta las ha dedicado a ti en un supremo esfuerzo, al filo del otoño, antes de replegarse y amustiarse con el frío y los rayos pálidos del sol). Princesa, te beso con angustia.

J

P.S. el dermovate capilar me hace mucho bien. espero que me traigas un gran cargamento (vamos, camiones)[1]

J

[36]   16 DE ABRIL DE 1988

Sábado 16 de abril 88

Princesa,
lo estoy pasando muy mal. Creo que como vos misma dijiste ayer por teléfono, "siete días es el límite absoluto". Se me ha hinchado la panza y me molesta el estómago; creo que me has descrito demasiado vivamente los

síntomas del pre-infarto, y estoy asustado (conmigo no deberías mencionar síntomas). Ayer tomé una pastilla de entero-bacticel, sólo para descubrir hoy que es una variante dextrógira del bactrim (dextrógira porque la quemadura entre los dedos mayor y anular me apareció en la mano derecha, mientras el bactrim la hace aparecer sistemáticamente en la izquierda); hoy volví a los carbones.[1] También la pastilla me hizo aparecer un grano en un lugar muy delicado. Mientras tanto, entre ayer y hoy fui tomando consciencia de que no tengo ningunas ganas de seguir en Buenos Aires. Todos los datos que llegan del entorno asustan mucho. El deterioro es aceleradamente progresivo. Mañana saldrá en los diarios un cronograma de cortes de luz: todos los días habrá un corte de cinco horas, por zonas, cada día a una hora distinta. Tendré que bajar y subir seis pisos por la escalera y tres pisos en la oficina. Faltará el agua. Se agotarán las velas. Muchas noches serán más tristes. La heladera se volverá loca. No podré escuchar mis cassettes. Si hace frío intenso, también se acabará el gas. En muchas noches no se podrá salir a la calle, y todas las noches las calles estarán más oscuras porque recomiendan no prender vidrieras ni luminosos. Este panorama, de todos modos, es sólo un detalle de algo mucho más general. Y de algo mucho más particular, que es mi vida personal. Estoy cansado de resistir; no quiero seguir luchando por una simple supervivencia. La gente que conoce mi casa canta loas al edificio y al departamento, pero para mí ya no tiene significado. Recordé un poema de Paul Éluard: "No quiero más dormir solo / no quiero más despertar / tullido de sueño y de ensueños / sin reconocer la vida y la luz / al primer instante".[2] No quiero más dormir solo, no quiero más vivir solo. Me he transformado en una compañía insoportable. Odio profundamente cualquier cosa que tenga que ver conmigo. Por otra parte, el resto de la gente es un sinfín de caras y problemas que desfila insensiblemente por mi vida sin dejar huellas; aquí no hay tiempo de querer a nadie, de conocer a nadie; y cuando alguien me agarra con la guardia baja, como Claudia,[3] es como si me hubiera mordido una víbora: ya perdí entrenamiento y no sé desprenderme con facilidad del veneno de los demás. Si mantengo la puerta cerrada es como si no viviera; si abro la puerta, se me llena la casa de monstruos. Princesa, sólo vos y yo en este mundo somos compatibles; sólo en tu mágica presencia encuentro un sentido para mi vida; sólo vos en este mundo estás tan loca como yo.

Aquí todo se mide en dinero (exclusivamente), y el dinero también se volvió loco. Cualquier presupuesto es utópico. El mío es delirante. No tengo la menor posibilidad de sobrevivir. Se gasta en una hora lo que lleva un día ganar. Y va a ser peor.

Ayer estuve dando tumbos todo el día hasta que me permití reconocer que tenía ganas de tirarme un rato en la cama. Dormí tres horas profunda, muy profundamente. Estoy agotado, y por nada. *(continuará)*

horas más tarde

Princesa,

deploro enormemente haberte preocupado por teléfono; sentí que te dejaba con una carga pesada, y no era mi intención. La cosa se va definiendo como un vulgar ataque al hígado; estuve todo el día sin comer (es decir, desde el desayuno a mediodía), hasta que sentí que tal vez podría tolerar algo y acabo de comer arroz blanco con un poco de carne (y mucho dulce de membrillo, que compré especialmente, acompañado de infinidad de galletas); después tomé un café bien fuerte. Ése es mi tratamiento favorito para el hígado. Ahora estoy a pocos minutos de la hora de partir para el recital de Leo.[4] Mentalmente, me siento más aliviado. Espero que el hígado acompañe.

Me irritó que te incluyeras entre las cosas a ser podadas. Mal que te pese, sos mi mujer; y te va a costar mucho librarte de mí.

Chau, lindísima.

J

domingo:
acabo de gastar 49 impulsos de tu tarjeta magnética para explicarte lo del ataque al hígado, aunque vos te habrás quedado con tu teoría de las chicas (que las hay, desde luego, pero ayer esa misma perspectiva no me resultaba euforizante; y tampoco tienen el sentido que vos le querés dar). Me da rabia, porque cuando estoy mal te preocupás y te llenás de ansiedad, y cuando estoy bien te ponés celosa. (A todo esto: ¿por qué no estabas en el CASMU a las 14:00 ni a las 14:40? Hmmmm.) Creo que en adelante, cuando hable contigo por teléfono, deberé mostrarme neutro; ni bien, ni mal. Aunque también para eso encontrarás algún motivo de preocupación. Princesa, el único motivo de preocupación real es que nos vemos poco; cuando estamos juntos, todo cambia rápidamente. Tengo un plan: echás a tu madre, alquilamos una casa que me permita cierto aislamiento, me dedico a dar clases particulares en Colonia. Solo aspiro a ganar lo suficiente para mi parte del alquiler, comida y cigarrillos. Quiero cambiar de vida, respirar aire puro, ver puestas de sol y ver de tanto en tanto el horizonte, y escribir mucho. Y sobre todo, tenerte cerca. Chau, Princesa; ahora mismo me pongo en marcha para entrevistarme con otra chica.

Besos,

J

Princesa, parece increíble. Este es el horóscopo del *Clarín* que vos compraste.[5]

[37] 20 DE ABRIL DE 1988

Miércoles 20 de abril de 1988

Princesa,
como en los viejos tiempos: esta es una carta "pesada". Quiero decir que voy a hablar de mí mismo (como si hasta ahora hubiera hecho algo distinto), a utilizarte como interlocutor inteligente y sensible (y algo fantasmal) para poder desarrollar y descubrir algunos pensamientos. Es que hace un rato resurgió espontáneamente "la terapia", tal vez porque es miércoles y porque me vi libre de algunas urgencias (y de otras me libré haciéndome el oso). Resulta que, como todos estos días, llegué del trabajo directamente a la cama, pero en lugar de caer en un sueño profundo empecé a divagar y de pronto se me ocurrió que podría intentar un relax, en lugar de dormir. Lo intenté, y me dormí, pero muy ligeramente, o tal vez no fue un sueño natural sino un trance. Lo cierto es que de pronto, sin tener consciencia de haberme dormido, sentí que tocaban el timbre y me levanté; pero no era nadie (un truco del inconsciente, tal vez para que no me durmiera). Me volví a acostar e intenté retomar el relax, pero me surgía una musiquita en la cabeza que no me dejaba concentrarme; recién entonces me di cuenta de que el Inconsciente no quería saber más nada de recibir órdenes y sí quería hacerse oír; por lo tanto me quedé quietito sin tratar de pensar en nada en especial, ni siquiera en aflojarme, y entonces sentí cómo se iban aflojando todos los músculos de las piernas y me invadía una sensación de alivio general. Y allí empezó a salir el paquete, que en realidad consistió apenas en una o en dos imágenes de cierta época, pero que me hicieron recordar todo un período y, más tarde, me permitieron ver buena parte de mi vida desde una perspectiva razonable.

Las imágenes tenían que ver con uno de mis locos intentos de ganarme la vida, y la historia sería demasiado complicada para contarla aquí; baste con saber que mis tres asociados eran dos borrachos y un semidébil mental. Fue hacia fines de 1979, y la asociación se rompió, antes de un nítido fracaso comercial, con la entrada en escena de Lil, que provoco una ola de celos entre los otros pero, curiosamente, terminaron peleados entre ellos y en buenos términos conmigo.[1]

Mis pensamientos de esta tarde eran, vagamente, así: "Pues bien, yo nunca supe ganarme la vida; no tengo hábitos de trabajo, aunque sí soy capaz de grandes esfuerzos en plazos cortos. Esta experiencia bonaerense fue la más prolongada, y totalmente inusual en materia de trabajo. En realidad soy escritor, mal que me pese; he luchado toda mi vida contra esta simple realidad, no sólo porque mi padre me dijo que de eso no iba a vivir, sino porque además eso lo pude comprobar dolorosamente por mi propia experiencia. El problema es: ¿qué puede hacer un escritor en un medio donde escribir no permite la supervivencia? Las respuestas lógicas son: a) joderse; b) hacer otra cosa. Desde luego, ni a) ni b) me resultan satisfactorias; sin embargo a) es más realista que b), o por lo menos más digna. Lo cierto es que en mis actividades tengo oscilaciones, vacilaciones, fluctuaciones, y el escribir no es ajeno a esos movimientos del alma, pero es lo único que ha tenido realmente continuidad en 22 años, y a pesar de mis dificultades para asumirme como escritor (paradojalmente) es la única actividad a la que me entrego con verdadera pasión (me refiero a actividades, en fin, no sexuales)".

Hoy, por ejemplo, Jaime me pidió que "cuando pudiera, en estos días, antes de irme del trabajo" hiciera una carta a ciertos colaboradores explicando cómo queremos que hagan un juego que tiene sus sutilezas; un tema delicado que él nunca supo transmitir bien y siempre queda frustrado con los resultados. Bien, a los pocos minutos aparecí con la carta escrita; Jaime casi se infarta. "¡¡¡¿Ya?!!!", preguntó, y quedó con la boca abierta. La leyó y le pareció, además, perfecta. Bueno, ésa es mi especialidad.

Bien. Según mis cálculos, mi sueldo de abril será de 4.176 australes; al cambio de hoy, 591.50 dólares. Una nota en una revista se cobra, hoy, entre 150 y 300 australes, = 21 a 42 dólares, aunque este último precio escasea; son más los de 21. Es decir que tendría que escribir y publicar entre 14 y 28 artículos por mes para sacar lo mismo, y eso no es posible (ni escribirlos, ni publicarlos). El sueldo, por otra parte, me da para vivir (es decir, "vivir"), sin extras llamativos. Pero vuelvo a la primera línea de pensamientos, aunque éstos también estuvieron presentes en el post relax.

Vi, como decía, una perspectiva de mi vida desde el punto de vista laboral; me vi vegetando hasta los 26 años (después de haber sido apenas mineral) en la librería que creé, y de la cual se apoderó mi madre y con la cual siempre me frustró; pero, ojo, también tuvo su rol positivo, ya que mi falta de constancia y continuidad hubiera significado dejar caer la librería mucho antes; ella se ocupaba de mantenerla (y deteriorarla) cuando yo me iba por ahí; yo volvía y trabajaba furiosamente y levantaba todo, y cuando todo estaba en pleno funcionamiento yo me desviaba otra vez.[2] Después de los 26 años las cosas no cambiaron tanto, ya que la librería quedó por completo en manos de ella y yo la reflotaba de vez en cuando, pero, ah, a los 26 años surgió el escritor, *empecé a vivir* !!!!!!!!!!!! —a sufrir, a amar, a partir, a andar sin pensamientos (como recomienda el tango *Naranjo en flor*).[3] ¡Qué lindo es estar vivo, por Dios! (Cuando me acuerdo, como ahora, se me llenan los ojos de lágrimas. Ah, querida vida, ¿qué te has hecho?)

Y salpicando el panorama desde los 26 para acá, una cantidad de actividades que pretendían desplazar la literatura, o al menos complementarla para poder comer, todas más o menos locas, todas fracasadas, todas sin perspectivas, todas *circunstanciales*;⁴ se trataba de ganar tiempo, ganar tiempo para escribir, para decir lo que tenía que decir, para presentar una fachada al mundo, para que me dejaran tranquilo, para complementar los años de mendicidad hacia mi madre, en fin, para engañar. Claro que tenía que engañarme a mí mismo, si no, no sé engañar a nadie. Lo único verdadero era lo que escribía. Y eso, hoy está vivo: lo que escribí hoy florece y anda por la calle, vive. Y creo que seguirá viviendo bastante, lo suficiente para dar de comer a muchos cerdos (léase: editores) después que yo me muera. Pero también espero que nutra a algunos ángeles (o sea: lectores), como sé que sucede ahora.

Después vino el fin del mundo: cuando en el Uruguay no se pudo vivir más marginalmente (y casi tampoco no marginalmente),⁵ cuando desaparecieron mis amigos (y amigas), cuando me fui quedando como un náufrago en una isla peor que desierta: llena de enemigos temibles.

Allí nació lo que podríamos llamar "liquen" (asociación entre un alga y un hongo) o Sociedad de Mutuo Socorro, con la náufraga de otros naufragios, Lil. Fuimos logrando sobrevivir, pero por mi parte perdí los sentimientos, la literatura y la vesícula, algunos dientes.⁶ Empezó a costarme mucho escribir (¿quién puede escribir sin sentimientos, salvo Benedetti?),⁷ y me fui alejando tanto de Dios como del mundo, y generando una deuda —después de agotar los recursos de mi madre. Después vinieron los insomnios y mi consulta con una doctora conocida,⁸ que me asustó: "Tenés que estabilizarte, y sólo te quedan cinco años: hasta los cincuenta". Eso generó todo lo que ya sabes (ojo: no te reprocho que me asustaras; por mi parte, yo ya estaba asustado, sólo que no me daba cuenta; sólo pusiste en orden, o pasaste en limpio, mis insomnios. Y el resultado fue bueno —mientras duró).

¿Y ahora, qué? Ésa es la pregunta. La misma doctorcilla me devolvió la vesícula (figuradamente, claro), los sentimientos (aunque a veces se me vuelven a esconder), la literatura, y he salido en buena parte de mi utilitaria rigidez operativa. *No quiero volver atrás.* No quiero acorazarme. No quiero perder nada de lo que tengo salvo los bienes materiales, en cuanto a comodidades se refiere, mientras lo que me quede no sea *muy* incómodo. ¿Y ahora qué? No quiero volver a engañarme, ni engañar; no quiero ni necesito ninguna fachada. *Sé* que no sirvo para un trabajo estable. Sé que mi visión del mundo es confusamente estética/ética/afectiva y no produce buenos dividendos. Sé que la rutina me asesina, y que mi estabilidad la encuentro en la inestabilidad, pero la inestabilidad me asusta.

Por otra parte, queridísima Princesa, por otra parte, bien dice la Biblia: "Allí donde está tu tesoro, allí está tu corazón".[9] Yo no supe hacer que mi tesoro se colocara en el Cielo, y está, muy terráqueamente, ubicado en Colonia. Princesa, desde el mismo momento en que pusiste tu divino pie en esta casa, esta casa dejó de ser esta casa cuando no está tu pie. En otras palabras, mi vida bonaerense perdió todo sentido. No estoy acá. Hubo un cambio de valores radical, absoluto. Lo que antes me maravillaba, ahora me hastía. No hay aquí nada que merezca el menor esfuerzo. No tiene ningún sentido seguir pagando este alquiler, ni saliendo a respirar este smog, ni olvidándose de las puestas de sol y del horizonte y del mar y del cielo. No voy a encontrar ninguna solución porque el alma me grita que no quiere. Todo es hostil. Todo es stress. Todo es basura y ruido. ¿Qué mierda estoy haciendo aquí?

Sutilmente, mi problema se transforma en *nuestro* problema. No puedo tomar decisiones unilaterales —y como confirmando este aserto, sonó el teléfono y eras vos. ¡Princesa!

No, Princesa; no veo en vos la solución de todos mis problemas; no deseo que te hagas cargo de ellos (ni de mí). Sólo necesito verte mucho más a menudo. "No quiero más dormir solo...".

Te voy a explicar un poco de fisiología: la esperma se va acumulando en el pequeño receptáculo seminal que rápidamente desborda, y entonces comienza a inundar distintos canales: obstruye los canales vesiculares y hepáticos, generando indigestiones; por otra parte, el organismo reacciona fabricando antiespermatozoos, unos bichos feroces que salen a fagocitar, y en la redada caen una cantidad de otros elementos inocentes, como por ejemplo la flora intestinal, las vitaminas y las hormonas del crecimiento intelectual. También la esperma trepa por la médula espinal y llega al cerebro, enturbiando las ideas, y el mundo se pasa a percibir como a través de un vidrio empañado, como recubierto por una película lechosa. Después pasa al nervio óptico, produciendo trastornos de la visión, que hacen aparecer como deseables a las mujeres más despreciables y de mas bajo nivel, o bien alucinaciones. También, desde la médula, se extiende a través de distintas ramificaciones neuronales e invade los centros nerviosos del pecho, del bajo vientre y de las rodillas, así como de la tráquea y del esófago, pronto llega al torrente sanguíneo, donde se distribuye e instala en todos los órganos, produciendo dolores, quistes, anemia, forúnculos, arterioesclerosis, fobias y toda clase de porquerías.[10] No hay mayores males que aquellos provocados por la abstinencia forzosa.

Princesa, en estas horas debo decidir mi destino. Más concretamente, qué voy a ser cuando sea grande. *Puede ser* que los dioses sean propicios y vuelquen toneladas de oro a mis plantas, pero no debe contarse con eso y, por otra parte, aun solucionando mágicamente el problema económico, queda en pie el otro, más importante, que es el problema de la pareja. En este momento, cierro los ojos y me imagino millonario. ¿Y entonces qué?, vuelvo a preguntarme. No, no es un problema económico. La economía lo enreda un poco, porque *además* uno tiene que pensar en un techo decente, alimentos y, sobre todo, cigarrillos. Pero estoy convencido de que si se soluciona el problema principal, el otro es arrastrado, se va acomodando solo.

¿Por qué estoy apurado en solucionar el problema principal? Por dos motivos: a) el problema fisiológico anteriormente descrito; esto, Princesa, no puede seguir así indefinidamente, por más cómodo que te resulte; a mí me hace mal. Y b) por una cuestión económica: entre los ahorros que tengo más lo que pienso cobrar dentro de unos días, creo que puedo reunir unos 2.000 dólares. Eso da, ajustándose mucho, para cuatro meses: mayo, junio, julio y agosto (y no julio, como te dije por teléfono). Bien: llega agosto. En el más crudo invierno, con el viento, la lluvia y la nieve azotando mis pobres y marchitos bronquios, hete aquí que la Vida me arroja a la calle, a dormir en húmedos portales orinados por perros vagabundos. Está bien: podrás decir: de aquí a agosto, más te valdría encontrar algo para ganarte la vida. Pero yo te contestaría: mi alma no considera que valga la pena hacer el menor esfuerzo para seguir aquí, y así. "Quiero vivir", dice mi alma, y yo estoy de acuerdo. No quiero despertarme cada día pensando "otro día de represión" u "otro día de masturbación" u "otro día sin nadie con quien hablar (porque con los porteños lo que se dice hablar, no se puede hablar: no conocen el espíritu —sólo son inteligentes)". Compartir, abrazar, tocar, ser tocado por dedos y por ondas sonoras no distorsionadas por el cable del teléfono. ¿Comprende, Princesa? (Este párrafo quiere significar que esos 2.000 dólares puedan ser invertidos de manera más provechosa en una inútil resistencia a contragusto y sin perspectivas.)[11]

Lo de la esperma es cierto, pero más cierto aun es lo de los campos magnéticos. Una rodilla contra una rodilla, una mano en la espalda, tocar unas nalgas al pasar por la cocina: eso es esencial, es el oxígeno diario. Hoy (quiero decir, habiendo recuperado buena parte de mí mismo) ya no puedo pensar en otros términos, en abrir un nuevo período de disciplina militar, pastillas para dormir, despertadores inexorables y un completo olvido de la vida del alma y de la vida, bah. Si me obligan fabricaré nuevos engaños; no servirán.

Creo que las cosas pueden plantearse muy sencillamente: o venís para acá, o voy para allá. Todo el resto debe acomodarse a la respuesta a esta cuestión. El cómo no es más que un instrumento bastante manejable. El problema es decidir, y ahora.

Las otras posibilidades no son buenas, Princesa. ¿Otras mujeres? No te gusta, y creo que a mí tampoco. Es un paliativo, una postergación de la decisión.

Yo ya no tengo nada para controlar al Inconsciente. Y me alegro, me alegro mucho, dado que el Inconsciente tiene un papel protagónico en mi vida. Él escribe, él ama, él sufre, él sabe. Lo dominé durante un año largo (1985 y parte del 86); después empezó a pelear, a reclamar lo prometido.[12] (Yo le había dicho: "Aguantate un tiempo; dejá que me acomode; aguantá, que después viene lo bueno".) Primer paso de liberación: deshacerme de la anterior pareja; allí empecé a respirar. Segundo paso: el enamoramiento (desplazamientos) de febrero; allí empecé a permitirme sufrir. Tercer paso: la Princesa (impuesta por un sueño perfecto); allí empecé a recuperar la capacidad de gozar. Cuarto paso: la novela (y todavía estoy en ella);[13] allí empecé a recuperar mis fragmentos dispersos. El quinto paso, naturalmente, es fundir este todo recuperado con el todo del alma afín —o sea, vos. Lo demás, el apartamento, el lujo, el agua caliente, la heladera, el tocadiscos es pura fachada, es más un precio que debo pagar que un bien que desee disfrutar; sólo preciso esta máquina de escribir y mucho papel (y churrascos y jamón crudo). (Y queso.)

Princesa, me agoté. Afuera llueve y truena. Estoy escribiendo desde las 20:30 (con la única interrupción de tu llamada) y son las 23:00. He fumado casi tanto como en el resto del día. Así que, un beso.

J

P.S. Por teléfono me diste una noticia de algo que significa un éxito personal tuyo, que debí recibir con mayor entusiasmo. Lo siento: pensaba en mí, y en la historia del "nivel de incompetencia" (la "ley de Peter").[14]

En todo trabajo uno asciende hasta alcanzar su "nivel de incompetencia"; si te gusta y es tu vocación atender pacientes, "progresar" en tu carrera, implica ocuparte de cuestiones administrativas y gerenciales que te revientan. Por eso, esas noticias son buenas y malas al mismo tiempo. Es una gran pena que a nadie le paguen bien por lo que realmente quiere hacer y sabe hacer mejor.

[38] 26 DE ABRIL DE 1988

Martes 26 de abril de 1988

Princesa,

en este momento has logrado atravesar mi corteza egocéntrica y pude darme cuenta del tremendo significado de todo lo que estás haciendo y me siento como un gusano en mi papel de abandonismo y de autocompasión. Me siento muy lejos de tu estatura moral, de tu coraje y de tu capacidad; en otras palabras, no estoy a tu altura. Lo único que puedo decir es que me avergüenzo, y que trataré de hacer lo posible por merecerte. Estoy disfrutando de una somatización que aprendí desde la escuela, como forma de darme una pausa en la lucha.[1] No voy a negar que me resulta útil, pero me doy cuenta de que es un sucio truco. Especialmente ahora, cuando nadie me está mandando a la escuela; podría darme estas treguas voluntariamente y sin somatizar. Pero la somatización tiene otro sentido: hacerte sentir mi abandono, exigirte más y más y más. Pues no; estás dando demasiado de vos misma, *y si alguien necesita una tregua sos vos.* Ya me dije a mí mismo muchas veces que no debía exigirte, y tener paciencia hasta que las cosas se vayan arreglando por sí mismas, pero es más fuerte que yo.

Me estoy conteniendo para no llamarte ahora mismo por teléfono (son las 16:15) y decirte todo esto. Y no sé cómo explicarte, cómo transmitirte, el modo en que te estoy sintiendo en este momento; ese sentimiento de estar ante algo demasiado grande, demasiado íntegro, demasiado puro. Me da miedo.

Lo que más miedo me da es la idea de que tal vez tu madre tenga razón.[2] Le estoy pidiendo a Dios que haga de mí un tipo confiable. Sé que no lo he sido y no sé muy bien cómo soy ahora. Creo que lo voy a saber muy pronto; las próximas semanas son perentoriamente definitorias.

[39]   9 DE MAYO DE 1988

Lunes 9 de mayo de 1988

Princesa,

hoy ya hablamos por teléfono de cosas prácticas (y de algo más). Ahora quiero referirme a un motivo de preocupación que me dejó tu última visita: se trata de dos respuestas tuyas (a vos misma, y a otra persona —que te consultó—; aunque no sé si es la respuesta que le diste, o la respuesta que me diste a mí cuando te pregunté). De vos misma, dijiste (desde el fondo del alma): "Entonces, no tengo salida". Y eso mismo dijiste cuando te pregunté qué pasará con Fulana, la persona con quien te encontraste: "No tiene salida". Creo, Princesa, que sos excesivamente determinista: la historia personal de cada uno, la historia del medio, la historia familiar son, desde tu punto de vista, como férreos carriles que determinan *absolutamente* el comportamiento de una persona. Por mi parte, si bien estoy de acuerdo en buena medida con las determinantes, creo que en el ser humano hay otra instancia (el Inconsciente, claro) que le permite trascender esas determinantes. Mi historia no me permite subirme a un colectivo caminando, pero lo he hecho, distraído. Puede ser, que a cierta edad, no se pueda *evitar* una proyección (o una introyección: mis males estomacales son, de acuerdo con Nelly Fuxá, una "madre mala introyectada", y creo que es cierto),[1] pero sí se puede vivir con ella, recordándola de tanto en tanto y evitando ser dominado por la fantasía inconsciente (ej.: cuando declaro que, en algún momento, traspasé la cascara ególatra y pude comprender tus dificultades como para no exigirte; es decir, pude hacer consciencia de una proyección de una imagen materna y no exigirte como el niño a su madre). Claro, es una gimnasia que puede cansar, y muchas veces se puede recaer; pero ahí *hay* una salida para una situación aparentemente sin salida. En *Desplazamientos* yo llego a ese callejón sin salida (o Edipo o vacío; o estar "poseído por el ánima" o estar "des-animado"). Sin embargo, vos ves que hay una tercera posibilidad: integrar el ánima con humor, jugar con ella, entregarse por momentos y por momentos sepultarla. *Creo que en cualquier caso hay una "tercera posibilidad", una salida*; hay transacciones y hay piruetas (y hay milagros). Como hubo una salida en tu caso, cuando de pronto renunciaste a los dictados de tus determinaciones (ancestros, familia, entorno, etc.): todavía es un equilibrio inestable, mediante viajes y pequeños engaños, pero vos admitís que es un hecho irreversible o que, por lo menos, no querés volver atrás. Yo creo que podés ir mucho mas *allá*.

Besos,

J

[40] 15 DE MAYO DE 1988

Domingo 15 de mayo 88. 21.08

Princesa,

he llamado dos veces a tu casa pero nadie contesta. Tenía mucha necesidad de hablar contigo, o más bien de sentir tu voz. Vengo de dar mi vuelta por el centro, algo que tenía bastante olvidado; salí pensando que hacía un lindo día, y en efecto, había una temperatura muy agradable y al principio se hacía muy liviano caminar. Pero pronto apareció la angustia y la fobia, y la espalda se me fue retorciendo. Entré en un par de librerías, pero descubrí que los libros no me llaman la atención, desde hace bastante tiempo; después descubrí que *nada* me llama la atención, *que lo único que en el mundo exterior me despierta expectativas sos vos*, y el resto de mi vida es un constante rehuir del presente. Descubrí otras cosas, y cada cosa que descubría me iba desequilibrando un poco más; por ejemplo, que no estoy adaptado a Buenos Aires; que nunca lo estuve; que mis temores son los mismos del primer día, sólo que hasta ahora no había tenido mayormente tiempo para hacer consciencia de esas cosas. Recordé que desde hace días, entre ensueños pero también en fugaces irrupciones vigiles, tiendo a confundir lugares de la ciudad con lugares de Montevideo; tiende a aparecer con fuerza todo ese pasado y todos aquellos hábitos que corté de raíz (aparentemente) cuando decidí venir aquí, y me di cuenta de cuánta energía he gastado durante tres años en reprimir esas cosas, y cuánto me cuesta ahora aceptarlo, dejarlo entrar. Es que están entrando muchas cosas a las que había cerrado la puerta. Estoy prestando atención a informaciones que antes rehuía, y busco lecturas con ciertos contenidos (Dostoievsky, Chéjov), y me voy dejando invadir por percepciones y preocupaciones de tipo social (aunque no político, al menos por ahora, y espero que por siempre). Y como si fuera poco, también me está invadiendo el recuerdo de mí mismo, de escenas de todo tipo de distintos momentos de mi vida, inconexas, aparentemente, entre sí, pero muy vívidas todas ellas, aunque algunas sean triviales. Sí, mi amor: hay una especie de descongelamiento, que sin duda te debo, y que debo agradecer, pero no sé qué hacer con todo esto. Tal vez debería escribir; sin embargo, me da pereza. Tengo tantas cosas empezadas... Y me da culpa, porque debería estar pensando en cosas redituables. Al cruzar Corrientes a la altura del Foro me volvió la escena del sueño en la que busco mi título de médico,[1] y volví a sentir aquel inexpresable dolor, como si toda mi vida hubiera perdido sentido para siempre. Después me empezó a fallar bastante la vista y hasta tuve como mareos y oleadas de calor febril, sobre todo al acercarme, de vuelta, a casa; tenía como temor de volver y encerrarme otra vez, y percibí cuán encerrado estuve y estoy, y cuánto me cuesta moverme entre la gente; incluso me cuesta hablar (para pedir permiso, al pasar entre estantes de libros, me salía un antipático gruñido; lo mismo al pedir un café en Ouro Preto,[2] algo entre susurro y gruñido. También tenía una cara antipática, dura; me di cuenta en el ascensor, al verme en el espejo). Hay dos cosas que debería hacer, por terapia, y no hago, no consigo hacerlas: el relax, y escribir. También escribir cartas, cosa que me propongo también todos los días (y no sólo a vos, Princesa). Antes tenía la excusa del trabajo, del cansancio del trabajo; ahora tengo la excusa de que debería intentar solucionar las cuestiones económicas, pero todo es falso: se trata solamente de evitar tomar consciencia de las cosas, de conectarse, de comprometerse. Quiero virar, y no puedo. Enseguida me escapo, como llevado de la nariz por una mano extraña, hacia la resolución o la fabricación de juegos de ingenio, o hacia la lectura de un libro. Dejé la droga de las novelas policiales, pero me sigo fugando. Ahora, en

este preciso instante, me propongo no volver a congelarme; deseo profundamente poder sufrirlo todo y rescatar de mí mismo todo lo que haga falta. Se me aparece como un inmenso trabajo; pienso que es la resistencia, pienso que es el superyó (ese superyó que ocupo mi lugar durante tres años), y me da rabia no poder manejarme con libertad.
Princesa: "menos tu vientre / todo es confuso".[3]
Beso.

J

[41] 28 DE MAYO DE 1988

Sábado 28 de mayo de 1988. 20:20hs

leer y devolver

Un *sueño* de esta tarde, después de la visita de la Princesa.[1]

Como siempre, no hay un comienzo concreto; comienzo a recordar después de la sensación de mucho trecho soñado y olvidado. Todo es muy vívido, muy *real*. Hay colores.[2]

Ella (la Princesa) y yo vamos hacia un lugar de difícil descripción o ubicación; ya estamos en el interior de un edificio, que parece muy antiguo, y nos dirigimos hacia una de sus habitaciones en particular, con un objetivo definido (que ahora ignoro). Por el camino, en una especie de corredor amplio, está el hijo de ella, sentado a una mesa con otro chico; cuando me ve llegar hace algo que implica tirarse al piso, y no recuerdo si me agarra de una pierna o dice algo; yo creo que lo piso (suavemente) con un pie, y lo voy llevando, empujándolo con el pie, haciéndolo deslizarse por el piso (es como un juego que no es la primera vez que se juega). Así llegamos ante una puerta (antigua, con algo de prisión; no sé por qué, lo de prisión) y allí ella y yo la atravesamos, y el chico creo que no; o si lo hace, luego desaparece del sueño, entretenido por algo que lo lleva aparte de nosotros.

Aquí hay dos instancias; no sé el orden en que se presentaron, y de todos modos una está incompleta: nos sentamos en un lugar a esperar que alguien se desocupe. Hay gente que sale de la habitación, alguna de cara un tanto monstruosa;[3] donde se supone que está ese alguien, y suponemos que ahora nos va a hacer pasar; pero no nos llaman.

La otra instancia: entre ese lugar donde esperamos (vagamente, lo asocio con la oficina donde trabajé) y la puerta que habíamos traspuesto, hay una habitación amplia, con sus paredes llenas de estanterías. En muchos estantes hay cantidades de cartas, ensobradas; los sobres son mayormente de avión (esto también me recuerda las cartas que se reciben en la oficina, de los concursos de las revistas). A mí me da pereza revisar todos los sobres, pero pienso que debe haber carta para mí. Ella, por el contrario, se pone a revisar estantes muy activamente, y obtiene un montoncito de cartas para ella. Una tiene un sobre verde, brillante. Ella se sienta en el suelo junto a las cartas y las examina. Yo tengo curiosidad por saber de quiénes son, pero por respeto no me acerco; pienso que ella me lo dirá después. Ese lugar ya se transforma un poco más en "algo mío", y esa enorme cantidad de cartas empiezan a caer bajo mi responsabilidad; me fastidia que quien ha debido ocuparse de clasificarlas no lo haya hecho, y digo, de mal humor, que hay que poner orden allí lo antes posible; que debe haber cartas para mí, y otras que no, pero que necesitan urgente respuesta, y veo que todo está muy atrasado. Lo mismo, ahora, con la conversación sobre los asuntos de la Princesa, el mal manejo de dinero, etc.[4]

Ella dice: "Esta carta es de mi madre". A mí me interesa vivamente; le pregunto qué dice. Me lee sólo un trozo del principio, donde la madre dice algo así como que "ya se fueron los ratoncitos", y eso es una forma de aludirme, a una visita mía a su casa; parece que después ella dejó todo en orden, y le comunica eso a su hija (quien, por otra parte, estaba perfectamente al tanto de mi visita, y habíamos estado juntos; pero la madre no lo sabía).

Yo quiero que me siga leyendo la carta, y comentamos que debe referirse a mi primera visita, y no a mi segunda; ella mira la fecha y dice que la carta es vieja, es de enero. Pero no me sigue leyendo. Después, mientras yo estoy de espaldas a ella, contemplando todo el trabajo por hacer con ese malhumor, siento ruido de papel sistemáticamente hecho trizas; ella ha roto la carta, sin leérmela, sin decirme nada de su contenido. Me da rabia. Quiero discutir, pero en ese momento entra un grupo de gente, que se instala alrededor de una mesa. Son los alumnos de ella. Es una clase de inglés. (Desde luego, mi padre era profesor de inglés. La mesa, sin embargo, tiene mucho de la mesa que usamos para el taller de literatura, y no niego que hay un algo de competencia con Cristina en el taller, y que en la última sesión ella se sentó en mi lugar y yo protesté; sin embargo, la disposición es distinta: en este caso, ella queda frente a mí, y los alumnos se distribuyen a nuestro alrededor.)[5] No está claro mi papel en esa clase, ya que la profesora es ella, y los alumnos vienen por ella; yo no sé si mi intención era participar o no de la clase, y no sé en calidad de qué; pero estoy sentado frente a ella. Sin embargo, yo sigo con el tema de la carta y con mis ganas de discutir; tomo un objeto redondo que hay sobre la mesa y comienzo a golpear la mesa para imponer silencio. Digo algo así como que: "Ustedes disculpen, pero yo tengo que decir dos cosas al margen de la clase", y no recuerdo bien cuáles eran esas cosas; seguramente, una era una interrogación sobre el contenido de la carta, o el reproche de por qué la había roto sin enterarme del contenido. Ella no quiere hablar del tema y yo me pongo furioso; me levanto y me voy, gritando que nunca más voy a participar en esas clases, y que me van a necesitar, que se van a acordar de mí; esto, mientras bajo unas escaleras (que antes no estaban). Me siento muy dolorido, "despechado".

 Salgo a la calle. Es de noche. Voy por una rambla oscura, iluminada de tanto en tanto por algunos faroles. El mar está a mi derecha, aunque no lo veo ni lo oigo. A poco de caminar, escucho unas voces masculinas que hablan de distintos temas, uno de ellos el tango; hablan muy fuerte, como para que yo los oiga. Me dan miedo; vienen caminando detrás mío y empiezo a sentirme perseguido, y sin pensarlo dos veces salgo de la rambla y busco un camino mejor iluminado y con más gente. Ahora es de día. Me interno por callecitas de Piriápolis (aunque son más cerradas que las verdaderas, más angostas, con edificios más altos), con idea de llegar rápidamente a casa de mi madre, pero siento pánico, y al pasar por una casita que alguna vez había alquilado, me meto adentro sin recordar si todavía tengo derecho o no; la puerta exterior estaba sin llave, y adentro encuentro otra puerta con llave. Busco nerviosamente en mi llavero, mientras oigo las voces de mis perseguidores (quienes, en realidad, parecen una pareja de pacíficos y veteranos homosexuales), y no sé si alguna de las llaves que tengo sirve para esa puerta. A último momento introduzco una, la más larga, en la cerradura, y la puerta se abre; entro a la pieza y me siento seguro. Escucho que los hombres pasan de largo. Cuando me tranquilizo, salgo de donde estoy y vuelvo a esa especie de hall, que se prolonga en una especie de living, y veo entrar a otros dos hombres, en este caso jóvenes. Se extrañan de encontrarme. Uno parece el dueño de casa, y medio me increpa, aunque no con violencia. Yo le explico que en un tiempo alquilaba esa casa, y que no recordaba si la seguía alquilando o no.

Él me dice que no; que él es, ahora, el dueño de casa. Está muy molesto conmigo y desconfía de mí. Yo le pido disculpas y le explico que entré allí sin pensarlo porque tenía miedo de unos perseguidores. Finalmente parece conformarse con que yo me vaya sin más, pero quiere saber quién soy. Le digo que puede encontrarme en el canje de revistas, de la calle Uruguay; que él debe conocer a la señora del canje, y que yo soy el hijo. Parece quedar conforme, y me voy de allí.

Pero no voy a la casa de mi madre, sino que me encuentro en un ómnibus, sentado en uno de los asientos, mirando por la ventanilla y pensando que esa noche me va a llamar la Princesa a las once.

Ahora recuerdo la escena anterior: al salir de esa casa, está oscureciendo y hay gente con paraguas; me encuentro ante una especie de placita, con un raro monumento mecánico, donde las figuras del monumento también tienen paraguas y se mueven. Miro el cielo, y no veo que caiga mucha agua, y me decido a caminar a riesgo de mojarme un poco; pero en todo caso solo es una leve llovizna. Voy por un camino, junto a unas casas, y a mi lado pasan dos mujeres; una lleva un grabador en la mano, y va grabando unas palabras. Reconozco la voz: son unas mujeres que tenían un programa de radio que yo escuchaba en Montevideo, y de quienes siempre pensé que eran una pareja de lesbianas. Ella está como terminando de grabar un programa, y saluda a los escuchas con unas palabras amables. Yo respondo, como si se dirigiera a mí, "muchas gracias". Ellas se ríen, y luego entran en una casa. Yo sigo viaje.

En el ómnibus, voy pensando en la llamada de la Princesa, y que voy a contarle lo que me sucedió; pero todo lo anterior me empieza a parecer un sueño (lo de la carta, lo de la persecución). El ómnibus va por 18 de julio.[6] Me preocupo por determinar qué parte de la historia fue un sueño, y qué parte no, y no me siento muy seguro de nada. Miro el reloj, y compruebo con asombro que son las once menos veinte (aunque es de día). De pronto noto que estoy llegando; me esfuerzo por ver la numeración de los edificios, tengo miedo de pasarme de la parada; finalmente/veo que estamos a la altura del 800, y el ómnibus para, y me bajo con dificultad por una puerta del medio del ómnibus, que no abre del todo. Estoy en la esquina (según la información del sueño) de Convención; pero en realidad las imágenes son de Río Branco.[7] Al bajar, quedo en una especie de puente de madera por donde pasan coches; tengo que esperar un cambio de luces para cruzar 18. Finalmente, la luz me favorece y cruzo; voy hacia mi viejo apartamento. Me despierto.

[42]   4 DE JUNIO DE 1988

Sábado 4 de junio 88

Hoy no puedo llamarte "princesa" ni de ninguna otra manera. Estoy escribiendo desde el hígado, un hígado inflamado que, más inteligente que yo, toma consciencia de las cosas y me lo hace entender derramando una bilis muy amarga que me envenena todo el cuerpo y aparece en la garganta y en la lengua y en la piel acartonada, que hoy siento ajena, como la piel de un cadáver. Yo estuve soslayando estas percepciones durante toda la semana, porque tenía cosas que hacer que eran impostergables y porque desde chico aprendí a hurtarme del sufrimiento, pero llegó el viernes de tarde y me asomé al vacío del fin de semana y empezó la depresión y, hoy, la somatización. Después de tu llamada de esta tarde me acosté a dormir, convencido de que durante el sueño iba a procesar estas cosas y me despertaría liberado de mis malos humores y sentimientos que creía tergiversados por la neurosis de abandono. Pero, aunque dormí tres horas, cuando desperté me sentía igual, o peor, y seguía pensando lo mismo, aunque más claramente que antes; lejos de disiparse, los malos humores se concentraron y ahora dominan mi pensamiento, a quien yo quisiera poder desviar, controlar y, en fin, engañar con las habituales ilusiones. Me desperté pensando "Estoy empacado", y estas palabras aluden al hígado sin lugar a dudas; luego noté el gusto a bilis. El hígado se empaca como una mula. Dicen que es el hígado, y no el corazón, donde se asienta el sentimiento.

Mi pensamiento, pues, que se me impone con la convicción de su evidencia, aunque no niego que teñido de arbitrariedades y delirios, me dice que esto que está pasando hoy es lógico, que no es la primera vez ni será la última; yo he dado a nuestra relación desde un primer momento una valoración completamente distinta de la tuya; yo no te dejaría a vos por nada, y esto no es recíproco. Puedo entender tu vida dedicada neuróticamente al trabajo agotador, pero no puedo entender que ahora no te abras a una nueva visión de la vida; y no puedo tolerar tus escapadas de esa trama neurótica del trabajo cuando no son hacia mí. No puedo sentirme engañado porque lo has dicho claramente desde un primer momento: "Es una cuestión de piel y sexo", o "es *sólo* una cuestión de piel y sexo", y así has mantenido esta "cuestión", secreta como el sexo culpable, y así la seguirás manteniendo porque, aunque quieras engañarte para disculparte, no hay otra cosa para vos. Por momentos quisieras elevar, jerarquizar esta relación culpable, pero tu íntimo conocimiento de la realidad no te da las fuerzas, y siempre afloran las dudas.

Todo esto me desvaloriza mucho; hoy me siento como al fin de mi vida, y además ridículo en mis pretensiones de vislumbrar un futuro. Todo lo que estoy haciendo, todo lo que trato de crear o estructurar no son más que los ensueños protectores del agonizante; el tiempo de vida útil ya pasó, es el momento de vegetar recluido en alguna institución de beneficencia. Por momentos me rebelo contra el papel que yo mismo te he dado en mi vida, quisiera poder desprenderme de ese poder que te he conferido, y más humillado me siento cuando noto que no puedo hacerlo. Y pienso en todas las concesiones que me has arrancado, en mi estúpida fidelidad, en mi vida sin estímulos, en el autoengaño permanente al que recurro para seguir en movimiento, y me pregunto cómo habré de afrontar el día de mañana, y los días siguientes (ah, sí; pensando que el próximo fin de semana, posiblemente, tendré otra vez, por un rato, "las sobras").

Creo que, desde este momento, las cosas tienen que cambiar, o me hundiré sin remedio. Tengo que despojarte de todo el poder que te he conferido, tengo que aceptar que "es solo una cuestión de piel y sexo", tengo que ordenar mi vida alrededor de la única realidad que es mi soledad eterna, y buscar los estímulos reales que me impulsen a vivir y no a destruirme; debo liberarme de tu control a distancia, salir del estante donde me has colocado; ser libre, para poder vivir y morir en paz conmigo mismo.

J

Más tarde

No puedo salir de esto: todo el día dando vueltas en torno a un mismo sentimiento herido. Es demasiado dolor poder formularlo en palabras. Hay una brusca pérdida de sentido de todo. Lo siento: me engañé a mí mismo; me creí amado por primera vez. Entiendo que fue una construcción mía; vos fuiste muy clara desde el principio. Lamento haberte envuelto en una historia inconsistente, pero de todos modos siento que el castigo es demasiado grande; no puedo soportarlo.

Leer y devolver
4.VI.88

Sueño (por la tarde)

Estoy en una calle de Montevideo (parece 18 de Julio) (cerca de la plaza del Entrevero) con una mujer que no aparece muy bien definida; es pequeña; podría ser tanto G. como L. o como A.,[1] aunque el sueño parece transcurrir por mis veinte años (y más adelante la mujer aparece más definida, como C.).[2] Hay un grupo de gente y tiene relación con una camioneta con parlante; parece como que está por empezar una campaña publicitaria. Del grupo se desprende un muchacho joven, que comienza a hablar con nosotros muy animadamente; en la mano lleva un montoncito de volantes publicitarios. Comenzamos a caminar por 18 de julio, en dirección al Obelisco, siempre conversando animadamente (no puedo recordar acerca de qué, pero sin duda trivialidades); creo que él y la mujer son quienes más participan de la conversación; yo estoy en el medio, y más bien escucho y observo a mi alrededor. Pasamos junto a unas mesas de café en la vereda, y alguien se acerca y le dice al muchacho que no está trabajando como debiera; que debe repartir esos volantes en lugar de estar charlando. Él distribuye algunos entre la gente del café, pero después sigue caminando con nosotros y se olvida de los volantes. El hombre vuelve luego a insistirle en que cumpla con su trabajo, esta vez con mucha energía. Creo que es en ese momento cuando él se separa de nosotros.

Luego llegamos, no sé cómo, a un lugar abierto, en el campo. Es un lugar muy familiar, "que tiene su historia"; sin embargo, en vigilia, no puedo relacionarlo concretamente con nada, aunque tiendo a evocar una quinta de unos tíos en Canelones, y también la casa de mi infancia en Peñarol;[3] sin embargo, la evocación es más bien afectiva; no se corresponde con el paisaje. En el sueño, parece ser que habíamos sido invitados a la inauguración de una lujosa casa en ese campo; *se trataba de una fiesta con muchos invitados*, y es difícil de explicar porque el sueño no tiene muchos elementos concretos, pero la idea es que *se trataba de gente rica que nos tenía (a los invitados) un cierto desprecio, aunque en realidad la casa había sido edificada en un terreno que nos pertenecía a nosotros; la invitación parecía ser como una especie de pobre compensación por un despojo*. En algún momento se repartirían helados.

Caminamos largamente por un lugar descampado, que corría junto a los límites de la propiedad, aunque la propiedad no se veía en ningún momento; tampoco puedo explicar mejor esto. Yo iba junto a dos mujeres, ambas a mi izquierda; la que estaba más alejada de mí era una figura borrosa; la otra tenía cierto atractivo, y yo mantenía una especie de flirt con ella, aunque por momentos notaba que era mujer un tanto ordinaria, o con poca gracia; sin embargo tenía atractivo erótico. De vez en cuando, después de caminar y caminar, yo preguntaba festivamente: "¿Pero dónde está la casa?". Esta vez era yo quien llevaba el mayor peso de la conversación, pero tampoco recuerdo qué contaba; a veces la mujer aparecía como distraída, porque estaba pendiente de la casa y de la fiesta, y también se preguntaba dónde estaba la casa o cuándo empezaba la fiesta, que venían a ser una misma cosa (era como si la casa debiera "aparecer" de pronto). Una vez, miramos hacia la izquierda creyendo que allí estaba la casa, pero sólo era un camión, que unos seres invisibles para nosotros estaban cargando de pequeñas cosas, tal vez frutas, que caían en la caja del camión como una lluvia. En algún momento, estamos con otra gente, en medio de un corredor, en un lugar cerrado, y allí me dan por fin el helado prometido; era de frutilla, en cucurucho, muy pequeño; yo me burlaba del obsequio. El helado estaba como enterrado en el cucurucho, era apenas una cucharadita, y pensaba que fatalmente iba a quedar insatisfecho y me comería el cucurucho, que no me gustan, y saber eso me hacía sentir más irónico y frustrado.

Estamos en una casa, antigua. Ante un escritorio hay un hombre sentado, de cara grande y colorada, bastante desagradable. Este hombre hace una especie de discurso, gesticulando mucho, acerca de algunas sectas pseudorreligiosas; yo le doy mi opinión al respecto (que no recuerdo cuál es), pero él dice algo acerca de las "sectas millonarias" que deberían intervenir; lo repite varias veces, y yo entiendo que alude a la Iglesia católica. A pocos pasos de allí veo que hay un cura, parado en el centro de la habitación.

Luego converso con alguien acerca de la ineficiencia del trabajo y de las herramientas de trabajo en nuestro país; yo digo que cuando viene alguien de Europa se asombra de nuestras condiciones de trabajo, y al respecto me pongo a contar una anécdota: resulta ser que una vez, en un convento que estaba bastante aislado de la civilización, los curas se encontraron con que una mujer que solía hacer la limpieza había muerto abruptamente; estaba caída sobre un caminito de tierra entre dos sectores del edificio. Como hacía mucho calor (cuarenta grados), los curas decidieron que había que enterrarla lo antes posible, pero no sabían muy bien cómo se manejaban esas cosas. La idea de mi anécdota era contar que habían llamado a un extranjero para que les hiciera el trabajo y éste se había sorprendido de la mala calidad de las herramientas, pero por algún motivo no llegué a contar la historia completa.

El tema de la temperatura siguió en pie, sin embargo; en algún momento yo estoy en una casa (donde también estaba mi madre) y recibo una llamada telefónica del Tola,[4] que había leído una novela mía y me comentaba todos los pequeños defectos para que los corrigiera. La conversación se interrumpe tres veces, o mejor dicho, soy yo que cuelga el tubo mientras él sigue hablando, y luego levanto el tubo de otro teléfono, en otra pieza y escucho la continuación;

esto sucede dos veces, y pienso que tal vez, mientras dormía, haya sonado el teléfono, porque en el sueño también sonaba. De fondo había una lejana señal de ocupado. El Tola habla interminablemente, señalando con mucha precisión la conveniencia o inconveniencia de algunas palabras, o algunos giros; entre ellos, la palabra *español*, referida a un personaje, que piensa que está de más. Luego estoy otra vez caminando junto a una mujer, ahora decididamente C.; vamos por la calle junto a la rambla en un lugar que pretende ser Piriápolis pero que no se le parece en realidad. Ella habla de darse un baño en el mar; yo comento irónicamente "No dejaría de ser una buena publicidad para Piriápolis; imaginate los titulares de los diarios", aludiendo al enorme frío que hacía; sin embargo, ella dice que hay 55 grados de temperatura, y yo recuerdo haber visto dos termómetros que marcaban eso, pero que estaban rotos. "Vamos a ver ahora un termómetro que anda bien", le digo, y entramos en un lugar que en el sueño aparece referido como "un hospital"; vamos por un corredor hasta el final del mismo, donde hay colgado un gran termómetro. Veo con asombro que este también marca 55 grados. "No puede ser", exclamo, "estaríamos muertos". Me dirijo a una pareja que está sentada, con una pequeña criatura, en unos sillones de mimbre cerca del termómetro; les digo que es mucha casualidad que todos los termómetros se rompan marcando la misma temperatura; ellos sonríen. Parece que se trata de un hotel, más que de un hospital.

[43]   6 DE JUNIO DE 1988

Lunes 6 de junio

¡Princesa!
Hoy me desperté sintiéndome increíblemente mejor, casi diría bien; he buscado rastros de mis males de sábado y domingo y no los encuentro; hice parte de mi gimnasia,

la vista se me ha aclarado bastante, me siento más firme sobre mis piernas; en fin, aparentemente, como si no hubiera pasado nada. Pero pasó mucho. Al despertar, y todavía rumiando las imágenes de un sueño, pensé que había sufrido un brote psicótico, porque me recordaba a mí mismo hablando contigo "desde el hígado", desde otro "yo" que no era yo, y, como relatan algunos psicóticos curados, "yo estaba allí, pero no podía hacer nada". Luego me incliné por otro diagnóstico: histeria, ya que hubo somatización. De cualquier manera, hubo desdoblamiento; y esto no lo esgrimo como disculpa (no quiero decir: "perdón, yo no fui"), puesto que, curiosamente, todo ese "material loco" se ha incorporado a mi consciencia "normal": Princesa, lo que estuvo mal es la forma, pero no el contenido. Una forma muy dramática, muy dolorida (y que, supongo, también ha causado mucho dolor). Ayer te di por teléfono, en un momento bastante lúcido, una mini interpretación de los hechos: me puse a hacer un relax, durante el cual mi "inconsciente" "se voló" y te fue a buscar, y vos lo sentiste como esas "oleadas" de mí; luego, al ver que no respondías a mi reclamo, cuando llegó el viernes comenzó la depresión y el sábado vino el berrinche. Hoy creo que todo esto es cierto, pero con una variante: el Inconsciente es mucho más vivo que en ese papel que le he adjudicado; él sabía que no ibas a venir, y preparó todo el drama con gran minuciosidad —después de todo, cumpliendo mis sugestiones: que iba a superar mis dificultades, que iba a mejorar la salud, que iba a tener más confianza y seguridad—, para poder hacer que mi mezquina consciencia admitiera algunos hechos que hace tiempo estoy tratando de negar. Fue una revolución terapéutica (aunque maldita la gracia que me hace).

¿Qué era lo que estaba negando, y que me perturbaba tanto? Ah, Princesa... cómo no negarlo... y qué duro fue aceptarlo. El hecho es: "La Princesa no te ama como vos pensabas". Es muy duro aceptarlo después de haberlo vivido intensamente, después de haber creído que era amado por primera vez en mi vida. Es muy duro "volver a lo de antes", a esa desvalorización afectiva. Claro, me amaron, como me amás vos, "a su manera", más de una mujer. (Como dice Discépolo, "¿cómo una mujer no entiende nunca que un hombre da todo dando su amor?").[1] Pero yo sentí, esta vez, que era distinto. Sin embargo, la señal de alarma empezó a sonar y yo no la escuché; empezó a sonar desde la aventura piriapolense,[2] pero para escucharla tuve que pasar por este infierno del fin de semana (castigo al narcisismo, a la consciencia mezquina, a la omnipotencia). Conclusión: debo aceptar que en esta vida no me han tocado los grandes banquetes, sino las migajas que caen al piso o quedan sobre el mantel. Está bien: seamos humildes, y demos gracias a Dios por las migajas; otros ni siquiera eso han merecido, ¿por qué no conformarme con mi suerte?

Si en mi escala jerárquica la Princesa ocupa el primer lugar, en tu escala las cosas son bastante distintas. Esto es un hecho, y hay que aceptarlo.

En el primer lugar de tu escala, y dejando muy poco para todo lo demás, figura tu profesión y tu trabajo (que no es lo mismo, pero se te mezclan). Eso está muy bien, y yo debería tratar de imitarte. En realidad, no tengo celos de tu trabajo, hasta tal punto está integrado a tu persona; sos casi impensable fuera de él. Después de todo, así te conocí y así te descubrí y así te amé y te amo. Fuera del consultorio eras una figura casi inexistente.

Pero aquí hay que abrir un paréntesis, y explicar la doble finalidad de tu trabajo: 1) la vocacional, en la que te realizás, crecés, volás y tocás el cielo, y 2) la escapista, que te lleva a limitar tu vida, a estrechar tu consciencia de vos misma y a relacionarte mal con el mundo. Yo pensaba que se podía salvar la vocación y al mismo tiempo permitirte un desarrollo en las otras esferas de tu ser; que se podría disipar el trabajo como escape y jerarquizarlo, ubicarlo en su lugar (primordial, sin duda, pero no loco). Intenté que practicaras el relax, como forma de irte armonizando contigo misma, pero no lo aceptaste. En consecuencia, cuando te ves "encerrada en una ciudad", es decir, cuando perdés el control del tiempo y te ves a solas contigo misma, sin ningún recurso de evasión, te ataca la fobia, te perdés a vos misma. En consecuencia, toda tu argumentación acerca de la necesidad de trabajar para ganar dinero es inconsistente; trabajás para huir de vos misma, y la prueba está en que nunca valorás tu trabajo en el dinero que le corresponde, podés trabajar por la mitad del sueldo, podés limitarte a un consultorio económico, y declarás ni siquiera saber, no ya cuánto cobras, sino cuántos pacientes tenés. Y el dinero tampoco te interesa, al punto de disiparlo sin darte cuenta (yo, con tus entradas, hoy seguramente tendría una impresionante cuenta en el banco, o un colchón lleno de dólares). *No trabajás por dinero, sino por angustia.*

Cierro el paréntesis, y continúo: los siguientes tramos de tu escala jerárquica son aparentes, pues están articulados "socialmente" y no personalmente: 2) tu hijo; 3) tu madre; 4) tus relaciones profesionales (y me salté un X) que no sé bien qué escalón ocupa: tu marido). Todo eso es *pour la galerie*, en una confusa mezcla de culpa, sentido del deber y sensibilidad al qué dirán, con muy pequeños espacios, muy pequeños y muy mezquinos, para los afectos. De alguna manera, todos esos seres están afectivamente inmolados al dios del Trabajo Evasivo (no tanto a la vocación, porque la vocación es buena; en sí misma no exige —ni admite— inmolaciones, más que la propia). *Vivís rodeada de una cantidad de seres mendicantes de tu afecto: pacientes, familiares, amigos, y lo das en la medida de tus posibilidades —que son bastante pocas.*

Después vengo yo. Lo digo con una mezcla de pena (por el después) y de vanidad (porque represento una fractura en tu sistema). Yo soy un elemento casi impensable en tu economía. Desde un punto de vista lógico, no podía haber sucedido. Sin embargo, existo. Soy una fractura, una ruptura, una irrupción de realidad y vida; casi un milagro.

Por otra parte, me siento como "un objeto sexual", lo cual no está mal cuando uno está llegando a los cincuenta, y también debo dar gracias a Dios por ello. Por momentos, subo en la escala jerárquica y trepo al primer puesto; dura lo que un lirio, pero ya es mucho. Por unas horas podés abandonar roles y máscaras, y aparece tu bellísima cara que nadie más que yo conoce.

Ahora bien: yo quería mas que eso, y tal vez de ahí vengan las distorsiones. Pero vos también querías, o querés, más que eso, y de ahí también vienen los conflictos.

Yo puedo ocupar el sexto peldaño en tu escala, pero vos querés ocupar el primero de la mía (como efectivamente sucede). Ambos somos hijos únicos y queremos ser únicos. Conseguiste que te entregara mi don más preciado, que es la libertad; pero no has sabido aceptar este sacrificio (gozoso, por otra parte), y te has llenado de sospechas y dudas. Desde un primer momento me has identificado con otra persona y me has atribuido una mentalidad que no es la mía y te has defendido contra procederes que no son los míos. Tenés miedo que pase a depender de vos económicamente, lo cual no está ni en mis planes ni en mi naturaleza. Te has rodeado de un exceso de cautela que me resulta indigno y asfixiante. No tenés confianza en mí. Tal vez porque no tengas confianza en tu amor* me fuiste cercando (como

---

* Sobre el tema, lo más reciente: "¿Es económicamente posible pensar en cuatro viajes por mes?". ¡Princesa! Yo no tenía confianza en mí, vos hiciste que la tuviera y me lanzara a esta aventura (a estas dos aventuras) bonaerenses. Hace tres años, todo era imposible; ahora, que pasé a sentir que todo es posible, me salís con eso. ¡Mujer de poca fe! (Y sin tu fe, todo vuelve a ser imposible para mí, y también para vos.)[3]

en un sueño que tuve hoy, apretando la horca). Vos tenés todos los hilos en tus manos; venís cuando querés, pero yo no puedo tener otras relaciones, porque "ensucia" nuestra relación; todo debe transcurrir en el secreto más oprobioso, porque después de todo no es más que una relación "de piel y sexo"; la sensibilidad al qué dirán puede más; yo debo estar en mi casa, sin salir, esperando tu voz por teléfono; yo no puedo llamar; yo no puedo visitarte; yo soy el sujeto femenino, pasivo, cada vez más encerrado, cada vez con más frío junto a la estufa, cada vez más librado a los recursos de su fantasía para fabricar falsos estímulos vitales. Yo no puedo tener amigas. Ni siquiera amigos, porque debo estar atento al teléfono, que es casi lo único que tengo. Desde luego, vos no pretendés ni deseás que esto sea así; pero se da así porque estoy obligado a reprimir el impulso sexual, lo que me lleva a "alejarme de las tentaciones" por un movimiento automático de defensa.[4] Yo debo ser una especie de Superman autoabastecido: debo bañarme, vestirme bien, tener un lindo apartamento y mantenerlo limpio, debo ser activo, exitoso, laborioso; debo moverme ágilmente por las calles, amar el sol y el aire, levantarme temprano y acostarme temprano, y además escribir bien, responder inteligentemente a los entrevistadores y, de paso, ganarme la vida de modo aceptable, con el único estímulo de una visita quincenal, de 18 ó 24 horas, durante las cuales puedo comer ricas comidas, tomar ricas bebidas y hacer el amor. 24 horas en quince días son exactamente el 6,66 %. El 93,33 % de mi tiempo debe transcurrir en la aridez sin estímulos, en la tensión de la espera, en el encierro y en los cálculos de cómo sobrevivir.

Te decía, ayer, o te decía mi hígado, que me transmitís un doble mensaje: uno transcurre en las palabras (y en el modo de decirlas), el otro en los hechos. Has sabido fabricar la ilusión de tu presencia; he llegado a vivir con un fantasma (y me voy transformando en un fantasma yo también). Las palabras: "Qué difícil se hace vivir separados; una semana ya es el límite máximo; no sabés cómo te siento junto a mí; tuve un sueño contigo", etc. Los hechos: venís cuando te lo permiten los cinco peldaños de tu escala que están antes que el que yo ocupo.

Princesa, cuando hablamos de estas cosas, vos me decís con rabia y desprecio que "bueno, ahí tenés tu libertad". Esas palabras, "tu libertad", son escupidas con odio; para vos, "libertad" significa promiscuidad, perversiones, lujuria y cosas por el estilo. Y en el tono de voz está implícito: "Ahí tenés tu libertad, ahora atenete a las consecuencias". Princesa, si realmente me amaras, amarías mi libertad; no sería enemiga tuya, sino cómplice. Por otra parte, yo no estoy reclamando "mi libertad", sino tratando de encontrar los medios de sobrevivir a esta situación tan difícil, que si quisieras podrías hacer más fácil.

Yo quiero poner las cosas lo más claro posible, ahora que se ha roto el dique y mi consciencia puede admitir estas cosas. Creo que tenemos que darle a nuestra relación su status real, y para eso tenemos que saber cuál es. Yo veo tres posibilidades:

1) Es una relación "de piel y sexo" (aunque la piel y el sexo abarcan mucho más de lo que uno piensa), y entonces debemos dejarla ahí, sin preocuparnos por ulterioridades: vos venís cuando tu piel y tu sexo te lo exigen, y en tanto te lo exijan; la frenética diversión de dos veteranos en algunos fines de semana. Esto no puede ni debe comprometer a ninguno de los dos ni tocar lo que es el resto de sus vidas: trabajo, amistades, diversiones. Sólo nos llamaríamos por teléfono para combinar día y hora.

2) Es una relación de pareja. Se da con las características con que se ha venido dando: territorio, cocina, problemas, ayuda mutua. En este caso, hay compromiso a fondo, y cada uno debe luchar a brazo partido por ir levantando todos los obstáculos prácticos que nos mantienen separados,

y sobre todo los obstáculos psíquicos. Es necesario enfrentar un cambio. Si las personas fueran un esquema fijo, inmutables, ¿qué sentido tendría tu profesión? ¿No cambian tus pacientes? ¿No hay ninguno que veas abrirse, crecer, transformarse?[5] Yo debo esforzarme en todo lo que vos querés que me esfuerce, y que ha sido detallado en otra página. Pero vos también debés esforzarte por realizar algunos cambios, y particularmente en algo que todavía no he visto: la consciencia de tu trabajo evasivo. Debés trabajar menos y ganar más, debés desarrollar la vocación y toda tu maravillosa capacidad profesional, instalándote donde más te convenga y cobrando bien. Para ello es preciso que admitas que estás haciendo las cosas mal. Hay que evitar los viajes frenéticos, tenés que crear un tiempo para vos misma y atreverte a mirar en vos misma aunque no te guste lo que veas. Hay que convencerse: sin estos cambios, no es posible una relación real de pareja. Yo creo que es posible, basándome en los resultados de mi influencia. Vos, conmigo, te abrís y te ves y te aceptás, hasta que llega el momento de partir y volvés a tus disfraces. Los disfraces deben caer; no son necesarios, aunque lo hayan sido durante muchos años. Tu profesión no debe ser un disfraz; es más, te diría que debés vivir siempre como el rol profesional (siempre que éste sea en su forma más elevada y que te es más natural). El ser que aparece entre mis brazos no es muy distinto del que conocí en el consultorio; es simplemente el mismo, pero más libre, llevado a su grado máximo. Del mismo modo, yo contigo soy más escritor que nunca (a tal punto, que fuiste vos quien deshizo —*malgré toi*— mi disfraz de oficinista). Creo que tenemos el don de potenciarnos en nuestras mejores cosas —siempre que nos demos la oportunidad; sobre todo, siempre que tengamos confianza y nos entreguemos plenamente, sin cálculos, sin esa maldita prudencia que termina por frenar y liquidar todo. (Estos cambios, que considero indispensables, no los exijo ni los pienso de un día para otro; lo que sí debe ser inmediata es la respuesta tuya, si estás de acuerdo y dispuesta a enfrentarlos.) (Y teniendo en cuenta que tenés todo mi apoyo.)[6]

3) Es una relación informe, indefinida, que busca su camino y no acierta a manejar la idea clara de su futuro. No sabemos exactamente qué queremos, qué estamos dispuestos a sacrificar, hasta dónde podemos llegar. Debe predominar la prudencia, la cautela, la sobriedad —hasta que se vea una dirección más clara. Es casi el mismo caso de 1), pero al cual no se le cierran las puertas de un futuro que puede apuntar a 2). Pero en este caso, también es indispensable una libertad absoluta.

Está claro, Princesa, que yo me he jugado al caso 2). Pero también está claro que vos no te has jugado, aunque tengas ganas; oscilás entre 1), 2) y 3), y tu mensaje es confuso y me hace daño. Lo que no quiero es seguir jugando solo, como un pavo, a un juego que el otro no juega. Yo te entregué mi libertad, exijo a cambio tu libertad. Si no querés entregarla, no me exijás la mía. Es muy claro, y no da lugar a ironías. Si exigís mi libertad (y la has recibido entera), no tenés derecho a ir una fiesta cuando yo te exigía que ese tiempo me lo dieras a mí. Lo que yo estoy sacrificando es mucho más que una fiesta; toca lo más profundo de mi ser y me coloca a menudo al borde del abismo.

Princesa, en mi concepción del caso 2) lo que pretendo es que cada cosa ocupe su lugar real; no deseo quitarte nada (o sí: quitarte una forma neurótica de vida), sino dártelo todo: que tu hijo sea tu hijo y no una obligación social y una culpa; que no sea un espantajo sentado ante un televisor; que tenga a su madre mucho más que antes; que tu madre sea tu madre y no tu madrastra; que tu ex marido sea tu ex marido y no tu marido; que también tus amigos sean tus amigos y no obligaciones culpables; que tu dinero sea tu dinero para darte seguridad y comprar las cosas que necesites, y no una excusa para eludir tu realidad; que

tu vocación pueda realizarse plenamente; y que yo mismo ocupe el lugar que me corresponde, como el compañero que vos elegiste para vivir nuevamente una primera* de la vida, y con quien envejecer juntos amable y dignamente.
Con todo mi amor y todas mis lágrimas,

J

P.S. Seguí pensando en el tema: el sexo, ¿es o no es lo más importante? Llegué a la conclusión: es lo más importante cuando falta, como el agua de la canilla, o la luz eléctrica. Ahí uno se da cuenta de que no puede vivir sin él. Por mi parte, leyendo a Lin Yutang, encuentro que, según los chinos, "la pasión entre marido y mujer es el fundamento máximo de toda vida humana normal".[8] (*Pasión*, que no es exactamente "sexo".) ¡De acuerdo con los chinos!

P.P.S. A las 22:45 me pregunto cómo estarán actuando en nosotros las proyecciones cruzadas de los edipos, las contratransferencias y toda la milonga. ¡Fiu![9]

leer y devolver

Lunes 6 de junio

Un largo sueño, con muchas partes que se desarrollan en el interior de una casa en el campo; hay varias personas desconocidas, y entre ellas una figura un tanto familiar, aunque poco definida (podría ser Cándido); es, probablemente, un sacerdote. Hay ambiente de conversaciones que se va volviendo tenso, no por las conversaciones en sí mismas sino por hechos que deben desarrollarse —algo que proviene del exterior, y que tiene que ver con una revolución o algo similar.

---

* Hermoso lapsus: quise decir "primavera"; el Inconsciente lo vive como una *primera* vida.[7]

En determinado momento, alguien que hasta ese momento había tenido hacia mí un trato normal me dice que me va a torturar y utilizarme como cebo para atraer a algunas personas que se han fugado, y que espera vengan a intentar salvarme. Para ello, utilizará un saco o campera, que era un regalo que me había hecho el sacerdote, un saco parecido a mi saco de lana marrón, y que en el sueño tenía un valor histórico (además de servirme de abrigo); un saco probablemente medieval, que había sido creado por la Inquisición (o algo así) justamente como instrumento de tortura; para ello, tenía un dispositivo cerca del cuello, que ese hombre iba a activar (una especie de "garrote vil", con un palo que al girarse iba apretando una horca contra el cuello). Yo me imagino el tremendo dolor y exclamo: "¡Pero me podés matar!"; y el tipo no se preocupa por eso, y prepara las coas para llevar adelante sus propósitos. Luego medio me despierto, con la mente actuando sobre las imágenes del sueño para quitarles peligro: digo que tengo que ir a orinar (lo cual es cierto; me he despertado o me estoy despertando, por ese motivo), y me meto adentro de la casa (pues la última parte del sueño se desarrollaba al aire libre, alrededor de una mesa), buscando cómo fugarme; ya despierto, imagino que encuentro un arsenal y agarro un par de revólveres.

[44] 15 DE JUNIO DE 1988

Buenos Aires, miércoles 15 de junio 88

Princesita mía,
iba a empezar diciendo: "hace mucho tiempo que no te escribo". Eso debe ser, pienso, porque realmente hace mucho tiempo que *yo* no te escribo; porque *yo* no estaba. Hoy aparecí, y de una manera muy peculiar. Resulta que me desperté peor que nunca, incluso transpirando (y no

porque hiciera calor), ante imágenes horribles y preocupaciones torturantes. Me levanté como pude; sentía que no podía más. Hice mi paseo matinal pre-gimnasia, algo que estoy haciendo espontáneamente como para empezar a sentir el cuerpo cuando me levanto en estos días tan fríos, y no podía parar; caminaba de aquí para allá por la casa, siempre rumiando feos pensamientos o cuasi-pensamientos. La cosa siguió así, de mal en peor, hasta el momento de afeitarme. Cuando me vi la cara en el espejo, demacrado, sufriente, algo en mí le dijo a esa imagen: "¿Pero no era vos el que quería angustiarse? Entonces, ¿de qué te quejás?". Fueron unas palabras mágicas que instantáneamente me hicieron sonreír, y poco a poco me fui sintiendo bien. La cosa se completó con unos paseos por el mundo exterior, el segundo de ellos hasta Pluna.[1] Había un sol hermoso, benigno, típicamente otoñal (casi primaveral). Por primera vez en casi un mes, mis ojos veían con claridad. El sol me obligaba a sonreír. El aire era una delicia, especialmente en la plaza. Estuviste junto a mí todo el tiempo, todo el tiempo.

A la vuelta, siempre a pie, le di una patada a la sombra y me compré algo de ropa (bah, media patada, porque eran ofertas: una camiseta y dos pares de medias por 30). Y mientras disfrutaba del estado de ánimo trataba de comprender dónde estaba el secreto, cómo puedo hacer para quedarme así, pero no conseguí mucha cosa. Más tarde se desbloquearon, como suele suceder, algunos asuntos trabados. Es evidente que uno genera ondas que los demás perciben (incluso los objetos), y de allí surgen rechazos y aceptaciones.

De mis cavilaciones, guardo dos puntos interesantes: uno, que ya no puedo acostumbrarme a estar sin dinero; la sombra se hace fuerte, y debo evitar darle buenas razones. Claro que es un círculo vicioso; la preocupación por ganar dinero alimenta a la sombra, y la sombra me impide razonar correctamente para ganar dinero. No he vivido ese periodo de despreocupación ni me he ocupado mayormente de escribir o de hacer lo que me gusta. Sin embargo, no puedo evitar esta cautela excesiva. Creo que todo viene por mis dificultades con el relax; no he tenido la mente lo suficientemente estable como para conseguir un relax limpio; seguramente se me infiltran imágenes y preocupaciones que desvirtúan todo. Como es el único medio con que cuento y en el que confiaba para mantener el espíritu alto, ahora no sé bien cómo manejarme. Voy a insistir con el relax, a ver si paso ese punto difícil y consigo imponerme.

El otro tema de mis cvavcilaciones (lapsus: *vacilaciones* en vez de *cavilaciones*) es este amor monstruoso que me ha aparecido. Nuestro último encuentro fue terrible. Creo que hemos transgredido ciertos límites; no puedo evitar pensar en la palabra *pecado*; al menos, en mi caso. Ciertamente, aparece un fuerte componente religioso. Caramba, aparecen muchas cosas grandes, son muchas y muy grandes para mí. Estuve archivado durante tres años (ya sé, ya sé lo que me dirías), y congelado durante cinco o seis, contemplando inmóvil como día a día mi espíritu se evaporaba, mis sentimientos se fosilizaban, mis palabras se trivializaban. Ahora, por obra y gracia de tu magia, todo quiere volver, y vuelve, y no lo soporto. Las emociones se encuentran con un cuerpo viejo que ya no puede expresarlas ni sufrirlas, así como los manjares se encuentran con un hígado enfermo que no puede digerirlos. Por otra parte, te he cargado de tanto contenido que no sé cómo hacés para no reventar; tu cuerpo es mi altar, tu alma es mi dios; deseo devorarte como a una hostia. En estos momentos estoy haciendo penitencia, rogando a Dios que perdone mis desvíos; lo malo del caso es que no estoy seguro de ser completamente sincero. Creo que hay algo que no está bien en el dogma, y me gustaría poder instaurar alguna pequeña herejía.

Llamé a Carla por teléfono; le faltan 13 días para dar a luz, y parece que el gurí está al revés, "de nalgas"; esperan que se dé vuelta a tiempo.[2] La había llamado hace unos días y me había quedado una espina dolorosa; me dice que me extraña mucho, y me lo dice con una voz muy sentida y convincente. Hoy le hablé de un modo inusualmente cariñoso. Me pregunto una vez más qué estoy haciendo aquí, en esta ciudad, cuando todo transcurre en otros lugares. Creo que éste es el punto clave, mi falta de convicción para afincarme aquí. En algún momento estaba todo muy claro; hoy todo parece hacerse bastante claro pero en un sentido opuesto. Para complicar un poquito las cosas, cabe la posibilidad de que Nicolás se venga a instalar en Buenos Aires.[3]

Mi amor, mis sentimientos van más allá de las palabras y aun de mi capacidad de sentirlos; tengo miedo de que el pecho me estalle. Estuvimos jugando con la vida y la muerte, y el precio es muy alto. Mi amor, no sé adónde va a parar todo esto; necesito de tu mente lúcida para ordenar un poco el caos (yo puedo ayudarte a ordenarte administrativamente, pero no puedo ayudarme a mí mismo con esta masa retorcida de emociones quemantes).

Quisiera tenderme al sol, sobre el pasto o la arena; sentir la atracción magnética de la tierra sobre mi espalda; dejar perder la mirada en el horizonte, en un cielo que se deshace en la puesta de sol; dejar subir la simple felicidad de ser. Por supuesto, a tu lado. Mi amor.

J

[45]   16 DE JUNIO DE 1988

16 de junio 88

Princesa,

de la cama a la máquina de escribir; sin pasar siquiera por el baño ni ponerme las medias. Nuevamente me desperté (después de algunos sueños que recuerdo fragmentariamente) poseído por la Sombra; o, mejor dicho, enjuiciado por el superyó; o, todavía mejor dicho, "expuesto a la luz de la consciencia" por obra del Inconsciente. No me cabe duda de que es el producto del relax (que ayer, después de escribirte, me salió muy bien), y es la irrupción en la consciencia de partes de mí mismo violentamente rechazadas. Algo muy parecido a *Desplazamientos*; te imaginarás qué difícil es vivir todo esto. Sin embargo, los contenidos no son específicamente sexuales, salvo cierto pasaje de un sueño (en el sueño, mi padre me entrega una revista que contiene historietas; la historia trata de una barca con pescadores; en la barca hay una mujer con un traje de baño de dos piezas; en la parte superior del traje de baño, que es blanco, tiene pintados unos círculos negros, que en la linealidad del dibujo de historietas aparecen como pezones; atraen mi mirada pero, por vergüenza ante mi padre, finjo no prestar atención) (en otro pasaje del mismo sueño, hay un callejón, iluminado a medias por luces de locales; nosotros podemos manejar esas luces, y yo cambio la iluminación, encendiendo las luces de otros locales; mi padre opina que es mejor la otra iluminación, y vuelve a cambiarla) (creo que por eso hablo de "la luz de la consciencia"). Creo que en este sueño mi padre no equivale exactamente al superyó, sino a un yo moral; no me está juzgando, sino permitiendo que me conozca y me juzgue. Ay, Princesa, no me gusta nada.

Es, sin embargo, una forma de terapia. Esos contenidos están, y están actuando secretamente; deben salir a la luz. No sé cómo integrarlos y seguir viviendo, seguir teniendo confianza en mí (si es que la tuve alguna vez). Los pensamientos, al despertar, no tenían relación directa con el sueño pero acumulaban situaciones en las que yo hago un papel ridículo vergonzoso, mezquino o tramposo. Me veo a mí mismo con una maldita habilidad para engañarme, engañar, hacer malabarismos y, en definitiva, fracasar. Las situaciones evocadas (que no pienso relatar, ¡por Dios!) no son espectaculares o dramáticas, salvo para mí; son cosas intrascendentes, pero muy reveladoras. Me hacen sentir como una basura. Sin embargo, Princesa, al mismo tiempo estoy contento —no entiendo nada. Por unos momentos, próximo al despertar, temía por mi razón y por mi futuro; me veía encajonado en una situación sin salida y mi mente patinaba, tratando de escapar de la realidad que se me estaba imponiendo. Ahora me siento bien y tengo ganas de reír.

Princesa, flotando por encima de todo esto, y al lado mío en todo esto, y aun dentro de mí, estás vos. Creo que te has superpuesto un poco con la figura de mi padre (parece mentira, mamá). En realidad, sos vos que, desde mi mente y ahora desde el papel, me está exigiendo que rinda cuentas; y es a tu mirada a la que temo; sos el punto de referencia con el que me comparo: en resumen, me he sentido indigno de vos, y con mucho temor de que te des cuenta de que lo soy.

Desde luego, todo esto es una cara de la moneda. He pataleado para traer a la superficie algunos valores que debo tener; he tratado de reorganizar mi imagen; todo es inútil, o todo sería inútil, sin esta confesión. Si algo puede redimirme y hacerme más aceptable ante mis propios ojos, es la confesión.

Ya está.

J

De tarde: sigue el tema de la Sombra. Hoy, en el momento de salir para una cita importante, me quedé paralizado porque hice consciencia de mi aspecto. Fue buscando un saco, para cambiarme la campera que venía usando porque hoy no hacía tanto frío; el saco que pensaba usar, el más adecuado para esta temperatura, tiene el forro hecho jirones; tendría que llevarlo siempre abrochado y estar atento de que no lo abra distraído. Luego advertí que la propia campera que uso habitualmente, y que el año pasado me quedaba bien, está sucia. Si lo sumamos a los zapatos, al pelo largo y al eczema, la impresión global es tan lastimosa que, de veras, para animarme a salir a la calle e ir donde tenía que ir, tuve que recurrir a toda mi fuerza de voluntad. Para colmo, adonde iba es uno de los lugares que pueden significar trabajo o el desarrollo de algún proyecto; desde luego, no me atreví a mencionar el tema. Un cálculo aproximado me dice que debo gastar entre 200 y 300 dólares en ropa y zapatos, porque al pensar en proyectos, trabajo, etc., mientras me miraba al espejo, me vino la frase: "¿Usted confiaría en este hombre?".

Ahora bien: no sólo está de por medio el gasto (gran riesgo; casi dos meses de alquiler), sino mi falta de experiencia y de gusto para comprar ropa; temo, como me ha pasado más de una vez, comprar algo que después no pueda usar. Sería bueno que estuvieras acá y pudieras acompañarme y ayudarme a elegir.

Por otra parte, sigo andando por el barrio, tratando de "hacerlo mío", pero no hay caso. La impresión constante es que estoy de visita en una casa ajena; mi corazón sigue estando donde está mi tesoro. (Me refiero a vos, boba.)

Besos grandes, mi amor.

J

[46]   20 DE JUNIO DE 1988

20 de junio 88

Princesa,
después de tu llamada de hoy, con lectura de pasajes de mis cartas, se me hizo muy claro el panorama de lo que está pasando (al menos conmigo); lo que no sé es cómo se resuelve. En realidad, perdí mi momento oportuno de

reaccionar —o lo hice pero me arrepentí, porque todo se sitúa, en esta visión de hoy, en el momento en que rompí una carta que te había escrito. En esa carta reaccionaba duramente y estaba dispuesto a jugarme lo que fuera, pero después me acobardé, y la rompí. Toda la historia posterior, hasta el día de hoy, es la consecuencia de esa cobardía.

La carta había sido escrita como reacción a una escena de celos, que para mí fue muy impactante. Tengo grabada a fuego en mi memoria la imagen de tu cara llorosa, y el sonido de tu voz desesperada, diciéndome que no podías soportar una situación así, que te hacía sufrir mucho. Allí se me instaló una culpa que me domina hasta el día de hoy, y no sé cómo hacer para librarme de ella. En la carta recuerdo que te decía que había sido una operación castradora. Y en efecto lo fue.

También recuerdo que te decía algo así como que "las mujeres nunca terminarán de aprender que un hombre castrado lo es para todas las mujeres, que termina no sirviéndole a nadie, ni a sí mismo".

Pienso en mi intento frustrado de escribir la tercera parte de mi novela, que debería llamarse *La restitución*;[1] hoy se me hace claro por qué lo que escribí no sirvió y por qué no pude volver a trabajar en eso; porque si bien hubo una restitución (el famoso sueño en el que me devolvías la vesícula),[2] después estuvo esa operación de llanto que volvió las cosas como estaban. Pienso también en el cuento que escribí,[3] iluminado ahora por el sueño que escribí el otro día y sus asociaciones; en ese cuento, una mujer, M., con mucha clase, elimina a sus posibles rivales. Fuera del cuento, esa historia con M. termina con una "castración", es decir, con la primera operación (creo que en 1971).[4] Esa operación, en el sueño se superpone con la otra, de 1984, en la cual cumpliste un rol importante, y así aparecés como el cocinero que corta la carne en tajadas para ponerla en la heladera (cortar y congelar). Muchas veces me encontraste "congelado". Y he vuelto a perder el poder de digerir la comida.

Creo que lo que me mantiene un tanto activo es (siempre psicoanalizando) el propóleos, porque tu carta "de la restitución" venía en la realidad acompañando un frasco de propóleos. Así, tus virtudes mágicas positivas quedaron impregnando al propóleos. A pesar de todo, a veces "me quedo sin oxígeno".

Tu papel, como siempre, es ambiguo o, mejor dicho, doble. Das y quitás al mismo tiempo y casi por el mismo acto. Tu poder sigue siendo absoluto. Ahora, sin embargo, por más que intentes una "restitución", son intentos verbales, que no tienen la fuerza de convicción del llanto, o la fuerza de convicción del sueño. Cuando yo soñé que me devolvías la vesícula, y a las pocas horas me llamaste por teléfono para decirme que me mandabas una carta con una amiga, allí hubo una evidente conexión telepática en la cual yo recibí no sólo la información, sino un fuerte impulso erótico —que sólo tiempo después aparecería claramente en otro sueño. Eso bastó para ponerme en marcha y desatar todo lo que sucedió después: mi lucha por "tu permiso" en julio,[5] mi dinamización y fortalecimiento en agosto, el sueño y el enamoramiento consciente en septiembre y, con toda esa fuerza de la restitución y con toda mi libertad y con toda mi confianza, tracé los planes de una liberación total: empezar a escribir otra vez, ganarme la vida de otra manera, tener tiempo libre para el ocio y la creatividad, en fin: que estaba empezando a llegar a Buenos Aires para realizar tu plan inicial, pergeñado en 1984, y que yo había postergado, metiéndome en un trabajo de oficina, justamente porque no tenía la plenitud de mí mismo y tenía miedo.

Pero todo esto se quebró con aquella escena del llanto, y de ahí en adelante todo se volvió confuso, dual, ambivalente, dramático; y se reforzó con tu voz temblorosa cuando por teléfono me dijiste que te daba terror que yo dejara mi trabajo; todavía resuena en mis oídos.

Entonces, mis planes siguieron adelante, pero sin la fuerza que los había gestado; el que hizo los planes desapareció, y fue sustituido por un hombrecito vacilante y temeroso, congelado y depresivo, siempre cuidadoso de no hacer nada que pueda provocarte un nuevo sufrimiento, siempre con el temor de dañarte o de perder tu amor.

Princesa, el poder sigue siendo tuyo; yo no tengo recursos. El Inconsciente se burla de mis sugestiones; no soy quien lo puede manejar, porque está incrustado en tu ser.

Ya ves que estamos siempre pensando en las mismas cosas, siempre trabajando sobre un mismo material; no necesitaríamos hablarnos; la conexión espiritual es absoluta. Lo malo es que por más que quieras ahora liberarme o restituirme, lo hacés racionalmente y por medio de palabras, mientras que los hechos han seguido encadenándome. No creo que pueda decirte qué hacer, ni que vos misma puedas dirigirlo; todo sucedió hasta ahora espontáneamente y con la fuerza de la magia, y es esa magia la que deberá actuar, de la manera menos pensada, si querés, como decís, "volver a septiembre".[6] Creo que sólo por tu convicción profunda se encontrará la fórmula. Pero te adelanté que tengo mucho miedo de perderte.

J

[47]   26 Y 27 DE JUNIO DE 1988

27 de junio 88

Señora mía,

esto pretende ser una versión más serena y, si se quiere, más madura, de una carta que escribí anoche y que no sé si voy a conservar (en todo caso, tendrás dos versiones). Hoy me desperté con una frase que en cierta forma sintetizaba la carta: "estamos en una lucha de poderes". Eso es muy malo, mi amor; diría que es lo peor que puede pasar.

Lo último que recuerdo de tu voz es diciéndome algo sobre mi actitud con respecto a Los Olimareños.[1] Me trae muy malos recuerdos. Por otra parte me llevó a cierta reflexión: "Ella es la Princesa porque yo la hice Princesa: puse todo lo mío a sus pies, incluso a mí mismo; por desgracia, lo mío y yo mismo debemos ser muy poca cosa, porque no hemos encontrado un lugar en su vida. Ahora me reprocha mi intolerancia hacia Los Olimareños (y luego recordará que no acepté el mantelito individual);[2] sin embargo, ella ha sido intolerante con Louis Armstrong, Frank Sinatra, Art Tatum, Miles Davis y unos doscientos o trescientos nombres más que podría copiar de mi centenar de cassettes, grabados por mí de la radio, de cosas que me gustan, que para mí son importantes. No importa; aquí se escucha lo que ella quiere —salvo Los Olimareños: y esto basta para descalificarme, porque hay una rajadura en su poder, porque su poder no es completo. Claro, hay una rajadura más grande: no he aceptado la castración. Y de ahí viene todo lo demás".

Hay casos peores: como nada es casual, acabo de escuchar por la radio la noticia de que una mujer, en Brasil, le cortó el pene al marido, por celos (y ahora estaban tratando de reimplantárselo en un hospital). La mujer está presa, pero todavía no hay leyes contra la castración psicológica.

¿Por qué esa necesidad de poder absoluto, señora? ¿Y por qué ese poder debe ser necesariamente negativo? En una de mis primeras cartas te decía que tenías todo el poder sobre mí; que lo usaras bien. Pero no lo usaste bien, y entonces intenté rescatar algo de lo mío, para poder vivir; y no lo toleras.

Creo que no usaste bien el poder por razones de escala de valores. En una carta anterior te decía que ocupo un sexto lugar; ahora puedo sintetizarlo, diciendo que no estoy a tu nivel. Y ése es el punto clave. No estoy a tu nivel, ni puedo estarlo; por muchos motivos, y el motivo principal es que no lo deseo. Estaré muy por encima de tu nivel recién algunos años después que me haya muerto; muchos editores llevarán a mis costillas la vida que yo no pude llevar (pero que, en realidad, tampoco quise; así que hay cierta justicia).

Princesa, acabás de llamar por teléfono, con voz muy dulce. No pudiste sacarme de inmediato de estas cavilaciones, pero sé apreciar el intento de aproximación, el puente que se tiende sobre la grieta que estábamos ensanchando. Pero no quiero poner curitas sobre el cáncer; creo que hay que usar el bisturí.

He aquí el cáncer: *vos pensás que yo me juego porque no tengo nada que perder, y que vos no te jugás porque tenés mucho que perder.* Esto lo has dicho. Y yo no estoy de acuerdo, porque tengo otra escala de valores.

En mi escala de valores lo que cuenta es el ser, el amor, la libertad, el espíritu (todos nombres distintos de una misma cosa); aquello que se sintetiza en los versos de Ezra Pound: "Cantemos al amor y al ocio, que nada más merece ser habido".[3] Y a pesar de mis esfuerzos en contra, se me nota; creo que me sale por todos los poros —el desprecio por la sociedad y sus valores. Soy un individuo que sólo conoce individuos, y los aprecia por lo que son, y a veces por lo que hacen.

En la reunión del otro día (la presentación) había gente que me quería por lo que soy y por lo que hago, y había gente que se aproximaba o me "admiraba" de lejos por mi rol de escritor.[4] La tentación de concurrir a esas reuniones es por la primera gente, no por la segunda. No me hace feliz esa pequeña fama, y cuanto más grande fuera la fama más infeliz me haría. Como Hulk, sólo quiero que me dejen en paz;[5] y eso es imposible, porque para sobrevivir (o subvivir) debo venderme a mí mismo, debo sacrificar mi tiempo, mi precioso tiempo de ocio, debo organizar toda una forma de vida ridícula. Pero queda claro que, haga lo que haga, íntimamente me burlo de todo eso y odio todo eso y mis últimas palabras serán una maldición hacia todo eso.

Vos estás en las antípodas: en tu escala de valores lo primero es la imagen social, y podés sacrificarlo todo a eso, incluyendo el amor (y no hablemos del ocio). Por eso no vacilás entre la opción de ir al casamiento o venir a verme; ni siquiera se te llega a plantear como opción. Yo no soy nadie.

Cándido decía que yo era un santo.[6] Es una exageración poética, pero tiene una verdad de fondo: mi vocación es más de santo que de presidente. Como diría Discépolo, "quién más, quién menos, a mal comer, somos la mueca de lo que soñamos ser".[7] Pero amo a esta mueca, Princesa, y lo que uno sueña ser vive en uno y lo alienta a vivir, y no la cambio por otra cosa.

Cuando no pueda contener más a Hulk, vos misma, tal vez, te encargarás de destruirme las neuronas con electroshocks; vos estás del otro lado del mostrador; tenés el poder negativo que te confiere la sociedad, y no vas a renunciar a él, ni a arriesgarlo —aunque en el fondo de tu alma viva el Principito. Yo te amo a vos, es decir, al Principito que vive en vos y que yo rescaté y traje a la superficie; amo a lo más profundo y más verdadero que hay en vos; y vos temés a eso que yo amo. *Para defenderte de mi amor, organizás la castración y la clandestinidad; son los dos seguros que te protegen del oprobio social que significa mi mundo y mi persona.*

Acepto la clandestinidad, pero no la castración. Acepto vivir separados y vernos cuando nos sea posible (cuando te sea posible). Acepto quedar marginado de tu mundo que, de todos modos, no me interesa. Acepto no llamarte por teléfono, no visitarte, no escribirte. Acepto que pases el tiempo que quieras sin verme. No acepto la castración.

Y al no aceptarla, surge la grieta; no admitís rebeliones; tu poder debe ser absoluto, el control debe ser total: la castración, el mantelito, Los Olimareños. Empieza la guerra, fría y caliente: agresiones, directas o indirectas, crisis, fobias y abandono. Ahora pedís una tregua; pero no hay tregua mientras yo no pueda aflojarme, descansar; aprecio mucho "la única herencia que el viejo me dejó": mi sexo masculino. No venderé este rico patrimonio al vil precio de la necesidad.

J

26 de junio

Querida mía,
son las 23.25; la llamada prometida no se produjo, y estoy de nuevo enfrentando una crisis, tratando de ser razonable, buscando fuerzas para ser optimista —pero creo que no doy más: no puedo seguir luchando solo por los dos. En tu última visita recibí muchas agresiones, de palabra y de hecho ("el trabajo es el 100%", "mi libido está puesta en el trabajo", y los manejos con la llave, las sábanas, la cocina; más otras cosas que no puedo citar textualmente, como una de tus primeras frases al llegar, que me dolió tanto que la olvidé). Todas señales de algo que se termina, y se termina con bronca. Luego, la llamada del domingo ("aquí no ha pasado nada"), a la que repliqué, tal vez, con demasiado fastidio. Estamos tensos y exasperados; vos, hace rato, estás gritando "basta". Me doy cuenta de que te acorralé, metí los dedos en todas tus llagas y te expuse ante todos tus miedos y debilidades; también hice lo mismo conmigo, como te consta. Pienso que hace muy poco fantaseábamos con la casa que íbamos a comprar, con el castillo, y me pregunto qué pasó.

Me da pereza, porque es inútil, contar de nuevo toda la historia. Pero no puedo entrar en el juego de "aquí no pasó nada". No hay soluciones fáciles. Podemos entrar en el juego de treguas y pactos de no agresión, pero eso no haría más que prolongar una agonía.

Vuelvo a insistir: todo el asunto está en el doble juego. Yo acepto cualquier juego con reglas claras, pero quiero saber esas reglas. Quiero saber qué represento en tu vida. Quiero saber qué va a pasar dentro de un año y pico, o qué queremos que pase. Quiero saber qué vas a ceder, si es que vas a ceder algo. Quiero saber si soy un amante para ciertos fines de semana o el compañero de tu vida. No acepto el doble juego de los deberes del marido y ser en la práctica el amante ocasional. No me niego a ninguno de los roles, pero me vuelve loco (literalmente) la engañosa mezcla.

Soy el que no te puede visitar, el que no se puede nombrar, el que no tiene derecho a poner un pie en tu mundo, el que no te puede llamar por teléfono (a menos que acepte recibir continuamente baldes de agua fría); en tu mundo soy nadie. Lo acepto, pero debés comprender que yo tengo una vida (yo también), que transcurre no sólo en ciertos fines de semana. No podés guardarme en un estante y sacarme cuando te viene bien. Ojalá pudiera ser así; yo estaría encantado. Pero tengo que vivir, la mayor parte del tiempo sin vos.

Vos no querés compromisos, ni reglas, ni contratos; ni ahora, ni para dentro de un año y pico; no puedo siquiera agarrarme de un futuro lejano, hacer planes, ni siquiera fantasear (puedo fantasear, pero no me acompañás). Vos querés tener un dominio absoluto; *estar sin estar*.

Creo que fue a partir del momento en que comenzaste a darme cierta participación en tus cosas, cuando te asustaste y empezaste a dar marcha atrás. Hubo una última visita feliz, durante la cual quisiste que te ayudara a poner algunas cosas en orden, de tipo administrativo. Y de inmediato comenzó la guerra, la demostración de poder (y mi crisis, cuando el famoso casamiento).[8]

Fue entonces cuando estalló mi rebelión, y mi exigencia, de aclarar las cosas, y mi acorralarte para dejar al desnudo tus contradicciones e inconsistencias. Llegaste a palpar la ambivalencia y muchas otras cosas que no te gustan. Tengo aquí unas líneas tuyas: "¿Por qué no empiezo una terapia ya? Porque cuando quisiera transmitir esto daría una versión tan híbrida, porque lleva años resolverlo, porque no tengo ganas —en fin".

Es obvio que no querés cambiar nada; no vas a enfrentar a tu madre, ni a la paranoia ante el pueblo; tu libido seguirá 100% en tu trabajo.

¿Qué puedo esperar?

Apenas dejás esta casa (o antes de dejarla, mientras te preparás para el viaje), te ponés no un disfraz, sino una personalidad que, cuando llega allá, se ha olvidado de todo, o de casi todo (porque no te olvidás de los celos, por ejemplo).

Y aquí estoy, a las 00:02 del lunes, metido en tus cosas, como siempre. Esperando, como siempre, inútilmente. No me vas a llamar. No me vas a hacer un lugar en tu vida.

Es el triunfo de "tu madre" (de la culpa, de la dependencia). Me duele mucho perderte, y me duele más que te pierdas.

Pero no voy a repetir cierta historia conocida; yo no me engaño, sé que no es cierto que "aquí no ha pasado nada"; aquí están pasando muchas cosas tremendas.

Por más vueltas que le demos, está la realidad de mi absoluta disponibilidad y maleabilidad: vamos donde quieras, abandono lo que quieras, mi entrega es total; y como contracara, tu mundo rígido, inmutable, inmodificable, sin cabida para mí.

Vos decís que para mí es muy fácil, porque no estoy arraigado a familia, hijos, trabajo, etc.; mi querida, es muy fácil porque en algún momento fue muy difícil, y creo que me he ganado esta "facilidad" de hoy. Mi crisis de adolescencia se dio a los 26 años; no tengo la culpa que en vos se dé a los 41. De cualquier manera, la soledad no es fácil; suelo no quejarme de ella porque la elegí. Y así como la elegí, hice un paquete con ella y con mi libertad y te lo entregué atado con una primorosa cinta rosada. No lo has querido. Me duele que no entiendas el significado de esta entrega. En tus palabras hay otros contenidos: "Mi mundo es importante, valioso. El tuyo no lo es. Vos no tenés nada para perder, yo tengo todo para perder. Tengo una profesión valiosa, una posición social, estoy bien conceptuada entre la gente". Tenés razón, Princesa. Creo que eso es lo que quería decir el sueño aquél, en el que yo buscaba mi título de médico. Lamentablemente, no lo tengo. Lo que tenía, lo puse a tus pies: mi amor, mi soledad, mi libertad. Es poca cosa, lo sé, pero son las cosas sagradas que tengo; es lo que me permite vivir y quererme un poco.

No sé qué hacer con el paquete que no aceptaste. Tendré que reabsorberlo. No es una operación sencilla. Mientras tanto, me siento desnudo. Jugué todo, y perdí. Hoy sólo tengo la otra soledad; no la dorada (porque no tiene libertad), sino la sucia, la del abandono, la de mi casa vacía y oscura, la música que suena mal, las flores de tu última visita que agonizan en el vaso y hacen que todo sea más patético, y hasta ridículo.

No me di cuenta de que no estaba a tu altura, tal vez porque manejo otros valores y la sociedad me da entre risa y náuseas. Creo que vos también te equivocaste, aunque no me doy cuenta exactamente en qué punto. Tal vez empecé a perderte cuando dejé el trabajo, el cargo de jefe de redacción de la gran revista *Cruzadas*.[9]

Tal vez creías que podías manejarme más fácilmente, que me iba a quedar quietito en el estante. No sé, pero te equivocaste. No todos los hombres son iguales.

Y ahora, ¿qué hacemos?

A las 00:40, me siento por completo impotente. Ni siquiera sé dónde estás, desde dónde me está castigando tu silencio. Tengo mucho para llorar. Tengo que juntar mis

pedazos. Tengo que edificar cierta presencia para salir al mundo (mañana, qué horror, todo empieza de vuelta). El poder negativo es una forma de poder, Princesa, pero bastante triste. La espada de Pedro puede cortar una oreja, pero Pedro no puede restituir la oreja. Qué pena, Princesa, que no hayas usado tu poder para elevarme hasta vos. Podrías haberlo hecho.
¿Qué hacemos?
No quiero decir: "todo terminó", pero es obvio que algo terminó. Yo te decía: no hay nacimiento sin muerte, no hay muerte sin nacimiento. Espero tener razón, espero que algo nazca. Algo bueno. Es difícil imaginarlo hoy, que me siento entre ruinas (por afuera y por adentro), pero sé que en mí habita un optimista incurable (que no siempre se equivoca).[10]

J

[48] 12 DE AGOSTO DE 1938

Buenos Aires, 12 de agosto de 1988

Princesa,
la manteca está comenzando a ablandarse. Si no fuera por Louis Armstrong jamás habría escrito esta carta (que todavía no he escrito). Es el cassette de las crisis, el que comienza en su cara B con "Chau, no va más" y sigue con el Armstrong más melancólico. No lo busqué a propósito; voy poniendo mis cassettes por orden, como buen obsesivo, primero el uno, después el dos, hasta el sesenta y pico, y vuelta a empezar. Cuando noto que uno me aburre, me disgusta o no me dice nada, lo reciclo: borrar y empezar de vuelta. Anoche me fui a dormir con la cara A del cassette #50. Hoy, después de un día perro y con la merienda de las 22:00, cayó la cara B.[1] Y me fui ablandando.

Y me dieron ganas de escribir, tal vez como alternativa del suidicio (¿no será siempre así?). Te estoy escribiendo con la nueva bochita;[2] compará la letra con las cartas viejas. Es linda, ¿verdad? Algunas letras todavía no marcan bien; parece ser que las bochitas necesitan una cierta desfloración, o tal vez simplemente he sido nuevamente estafado por los porteños, como por ejemplo el de la heladera. La heladera se paró; por eso la manteca empieza a ablandarse, y minuto a minuto se irá poniendo más y más rancia. A 350 (no la manteca, sino la heladera; lo que pagué para quedarme sin heladera).[3] Mañana sábado, pasado domingo, lunes feriado (notable invento rioplatense: el feriado del 17 ahora es el lunes 15) (¿para qué? Para que las cosas se me pudran un día más en la heladera, ya no heladera sino armario hermético; aunque no sé, el martes, qué podré hacer al respecto. Quizás nada. Seguir esperando al hombre del service que, lo sé, no va a aparecer nunca más). Me preparé una ensalada, ésa que debería patentar, y quedó mal. Le erré a las proporciones porque no estoy acostumbrado a prepararla para uno solo. Decidí aprovechar los restos haciéndome una sopa, que acaba de llenar la casa de un olor a nabos agrios. Cociné las últimas tres salchichas, esperando de ese modo prolongar un poco su agonía. También rallé pan en la máquina, pensando en milanesar la carne que, desde luego, también está por empezar a podrirse. Rallé pan fresco, o sea que quedó grueso. Hago todo mal. Agarro las ollas sin el guante y me quemo. Uso el aparatito para encender el gas sabiendo de sobra que no funciona con la humedad que hay. Y me empeño. Después, con los dientes apretados, busco los fósforos. La bochita no mejora. Fíjate la h (pero ahora marcó bien). Y la M (¡ahora bien! ¿Por qué de un tiempo a esta parte los objetos se empeñan en contradecirme? Será porque sólo estoy rodeado de objetos. Con la gente no es tan malo, pero al objeto, ¿qué le podés decir? De todos modos, desde hace un par de días me da por hablar solo. Con mucha frecuencia. Fin del paréntesis).

Princesa, este viernes sin expectativas, sin puesta en escena, sin café de fórmula especial, sin baño (desde luego) —sin entrar en calor en todo el día, aunque por la radio dijeran temperaturas demenciales; yo di vueltas y vueltas por la casa, mascullando, con las manos en los bolsillos, hasta que me rendí y me metí en la cama. Allí estoy bien. Ahora me levanté por hambre, y me siento más templado. Un día en blanco, sólo matizado por las llamadas de E.S. para comunicarme que la palabra 27 vertical no existe y cosas así.[4] Empezó a las once de la mañana, arrancándome de prodigiosos sueños que nunca más pude recuperar (y eran importantes, carajo), y terminó a las 18:30. Cada vez que sonaba el teléfono pensaba que eras vos o el service de la heladera, pero no; él, él, él, siempre él.

Princesa, todo cambio genera resistencias. Tus resistencias se hacen siempre muy evidentes cuando se va acercando el día de venir, y esta vez triunfaron. Pero también es muy evidente el cambio, y creo, y espero, y estoy seguro de que se va a imponer. Entiendo, en fin, que no hayas venido. No tengo bronca hacia vos, pero sí tengo bronca. Por la suma de cosas. Si no estuviera sordo tal vez me sentiría mejor. Pero sigo sordo y con los bronquios a la miseria. Sumale la falta de plata. No quiero cambiar más dólares; los nueve meses calculados se van achicando (otra vez la hhhhhhhhhhhhhhhhhhhhhhhhhh —objetos de mierda).

Anoche, taller satisfactorio.[5] Por primera vez, y a partir de la inducción del jueves pasado, apareció el yo literato de cada uno de los cuatro, cada uno a su manera pero muy bien. Me emocionó mucho. Sé que después se van a cerrar otra vez, y que en el mejor de los casos, después de mucho pelear, saldrá uno de ellos adelante; pero la experiencia es valiosa, al menos para mí; ellos, por otra parte, aunque no lleguen a valorizarla o a calibrarla en todo su valor, han tenido por lo menos oportunidad de un encuentro con una zona personal desconocida que, creo, tiene que dejarles una buena marca.

En cambio, mi yo literato sigue enterrado. Pero estoy leyendo por tercera vez el *Ulises*, ahora en otra traducción que se entiende más, aunque sea un poco más chata. No sé hasta qué punto se entiende más por la traducción o por ser la tercera lectura. Deberías intentar leerlo. Es prodigioso.

Bueno, Princesa, ya has conocido mi nueva bochita. (la hhhhhhhnhhnhhhhhhhhhhh —¿por qué a veces sí y a veces no? la aaaaa igual aaaa aaaaaaaaaaa aaaaa). En fin. EEEEEEEEEEEEEEEEn fin.

Viernes de mierda. Y qué sábado me espera, y qué domingo, y qué lunes. Y qué martes, y qué miércoles, y qué jueves. Dios mío, a veces siento que se me están por cortar los piolines. Hace ya demasiado tiempo que la vida parece una película de Buster Keaton; no sé si has visto alguna. Buster Keaton es un tipo tranquilo, indolente, de grandes ojos soñadores, que de un momento a otro se ve enfrentado a una gigantesca pesadilla que lo obliga a correr, correr, correr y actuar, actuar, actuar sin detenerse, siempre con riesgos terribles, siempre enfrentado a elementos que lo superan en tamaño, poder, cantidad. Pero al final de la película él siempre triunfa y se casa con la muchacha. La película dura una hora, una hora y media. Mi propia película es un poco más larga. ¿Cuánto hace que estoy en esta locura galopante? ¿Y la muchacha? ¿Por qué no viene? En fin, me debo conformar con Marlene Dietrich, que ahora le está diciendo algo en alemán a un tal Peter.[6]

Chau, muñeca resistente.

J

[49] 14 DE AGOSTO DE 1988

Domingo 14 de agosto de 1988

Querida Princesa,
acabo de concluir un breve texto acerca de una experiencia telefónica (y onírica) de esta madrugada (11:15 aproximadamente), y en medio de ello (del texto) hubo una conversación telefónica contigo. ¡Princesa, que no has venido! Pero en realidad el motivo de esta carta es explicarte por qué no puedo escribir; entre tantos materiales oníricos recientes, apareció esta explicación tan sencilla y creíble:

No puedo escribir porque la Fama se me subió a la cabeza. Es cierto que es una pequeña fama, que implica un pequeño público y una pequeña crítica, pero suficiente para extraerme de mi solitaria elaboración entre yo y mi alma y exponerme a las miradas ajenas; ya no puedo escribir para mí, con la impunidad de antes; ahora hay algunos pocos miles de pares de ojos que están mirando por encima de mi hombre mientras escribo (adviértase el lapsus: hombre por hombro), hay gente interpuesta entre mi alma y yo. ¿Será cuestión de asumirlo? No es fácil, Princesa; no es fácil ponerse a escribir con la libertad y la espontaneidad de años anteriores, cuando gozaba del más recóndito secreto; no es fácil cuando me encuentro con alguien que me dice: "Estuvimos trabajando con *Desplazamientos* en nuestro taller literario" o alguien se toma el trabajo de investigar en la oficina donde trabajaba para obtener mi número de teléfono porque quiere conseguir una fotocopia de *La máquina de pensar en Gladys*.[1]

Esto comenzó allá por el 83, con el doble acontecimiento de la aparición de *El lugar* en la revista *El Péndulo*, y la tercera edición de *La ciudad* en Banda Oriental;[2] allí empecé a recibir cartas desde Buenos Aires y llamadas telefónicas locales de lectores-admiradores, y todo se agravó con mi venida a Buenos Aires y la serie de reportajes y la multiplicación de informaciones acerca de lectores fanáticos, de lectores seguidores, de todo un compromiso que antes no tenía, de una historia que antes no tenía, de ojos que me miran, del narcisismo gratificado por otros medios que por la simple escritura.

Ah, Princesa, tendría que buscar otro seudónimo —pero para eso tendría que ser un santo. Empezar de vuelta, desde cero. Volver a ser Juan Pelotas.[3] A solas con mi ánima. Intercambiando dulces secretos.

Eso es todo, Princesa.

J

P.S. 16/8. Tan es así como digo, que cuando en el 84 me vi enfrentado a la operación, ahí sí pude escribir —una novela póstuma—; y cuando seguía viviendo y quise continuarla me cerré. Sólo puedo escribir pensando en no publicar, pero como al mismo tiempo quiero publicar... Ahí está el huevo.[4]

J

[50] 16 DE AGOSTO DE 1988

16.8.88

Princesa,
no te engañes; ésta tampoco es una carta, al menos para vos. Creo que forma parte de la serie de "cartas a mí mismo", de búsqueda de equilibrio, o qué se yo. Hoy desperté con un torrente de palabras, delirante, que fluía y fluía por mi mente sin que pueda tener la más remota idea de su contenido; como un ruido, como un ritmo; y con la certeza de que ese delirio era la búsqueda de la curación, de una salida de este estado en el que llevo más de un mes

(un mes y cinco días), y que el delirio había sido inconscientemente estimulado por la lectura del *Ulises* (tercera lectura), en apasionadas sesiones a veces hasta casi las cinco de la madrugada. No te asombres por lo tanto si mi estilo muestra influencias ajenas; he sido capturado por el Sr. Joyce, que me resulta más admirable a cada momento, y es verdaderamente una pena que su estilo se cierre en sí mismo, que no pueda hacer escuela (al menos, los que lo intentaron fracasaron) (incluso el mismo Joyce: parece ser que su *Finnegan's Wake* no convenció a nadie; es como los restos del *Ulises*, o los restos del impulso del *Ulises*). Así, Princesa, poco a poco voy dejando que mis dedos se vayan liberando para tratar de retomar el fluir del delirio del despertar, de modo de poder sacar fuera todo el material purulento que me contamina los bronquios, narices, oídos y otros órganos que no debo mencionar aquí, como por ejemplo el cerebro. Es un ejercicio caro; cada letra que escribo con esta máquina me cuesta 0.00022, calculado a grosso modo, o sea que una línea y media cuestan unos dos centavos; cuando termine de expresar este pensamiento habrá gastado más de cinco centavos. Carísimo. Pero el inconsciente quiere que sea con esta máquina y no con la otra, y yo estoy dispuesto a obedecer en todo, todo sea por la curación porque no aguanto más, estoy repodrido de llevar esta vida; hoy el tiempo quiere colaborar, parece, pues está seco y hace un rato el sol daba en el lavadero y en la cocina produciendo un ambiente veraniego que, desgraciadamente, todavía no llegó al living, donde estoy escribiendo mientras muevo nerviosamente las piernas porque de los vidrios del ventanal se desprende aún un airecito fresco. Princesa, no puedo liberar mis materiales inconscientes sin manosearte un poco, usted sabrá disculpar pero si miro hacia adentro lo primero que veo es una bombachita del color de las violetas, muy bien rellena por otra parte, y no puedo menos que hurgar con mis dedos y mis narices y mis labios y tratar de descorrer mínimamente el violáceo velo de tus encantos, así, un centímetro hacia la derecha y aspirar y acariciar la suave ternura, meter allí mi nariz, refregar, acercar los labios, la punta de la lengua, lamer y lamer. Ay, Princesa, qué falta que me hace, me parece que te siento moverte, ofrecerte, acompañar mis movimientos, abrirte, aflojarte, sonreír. Después llevo tu gusto a tus labios y mi sexo ha cobrado una vida independiente, se apodera de todo y dirige las acciones, manda y es obedecido en primer lugar por mí, pero también por vos: es el rey, o el sacerdote que oficia en el altar de tu cuerpo, tu cuerpo altar y al mismo tiempo víctima del sacrificio y al mismo tiempo dios que exige el sacrificio y su propio himno cuando todo se disuelve, cuando el yo desaparece y sólo queda un fluir magnético, un campo infinito, un ser único que habita el universo y que lo llena por completo, fuera del tiempo, en la mismísima eternidad o tiempo de transgresión, nos hemos desbandado, extralimitado, invadido territorios prohibidos a los simples mortales: hemos trascendido el tiempo y el espacio, la estructura misma de la materia, hemos atravesado milenios, un pasado animal, vegetal, mineral, y luego sólo una vibración pura, la palabra, el origen, el principio de los tiempos, la voluntad de ser, la pura, simple, llana voluntad de ser; ya no hay Princesa ni sexo, ya no hay nada más que una inteligencia preanimal, un punto de luz entre las infinitas tinieblas, luz que se expande y da forma a las cosas que no tienen forma; se tocan límites, se sobrepasan, se traspasan, hay un sentimiento que no cabe, que no puede ser contenido ni soportado, todo es un inmenso dolor deslumbrado, dolorido asombro, un conocimiento completo de todo lo que no puede ser conocido ni explicado, un deseo infinito no se puede saber de qué si no es de Todo; te pido que abras los ojos y veo tu locura, te has transformado en otra cosa, un ser sin nombre, una bandada de pájaros asustados que aletean sin poder volar, un vuelo mudo que te clava a la cama, crucificada en mi sexo que te llena, te desborda, te mata, te recrea, has nacido en mis brazos, estás naciendo, estás muriendo, agonizando, acabando, mojándome, soltando todo tu jugo, vaciándote; el sacrificio se ha consumado, el altar está cubierto de despojos, los dioses se retiran satisfechos, el humo del sacrificio sube al cielo, la planicie se esfuma, las edades se disuelven, las máscaras del yo se vuelven a ajustar, aunque imperfectamente, a los rostros.

Debo salir de esto, Princesa; debo arrancarme en este momento de tus brazos, buscar mis delirios de esta mañana, el fluir de palabras, buscar la curación. Me cuesta quitar esta capa y mirar debajo; estás impregnándolo todo.

No, así no sirve; el papel exige coherencia, los dedos no tienen la velocidad suficiente para seguir al pensamiento, el pensamiento da saltos, la coherencia no los permite, y si no soy coherente para qué voy a escribir pero no se trata de una carta ni de un texto literario sino de una terapia, tengo que escribir rápido, a toda velocidad, lo que pase, o lo que pueda alcanzar de lo que pasa por mi mente, no importa qué ni cómo, adelante, siempre adelante, hay que liberarse, liberar, después rompo esta carta, tiro todo al carajo, lo que importa es poder retomar el ritmo del fluir fluir fluir, salir en este momento del olor de tu concha que me impregna, preciosa flor madura, sacar los dedos de tu culo, los ojos de tus ojos no debo seguir dando vueltas en torno a mi pija, debo retomar el fluir, el ritmo, el ritmo, pescar al vuelo lo que pueda pasar por la mente, imágenes imprecisas, niebla, pájaros, elefantes palabras sólo palabras palabras cruzadas dios egipcio del sol palo aguzado con que los indios americanos labran la tierra esplendor fija limpia y da esplendor no importa cuadriculado la mente cuadriculada por las palabras cruzadas hay que romper el entramado vertical y horizontal hacer un agujero en el papel dejar pasar lo que verdaderamente está allí, agazapado, oculto, esperando su momento de salir de vivir de manifestarse nadie sabe nunca donde están la cosas por ejemplo quedé enredado en aquella experiencia de muerte cuando la fiebre era lindo verse dispersarse no pude salir de allí el thanatos o como se escriba nunca pensé que existiera Freud tampoco lo encontró pero parece mentira yo lo viví era un instinto un instinto de muerte, lindo, lindo, y añoro ese momento no puedo evitarlo cómo reconstruirme y después esa imagen que no llegué a escribir que dejé en suspenso con unos puntos que apareció cuando la Princesa me radiografió con su espíritu blanco enorme puro flash flash flash quedé radiografiado para siempre como una basura, un ser baboso y reptante tal como me ve tu madre tiene razón una mierda la bella y la bestia los grandes contrastes el alma blanca blanca blanca grande grande grande y el montón de basura desarticulada, egoísta, babeante, suplicante, insincera, ladina quiere hacerse pasar por gente quiere convencer de estructura y salud se disfraza engaña pero sólo quiere destruir destruirse arrastrarse y arrastrar el mundo tras él, que todo se disuelva en una nada inconsútil (¿qué quiere decir? voy al diccionario —basta de diccionario, mierda).

Allí estoy fotografiado radiografiado feo, feo, feo, la perversión pura, informe, el mismo mal que no osa decir su nombre, el mismo diablo, pero junto a él una figura erguida, un flaco Don Quijote erguido, San Jorge y el dragón, una misma cosa y dos cosas, lo bueno, lo malo y lo feo el eterno conflicto del ser la materia y el espíritu la consciencia la consciencia allá arriba dominándolo todo pero no llega a mí no la alcanzo mi consciencia inconsciente el dios que hay en cada uno de nosotros dónde está el mío no lo conozco no lo tengo en cuenta solo veo a la bestia babeante el montoncito que se arrastra dolorido llevando un mundo a sus espaldas un caracol un molusco dónde está mi dios dónde el que sabe dónde el que ve sólo está el que huele y palpa y devora y llena el mundo de mierda.

Así están las cosas Princesa apenas me he acercado a unos veinte kilómetros al torrente de pensamientos es imposible fijarlo es imposible observarlo sin destruirlo no puedo delirar con los edos en las teclas debí decir dedos o eclas para ser coherente me vigilo me controlo no pudo no puedo curarme así debo encontrar otro modo de plasmar el delirio, drenar, drenar.

Tanto para hacer. No importa, Princesa, la heladera; ya le llegará su turno. Todo lo que haga ahora lo haré mal. Debo esperar circunstancias apropiadas, como los cronopios. De pronto, lo sé, todo se ordena, todo se estratifica, todo se resuelve, se disuelve, los problemas dejan de existir o de molestar —es una posición del ser ante el mundo, es un problema con los arquetipos y con el sí mismo. Son modos de ser contrapuestos, el tuyo y el mío, y mejor así. Vos vas para adelante, arremetés, metés en la heladera un frasco demasiado ancho, no cabe, empujás, rompe un poco el plástico, no importa, para adelante, las cosas se rebelan pero vos las rompés las usás sabés usar las cosas. Yo miro, estudio, espero que caiga la salsa hasta la embocadura, recién ahí aprieto ligeramente y flash, cae la salsa en su justa proporción y nada resulta dañado, salvo yo, salvo mi tiempo de espera, mientras tanto he envejecido unos segundos sin aprovechar la vida. Pero cada uno es como es, Princesa, y yo te amo con tus pequeñas manitas que lo rompen todo, incluso mi propio culo. Formas de vivir. Yo espero. Ya se arreglará cuando yo me arregle. Cuando yo. Si yo. Anoche creo que soñé con Gindel, el médico.[1] Sueño favorable, presencia agradable, creo que me voy a curar; he apelado a mi médico interior, que a veces aparece en sueños bajo distintas formas. Supongo que fue él quien me dio la receta del delirio, la que estoy tratando de poner en práctica. La verdad, ahora que me doy cuenta, no estoy delirando. Miro hacia adentro y veo calma. Mi mente está bastante quieta ahora. Es una pena.

Birm. No: Bien, quise decir: he logrado espantar al pobre delirio al tratar de escribirlo. Ahora voy a cambiar de táctica: voy a salir a hacer unos mandados, a ver si pesco todavía un cacho de sol en la vereda, como dice el tango.[2] Estaré atento al fluir; si vuelve, sigo.

[51] 18 Y 20 DE AGOSTO DE 1988

18.8.88

Altísima Princesa,
hoy me despertaste a las seis menos diez de la mañana, con total desconsideración. Estaba muy lúcido a pesar de la importante erección,[1] y mis pensamientos fueron los siguientes:

1) Tu casa actual es muy inadecuada; no lo digo pensando en mí, sino en ustedes mismos. No puede ser que tus ropas tengan olor a humedad y que vivan sumergidos respirando ese aire por las noches. Tampoco es adecuado tener el consultorio en la casa.[2] (Divagué un poco sobre la posibilidad de alquilar una casa grande para arrendar consultorios a profesionales inéditos y paramédicos.) En resumen, no veo ningún motivo para que te aferres a esa casa. Por el contrario, dejando que venga el desalojo, apenas llegue el cedulón lo llevás a la abogada y creo que en la misma recusación se puede presentar el petitorio de que el alquiler actual se rebaje al precio que tenía en el contrato inicial (yo aproveché muy bien esa ley durante muchos años; tal vez todavía existe). La diferencia entre el nuevo alquiler y el viejo la ponés a plazo fijo (rigurosamente) o comprás dólares, de modo que cuando tengas que irte de allí tendrás un fondo para enfrentar el nuevo alquiler. Pero, mientras tanto, ya está en marcha el desalojo de tu inquilino, de modo que los lanzamientos serán casi simultáneos y si tenés que alquilar

algo será por poco tiempo, mientras elegís cuidadosamente la casa que vas a comprar. Si hacés bien todos los pasos y en tiempo (y no tocás la plata de ese ahorro específico), no hay ningún motivo de zozobra sino que, por el contrario, hasta es un buen negocio.

2) Tenés que vender el auto y, en todo caso, comprarte algo mucho más modesto. Lo usás como un símbolo de poder y status, y eso hace que la gente piense que estás recontrapodrida en plata, y estoy seguro de que todos se pasan pensando cómo sacarte más y más plata (ya que tenés tanta). Yo mismo estaba convencido de que eras prácticamente millonaria, y me alegró saber la verdad (porque no hace tan ancha la brecha social entre nosotros), pero creo que nadie te creería. Mi estrategia es la opuesta (herencia de mi madre): muestro siempre mucho menos de lo que tengo (a veces me paso de rosca y provoco vómitos) (pero creo que mi estrategia es mejor que la tuya). En realidad no necesitás auto para nada, salvo para ponerte en riesgos en las carreteras. Vendelo, y comprá dólares, o poné en plazo fijo, o pagate placeres de todo tipo más reales que ese símbolo fálico.

—Como después de esto no podía dormir, empecé a pensar en mí, y conseguí, a esa extraña hora, un buen relax. Fue en ese relax que decidí mejorarme. Al levantarme no estaba mejor, pero me salieron porquerías de la nariz, lo que considero un buen síntoma.

Atte.,

J.

20/8/88, 01:20

PRINCESA,[3]
no sé si es una buena política comprar una casa.

Hay formas de inversión en las que el dólar produce un 30% anual o más. Esto significa, para 20.000 dólares, una renta mensual de U$500 (=190.000 m/u), con lo cual podés alquilar algo regio por 200 o 250 y lo demás acumularlo o gastarlo en fruslerías. Una casa, en cambio, se deteriora, produce gastos de mantenimiento y de impuestos y, si la alquilás, complicaciones como las que tenés ahora, y tenés tiempo libre para pasear, disfrutar, holgazanear, estar con tu hijo, ir al cine, etc. —y fornicar. Mientras tanto, conservás los 20.000 dólares por si se te ocurre alguna idea mejor.

Si esperás el desalojo para venderla, las ventajas (venta) se hacen todavía mayores.

(Estúdiese mi carta anterior respecto al alquiler.)
Atte.

J

[52]   27 Y 29 DE AGOSTO DE 1988

27 de agosto de 1988

Princesa:

para variar, un poco de autoanálisis (no creas que voy a ponerme a escribir para decirte cuánto te amo, te extraño y te necesito).

Anoche me acosté pensando en un juego que tengo que hacer, y parece que estuve trabajando en eso toda la noche, porque me desperté al mediodía con lo mismo. Entonces me sorprendí en algo que requiere una pequeña larga historia previa:

Mi historia con los juegos (con la producción de juegos) comienza allá por el año 80 (quiero decir, 1980), cuando salió la revista HUMOR & JUEGOS. Algo así como en el número 4, Jaime publicó un pequeño texto mío que yo le había enviado como sátira de cierto juego que él publicaba antes en otra revista. Poco después nos encontramos en Piriápolis y me pagó por ese artículo, algo que para mí era una suma completamente desorbitada. Le dije que si se pagaba así (yo no tenía ningún trabajo) podía tratar de hacer juegos para su revista y vivir de eso. Jaime estuvo de acuerdo. (Aquí voy a dar un salto en el tiempo para contar el final, y luego vuelvo a lo medular) (resultó que después de grandes esfuerzos, expectativas, etc., el peso argentino se devaluó aceleradamente y, en el momento de cobrar, lo que recibí no servía para nada —como siempre, siempre, siempre).

Bien: pero lo que atañe a la historia actual es lo siguiente: cuando me puse a pensar qué hacer y se empezó a movilizar la creatividad en esa dirección, por supuesto que descarté de entrada los juegos en sus formas tradicionales; nada de crucigramas comunes y esas cosas. Inventé tres o cuatro variantes del crucigrama y de otros juegos, la más llamativa de todas una que consistía en *vejar* crucigramas (se llamaba, justamente, "Crucigrama vejado"), es decir, hacer con el esquema un barquito de papel; quemarlo parcialmente; hacer una flechita; recortar muñequitos, etc. (dos de ellos fueron tapa de la revista).

Vuelvo al momento actual: cuando dejo la oficina y Jaime me invita a colaborar en las revistas, el planteo es el mismo. La revista más apta era *Enigmas Lógicos*, con su juego "Quién es quién". Bueno, agarré el "Q. es Q." y "lo vejé", creando un producto distinto que a Jaime le gustó mucho (tanto, que voluntariamente me ofreció un precio mucho más alto para asegurarse la continuidad). Bien; este juego (que llamé a los efectos de la facturación "Q.Q. especial", pero que en redacción llaman por el nombre de su protagonista, "Merry Pason", una sátira sobre el abogado Perry Mason, de las novelas policiales que consumí drogadictamente en el verano),[1] este juego, decía, era el que tenía anoche en mente y conservaba esta mañana al despertar ¿Y qué tenía esta mañana al despertar? Pues una versión del juego que lo contradecía: Merry Pason, en esta versión, *se equivocaba*. Allí fue que me pesqué.

¿Por qué *destruir* algo exitoso? (Aunque todavía no salió publicado, y el éxito sea sólo ante Jaime.) Recordé entonces aquella escena cuando la gripe, la "radiografía" y mis advertencias de que soy un ser destructivo.

Pero, de inmediato, me doy cuenta de otra cosa: ¿esta destructividad no es, paradójica y simultáneamente, creatividad? Pues sí. ¿Y entonces?

Entonces, mi creatividad está íntimamente ligada, entretejida, formando una sola pieza, con mi destructividad. En el mismo acto —y por el mismo acto—, creo y destruyo, destruyo y creo. Esta fórmula la extendí rápidamente a toda mi producción, y vi que era, efectivamente, así en todo.

Después la extendí a mi vida en general, y sí, siguió funcionando. Todo se mueve dinámicamente (frase un poco redundante, lo reconozco) en función de este conflicto.

En nuestra relación es bastante claro que vos (y yo) somos materia prima de esta creatividad-destructividad. Incluso en la sexualidad hay una lucha, un matarse y renacer.

(Estoy tratando de seguirle la pista al Thanatos que Freud inventó y que luego no pudo sustentar y del cual yo siempre me burlé: ¿cómo puede haber un instinto de muerte, si los instintos son derivados del instinto de conservación, etc? Y sin embargo...)

Primero pensé que yo era un caso especialmente patológico, de una creatividad infectada. Luego pensé: pero, sin embargo (otra redundancia), no se crea de la nada. Se crea sobre algo. El clasicismo consiste en copiar un molde, llenándolo con apenas unas gotas de la propia personalidad. Pero el clasicismo ya no existe. La forma actual de creación es, justamente, la ruptura de moldes y la irrupción de la personalidad. En ese sentido soy un buen contemporáneo.

Y he aquí que, para ganarse la vida, este contemporáneo ha caído en las garras del clasicismo: los crucigramas para Editors Press Service Inc., quienes son capaces de gastar plata en un telex porque no encontraron una palabra en su vetusto diccionario. ¡Santo Dios![2]

Entonces estuve ampliando, o tratando de ampliar, aquella radiografía de la gripe. Recordarás que consistía en dos figuras borrosas y oscuras, una erguida, antropomórfica, otra a sus pies, informe, animalesca y monstruosa (llamémosle La Bestia). (O mejor, para ser clásicos, el Superyo y el Ello.)

El Superyo, conservador, está compuesto a mi juicio por (al menos) dos núcleos, que durante mucho tiempo creí uno solo: la Sombra y el General (en *Desplazamientos*, la Sombra se atribuye al Padre, pero creo que erróneamente, aunque quizás ambas formaciones provengan de ese Padre).

El General (llamado así desde el sueño de Perón)[3] es operativamente eficaz; el que toma las riendas en las emergencias, concentra energías en un objetivo, lucha en una guerra permanente contra la entropía. A pesar de su rigidez, frialdad y autoritarismo, parecería ligado al instinto de conservación (Eros), pues su función aparente es la supervivencia. Sin embargo, no puedo aceptar esta versión. Subrayo entonces lo de *aparente*.

La Sombra es el temor que lleva a la mezquindad; su único objetivo es conservar, no importa lo qué. Acumula envases vacíos, bolsas de naylon, piolines y, por supuesto, cierra férreamente la bolsa de dinero. Hace buena pareja con el General, aunque a veces al General le molesta la Sombra porque lo ata un poco en sus estrategias.

El otro personaje de los sueños es el Ánima. Curiosamente, creo que el ánima es aliada de la Bestia, y ambas forman el mecanismo creativo (y ambas tienen la coloración de la afectividad): la Bestia destruye, el Ánima crea (se embaraza, da a luz). La Bestia es la avanzada que huele, rastrea, detecta víctimas y les clava los dientes; el Ánima le quita suavemente a la Bestia la víctima de los dientes y la reconstruye, creando algo nuevo. Esto, cuando el General lo permite (cuando la reconstrucción tiene fines prácticos) (por ejemplo, un juego vendible).

(Aquí interrumpo, muy fatigado y ansioso.)[4]

Un minuto más tarde:
tengo que seguir porque me vino a la mente que ayer estuve contemplando largo rato la estampita en colores de San Jorge que le compré a la pequeña vendedora de violetas en el restaurante. Llegué a la conclusión de que tengo el Complejo (o Síndrome) de San Jorge, lo cual es bastante coherente con mi nombre.

El General (San Jorge, armado y con armadura); el Ánima (la doncella o virgen que se ve al fondo); la Bestia (el dragón). Hace años que vengo dando vueltas en torno a esto (recuérdese la historia que titulé "San Jorge y el dragón", en relación al pulóver rojo con reserpina).[5]

Según recuerdo de Charles Baudouin, su interpretación de la leyenda de San Jorge era el Edipo: San Jorge mata al dragón (el Edipo) para rescatar a la doncella (la libido). Pero no me convence.[6] No porque niegue el Edipo, sino porque en mí detecto otro mecanismo, más complejo, donde el Ánima y el Dragón o Bestia están asociados. (Jung diría tal vez que el Ánima y la Madre están muy superpuestos.)

Sin embargo, me está faltando un elemento: el Caballo.

Claro: el Caballo es el Cuerpo. Y yo no tengo cuerpo. Soy un San Jorge a pie. O, tal vez, mi San Jorge no quiere matar al Dragón, sino montarlo, domesticarlo, hacerlo su Caballo. Como no tengo cuerpo, necesito a la Bestia. ¿No es entonces el sexo, la Bestia? Anticastración: no me cortaron el sexo, sino todo lo demás. O, en la castración, rápidamente me identifiqué con el sexo, lo elegí, entre él y el cuerpo. Pienso en mis amigos castrados (tengo dos) (quiero decir: dos amigos castrados). Son una mente y un cuerpo sin sexo. Yo soy al revés: soy una mente y un sexo sin cuerpo. El sexo pasa a ocupar el lugar de todo el cuerpo.

La Bestia, el dragón, toma el lugar del Caballo. El General monta en su sexo pero no rescata a la Doncella, sino que la somete. El general es el Dragón. San Jorge, como todo asesino, se transforma finalmente en su víctima. Uno termina siendo aquello que desea destruir. Los personajes cambian continuamente de roles. Creo que allí está la dinámica de mi creatividad. El General, asociado a la Sombra, de pronto es la Bestia, asociada al Ánima. Una energía que alterna signos va recorriendo todas las figuras. Mi yo se muda continuamente. Soy un circo.

"Los caballos perdidos". El mejor tema de Leo Maslíah, sobre un poema de Macunaíma.[7] "Cuánta distancia ahora, cuánta distancia. Y estoy vacío de patas, tan inútil y quieto como un viento mutilado con mis dos caballos perdidos". Macunaíma nunca olvidará que en el teatro Circular me vio llorando cuando Leo hizo este tema.

Son todos pactos. Mi yo estalló en pedazos y los pedazos deben pactar entre sí para mantener un mínimo funcionamiento. Delicadísimo equilibrio. Todos deben vivir. Todos son imprescindibles. Mi reino por un caballo. (Eso gritaba un rey de Shakespeare, en medio de la batalla: "Un caballo, un caballo. Mi reino por un caballo".)[8]

Horas más tarde
Hoy no trabajé. En crucigramas, quiero decir; me pasé todo el día trabajando con mis arquetipos y mis recuerdos. Después de escribir lo anterior salí a hacer un mandado, y me encontré con que afuera hacía un día espléndido y que yo tenía demasiado abrigo (adentro, en casa, está frío; después me encontré con la vecina de al lado que tenía la misma idea de que hacía frío también afuera y le miré con desaprobación: "No sabe lo que se perdió", le dije, sobrador). Volví, almorcé ligeramente, me desabrigué un poco y salí a dar mi famosa antigua vuelta. Allí sí me di cuenta de que tenía un cuerpo: maltrecho, deshecho,

golpeado, vapuleado. En realidad tengo un cuerpo. Pensé que tal vez los arquetipos moraran en él, *fueran* el cuerpo, y que mi yo simplemente no toma consciencia de él si no es a través de ellos. Pero la percepción directa del cuerpo me resulta un trabajo agotador; no puedo mantener la atención, me fugo continuamente. Y total para qué; para sentir todo el oprobio de una maquinaria deshecha. Pero no: es sólo muscular. Tensiones. Tal vez mi crisis actual es consecuencia de tres meses de gimnasia. Ya me ha sucedido otras veces: cuando me acerco demasiado al cuerpo, después me hundo. Pero debería insistir con la gimnasia. A ver si supero esas crisis.

Durante el paseo también volví a mis pensamientos de la mañana. Me acordé que yo mismo me había puesto el ejemplo de *Cruzadas*: crear algo en contra de algo, partiendo de ese algo pero negándolo, desarmándolo, desarrollándolo, injertándolo. (Cuando volví a casa deshice una planta enferma y replanté sus trozos.) También esta mañana había pensado en mi literatura, cada texto era como una negación, o destrucción de los anteriores. Cuando escribí algo con el mismo estilo aprendido en un texto interior, no lo pude soportar y lo destruí. Creo que me muevo por *desafíos* y por aprendizaje (tipo ensayo y error). *Allí encuentro mi placer*. También con las mujeres: no hay dos relaciones iguales, ni siquiera parecidas. Se crean ritos, lenguajes, modalidades absolutamente nuevas (nunca antes hubo una Princesa, Princesa). Todo esto unido a una vida cotidiana absolutamente conservadora, rutinaria, más que prudente. Es cierto que de tanto en tanto hago mi pequeña revolución, pero solo para establecer un nuevo orden, una nueva rutina, que al final no es muy distinta de las anteriores. Es contra esto que me rebelo; es ahí donde no me soporto.

En mi paseo pensé también en tu vaticinio de tiempo ha: que si me sacaba la armadura me hacía pedazos. Lo gracioso es que *vos misma* me sacaste la armadura. Me

hice pedazos. Allá va mi yo, fragmentado, los trocitos en expansión hacia los confines del universo.
Pero tampoco es así. Recuerdo la novela del ciempiés; allí esta todo.[9] El jefe de policía era enterrado y salía de la tumba con otra personalidad. (El general Perón, que apareció tiempo después en el sueño.) Y así todos los demás personajes; nadie quedaba como había sido, salvo el monje zen, que debe ser mi yo más profundo. Entre él y yo hay un abismo, y ese abismo (tenso, dinámico, con ondas que fluyen como un puente inestable) da origen a todos los demás personajes. Oh, el monje y su desapego; ojalá pudiera trasladarlo al yo cotidiano.
Se ve que Torri me movió mucho el piso.[10] Es fantástico. Su ser cotidiano es casi caricaturesco. Anda muy cerca de un charlatán de feria. Farfulla incoherencias y a menudo es deshonesto y mentiroso. Sin embargo, otra vez, como allá en Montevideo, entra en casa y es como si entrara un coro de ángeles. Corre un aire fresco, y percibo una presencia luminosa, casi como la que percibí en vos durante la radiografía. Se pone a hablar de cualquier cosa y de pronto noto que está hablando de mis pensamientos y sentimientos más recónditos, está aludiendo directamente a mi situación vivencial. Se va, y deja su fuerza tremenda impregnando las paredes. Qué lo parió.
Esto va muy despacio, muñeca. ¿Cuándo podremos juntarnos? ¿Y cómo? Creí que hice algo mal, en algún momento. Debí aprovechar la omnipotencia cuando la tenía. Debí colonizarte en aquel momento. Ahora hay que esperar, y todo es incierto.

29.8.88

Aquí estoy de vuelta. Sigo con el sueño. Algunos pensamientos de esta mañana que ahora recordé (otro día perdido para el trabajo y los quehaceres; no he podido salir de esto): ¿por qué me desperté, asustado? ¿por temor a la revelación? ¿a escuchar algún nombre? ¿fue una defensa del consciente, o del superyó? ¿por qué el miedo? ¿por qué el sueño —esa parte— comenzaba en un ambiente y se proseguía en otro? ¿por qué esa pared de mi escritorio? ¿por qué el piso de un garaje?

En el sueño del garaje, en esa parte, el ambiente era muy similar al del sueño de "la recuperación de la vesícula";[11] y también, más tarde, lo era el temor a "oler algo feo". Algo enterrado, que se supone está podrido y luego no huele mal. En el sueño de la vesícula, lo que estaba enterrado era "el pene". Lo recuperaba, por un acto mágico (realmente mágico) de la Princesa: su envío de una carta y un paquete. Fue a partir de ese momento (al menos, es una fecha clave, un mojón) que comienza realmente la relación erótica con la Princesa, aunque en la práctica haya llevado muchos meses más llegar a ella.

Otrosí digo, para contribuir a la confusión general: cuando el otro día intenté dibujar la imagen de la radiografía (el ser erguido, y a sus pies el monstruo informe), lo que dibujé fue… un pene erecto, asentado sobre una buena bolsa de testículos. ¿Fue la radiografía una radiografía del sexo? ¿El sexo ha pasado a tomar el lugar de toda la persona? ¿Es nuevamente el sexo lo que está enterrado, la niña asesinada y podrida? ¿Hay un ejercicio del sexo que esquiva a la libido? (CREO QUE AQUÍ HAY ALGO.) Sí; hay una represión. Mi libido se activa (con cierto trabajo) cuando llega la Princesa, y se desactiva cuando se va, o cuando comienza a irse. El resto del tiempo estoy enajenado, reprimido, no sólo sexualmente sino en todos los aspectos creativos; trabajo alienadamente.

Más confusión: Jung relaciona a la Virgen con el Diablo (ambos representados por el número 4), por ser ambos lo que está excluido de la Santísima Trinidad; lo que representa a una también puede representar al otro. El

diablo es el cuerpo, la materia, la fuente de deseos (pecados). También la Virgen es cuerpo material, que la Iglesia debió ascender a los cielos por reclamo popular, en este siglo. (Marcando al mismo tiempo un ascenso del materialismo). Padre, Hijo, Espíritu Santo y el cuarto excluido: la Virgen (lo femenino, el Ánima, y al mismo tiempo el Diablo.)
¿No clamaba yo el sábado por un caballo? (El Ánima está desdoblada; no tiene lugar, aceptación, como cuerpo.) En mis delirios sobre San Jorge, establecía roles y notaba que me faltaba un elemento, el caballo. En total son cuatro, que, según mis apuntes, iban cambiando de roles y estableciendo relaciones entre sí. San Jorge (a pie) mata al dragón (no lo mata, en mi caso, pacta) para rescatar a la doncella. Pero la doncella es el dragón, y San Jorge es el dragón. Ya me hice un lío. Lo único que queda claro es que me está faltando un elemento: ¿el que está enterrado?
"Hay algo que falla ahí".
La Princesa, al encarnar en mi vida al Ánima, ¿no está encarnando también al Diablo?
Lo que falta, ¿no es la Princesa, cuando no está? (Y está tan poco...) Ya se va completando la historia; ya lo estoy viendo:
Es así: yo había sido "castrado" durante la operación de la vesícula (en realidad, había una inhibición de la libido por una pareja insatisfactoria espiritualmente, y otras complejas circunstancias inhibitorias). La Princesa, a quien tal vez inconscientemente adjudiqué el papel castrador (por haber diagnosticado), me devolvió la vesícula = pene = libido mediante un acto, si se quiere, amoroso (mezclado con telepatía y otras yerbas). Pero he aquí que esa libido se dirige hacia ella, y ella tiene nuevamente el poder del control. La relación es esporádica; mi libido se retrae y se suelta de acuerdo con la presencia de ella o su ausencia (al revés, quiero decir). Su presencia es regulada por ella, de modo que ella tiene el

control de los cordones de mi bolsa seminal. Hay una clara dependencia. Yo me rebelo; he luchado por mi libertad, y aparentemente la he conseguido; pero no me sirve: ella sigue teniendo el control.

Paralelamente, ella me ha creado temores con respecto a mi subsistencia, y la inhibición se profundiza con la alienación en el trabajo. ¿No es el Diablo, la Princesa? Y al mismo tiempo, ¿no es la Virgen? (Recuérdese la visión de pura luz, causante de la radiografía.)

En otras palabras: ¿mi cuerpo no se ha trasladado a la Princesa? Si, como he divagado el sábado, mi consciencia se adhirió a mi pene y si mi pene está enterrado en su cuerpo, ¿no estoy yo enterrado en ella? ¿Y esto no es equivalente a estar encerrado en su vientre = feto? Oh, oh, oh, por fin llegué. Ya ves por qué me encierro en mi casa = vientre.

Así es como la Princesa es ahora mi madre. Qué forma complicada de entablar una relación edípica.

Entonces hay incesto. El castigo del incesto es la castración: todo vuelve a empezar.

Cómo carajo quieren que me lleve bien con mi cuerpo.

Operaciones de rescate: 1) Sacar el pene del vientre de la Princesa. 2) Enroscarlo nuevamente en mi cuerpo. 3) Trasladar la consciencia que está adherida al pene, a todo el resto del cuerpo, incluido desde luego el pene. 4) Poner el pene donde se me antoje, incluido el vientre de la Princesa, pero cuidar de sacarlo luego.

Otra posibilidad: que la Princesa dé a luz un hermoso y robusto pene, que viva su vida independiente. ¿Pero y yo?

Resumen: la niña enterrada en la pared de mi escritorio/piso del garaje de un patio es mi pene enterrado en el vientre de la Princesa. La Princesa es la Virgen/Diablo (número 4). El pene es el caballo de San Jorge (pero también el dragón, o sea el Diablo, y por lo tanto la Virgen, o sea la Princesa, o el Ánima). El único que quede afuera es San Jorge, con su armadura (el General). Efectivamente, es lo único que funciona en mí (con su pariente la Sombra). Y de ahí... basta.

P.s. Me preguntaba, para seguir a Freud, y no podía contestarme, qué deseo infantil cumpliría mi sueño de hoy. Ahora puedo contestar: el regreso al útero.[12]

[53]   31 DE AGOSTO DE 1988

31.8.88

Queridísima Princesa,
hoy es el último día del mes, ese mes tan desagradable que tuve que pasar; esperemos que con el cambio de mes, cambien las cosas. Hoy agosto hizo su última perrería, ese súbito enfriamiento de la tarde. Llegué a casa después de dar algunas vueltas y por más que me resistí tuve que caer en la cama; una fuerza irresistible me tironeaba de la columna y me confundía la mente. Creo que dormí, pero no estoy seguro; de cualquier manera, tu llamada me sacó de ese estado, y en ese momento mi cuerpo estaba caliente y ronroneando. Ahora son las 24:15, o sea 00:15 del primero de septiembre. Acabo de cenar, tres salchichas que espero poder digerir.

Sin embargo, después de tu llamada estuve casi una hora más en la cama, más despierto pero muy distraído, ido. De pronto me surgieron imágenes de la novela del ciempiés, y por fin me levanté y la busqué. Lo que encontré me dejó fascinado (no tenía que ver con las imágenes que me habían hecho buscarla), y no por la calidad literaria sino por las revelaciones inconscientes. Aquí aparté dos capítulos con subrayados, que parecerían proféticos si no fuera que son obra mía (quiero decir: más que profecía es un programa).

He aquí la explicación de todos los males que he padecido: no le hice caso al Inconsciente —pero esto también estaba en cierto modo previsto. Un personaje investido de gran autoridad, "me" pide, le pide al detective (ése que siempre se quedaba demorado por el tránsito), *que no haga nada*. Habla en tercera persona: nosotros... (es la voz de los arquetipos). Lo único que le permite y hasta le aconseja es transmitir su experiencia a los jóvenes (= taller). No le hice caso. Incluso intenté imponerme al Inconsciente mediante el relax, lo que trajo consecuencias más graves todavía. No había que haber hecho *nada*. Sin embargo, creo que el Inconsciente se las arregló para seguir adelante con su plan (¿cual es? Probablemente una concentración de energía en él mismo, para establecer modificaciones impredecibles e impensables en la constelación de arquetipos), pero muy interferido por este yo sin fe, ansioso y entrometido. Lo pagué caro; y ahora no se cómo hacer para sintonizarme. A pesar de todas las evidencias sigo sin fe y preocupado por las economías (los dólares siguen decreciendo; no veo que se revierta el proceso, ni siquiera que se retenga). El problema es que nunca vi que el Inconsciente se preocupara por la subsistencia; ignora por completo cosas como el alquiler, etc. Sólo actúa en ese sentido bajo sugestión del consciente. También es cierto que en mi experiencia todo comienza a funcionar bien cuando uno llega a la despreocupación total, pero soy demasiado cobarde para eso.

Por otra parte, he vivido todo este tiempo como Angus, el segundo del detective Trailler;[1] en realidad, mi yo principal no ha hecho nada (desapareció, como el detective, y efectivamente sólo se ha hecho presente en algunas ocasiones en el taller —y contigo, creo), mientras que yo me enfermé, como Angus, y viví toda la confusión que vivió él.

Y hay "profecías" no cumplidas aún, o cumplidas a medias, como la transformación del jefe de policía, muerto y enterrado y resucitado; y el Ánima (Betty/Molly, desdoblada como siempre) desapareció, igual que en la novela; y lo curioso es que la novela no adelanta nada de su reaparición (salvo, quizás, una tercera forma, la de la chica atacada por la banda del ciempiés que triunfa en el cine por obra de la intervención de Morris y se va a vivir a un castillo en Escocia). (Señalo que Morris, el monje budista, suena parecido a Torri.)

También (aunque no subrayé esa parte) se habla del efecto de la inclinación de los rayos solares en invierno; efecto depresivo, como de muerte. Aparece una contradicción, porque se aconseja a la ardillita dejar de lado los juegos del verano y "acumular, acumular, acumular".

Después de todo, tal vez no interferí tanto y los planes del Inconsciente siguen su marcha; si tenemos en cuenta que "Carmody" (yo) se borró y que el que padeció fue "Angus" (un yo secundario), puede explicarse en cierta medida la casi infinita paciencia que he tenido para sufrirlo todo; y también hay que tener en cuenta que todo estaba previsto. La ardilla puede ser ese juguetón niño creativo mío, y efectivamente estuvo a su cargo la tarea de acumular, para lo cual suspendió los juegos del verano (es decir, la propia novela, la creación gratuita; me dediqué a la creación rentable).

Pero lo más llamativo es la conversión del senador Anthruther; allí se cuenta paso a paso la crisis que presenciaste durante la fiebre.

Ahora falta la guerra con los chinos. Nunca fui fuerte en las predicciones sociales, pero creo que hay un claro consejo de alejarse de este país (guerra, toma del poder de la ultraizquierda, luego de la ultraderecha, luego interminable guerra civil, luego democracia inestable). Este país, signado por la banda del ciempiés, la violencia callejera. ¿El castillo en Escocia? ¿Nuestro castillo en Colonia?

P.s.: acabo de tener una ridícula aventura. Vi un brillo dorado en el piso, entre dos de esas tablitas que vos solés aflojar con tu taconeo. Me imaginé que había un tesoro escondido, y estuve trabajando un rato con la pinza, con un destornillador y con la linterna, sin poder rescatar el objeto; hasta que perdí la paciencia y levanté totalmente la tablita, para rescatar esto:

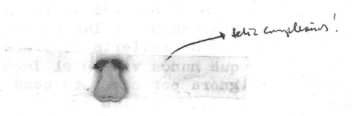

(¿es tuyo? No recuerdo haberlo visto jamás.)

J

[54]   17 Y 18 DE NOVIEMBRE DE 1988

17.11.88

Princesa,
acabo de despertarme y desayunar (desayuno interrumpido por la correctora de Puntosur, que quería introducir variantes propias en mi cuento "El sótano" y salió con la cola entre las patas);[1] después del día trofotrópico de ayer, y de un sueño muy reciente, fresquito, que trataré de contar en hoja aparte (no lo entiendo), me desperté con las ideas muy nítidas —acerca de vos y yo, quiero decir—, y bastante, pero bastante ergotrópico. (El trofotropismo equivale a mamar del seno materno; el ergotropismo, a morder el pezón.) Te voy a morder, pues, pero creo que muy sanamente, sin ninguna clase de bronca; nada debe interpretarse como reproche, sino como luz arrojada sobre una situación.

Llegué a la conclusión de que lo nuestro es apenas una relación de piel y sexo —para citar tus propias palabras. Vos sabés que yo pienso que, en tanto relación, *nunca* puede ser *apenas* de piel y sexo, porque la piel y el sexo implican de por sí más, mucho más que eso, y la palabra *relación* también. Pero hace mucho tiempo, bastante tiempo, que venimos tironeando y dando vueltas, cada quien desde una posición definida, terca (sanamente terca; la terquedad del que sabe que es dueño de la verdad) (caramba: se me ha pegado el estilo de Faulkner; bueno, no es para menos). Estas posiciones, esquemáticamente, son: YO) vos no me das un lugar en tu vida; en todo caso, un sexto lugar; me siento desplazado y abandonado, no amado en forma suficiente; VOS) yo te doy lo máximo que puedo darte; y esta forma de vernos es la mejor, porque estando juntos no me tendrías más.

Hasta ahí, podría decirse que todo está bien, pues solo se trataría de que yo comprendiera y aceptara lo que vos decís, y en lugar de sentirme abandonado y desplazado me dedicara a disfrutar de tu presencia cuando ella se hace efectiva, y el resto del tiempo a pensar que alguien me ama, piensa en mí, etc.

Sin embargo, a estos discursos se suman otros que complican las cosas. Por ejemplo: YO) Esto es indudablemente una pareja; VOS) Esto es indudablemente una pareja.

Hasta aquí, también todo puede estar bien, si ambos aceptamos que es una pareja atípica y encontramos una fórmula equilibrada para subsistir en la atipicidad. Pero hay más: tu exigencia de exclusividad (que anoche se renovó solapadamente, cuando dijiste que venías por miedo, o que habías sentido miedo de no venir), y nuestros planes de futuro (simbolizados en una casa apropiada, ideal) (y no pasamos de la imagen de la casa, porque todo lo demás es borroso, muy borroso y difícil).

Aquí se pueden reformular las posiciones: YO) Desde un primer momento vi que formábamos claramente una pareja, y anhelé poder estar más cerca uno del otro (no exactamente convivir), y traté de exigir desde un primer momento una legalidad; VOS) Desde un primer momento supe que era apenas una relación de piel y sexo, y por lo tanto necesariamente clandestina; pero mi moral no me permite aceptarlo, y de haber mantenido vigente esa proposición lo nuestro no habría podido prolongarse; se puede tropezar y caer, una vez, dos, pero no instaurar la caída en forma permanente como lo hemos hecho.

Así damos nacimiento en lo que he dado en llamar "prosopopeya" (en parapsicología, se llama así a una historia fabulosa tejida por el inconsciente de un sujeto que padece de "prosopopesis" o cambios de personalidad; por ejemplo "soy la reencarnación de Amenofis IV").

Nuestra prosopopeya se basa en dos fuertes elementos que aporta cada uno: yo, *la certeza de mi amor por vos*, de que vos ocupás el primer lugar en mi vida, *de que sos el único vinculo afectivo con el mundo*, de que, en definitiva, sos mi mujer y punto; vos (como quedó también subrayado anoche en la reveladora y áspera conversación telefónica; el caso de tus dos pacientes que se enamoraron, de cuya maravilla subrayaste expresamente la maravilla de *sentirse mujer*), vos el descubrimiento de ser mujer, deseable y significativa para alguien, sentimiento que te costaría mucho perder para volverte a hundir en el ascetismo y la desvalorización de tu femineidad; como esto es "piel y sexo", inaceptable para tu superyó y aun para tu yo, incorporás mi formulación de pareja, de relación total, donde la espiritualidad juega un rol preponderante.

Esto funcionó un tiempo, con toda la fuerza y la magia de mi amor, de *nuestro* sexo y de nuestros inconscientes movilizados, comunicados, profundamente implicados en una proyección de futuro.

Recuerdo tu presencia mágica, la atención con que leías mis cosas, la necesidad de interpretarlas y ayudarme, ayudarnos; recuerdo el *tiempo* que traías para mí, y nuestro afanoso trabajo durante todo el resto de la semana, buscando dentro de uno y otro, conociéndonos, sacando a la luz las oscuridades, *curándonos* mutuamente, fortaleciéndonos. Mis cartas diarias, mi diario escrito para vos, con noticias mías y tuyas.

Paralelamente, sin embargo, transcurría la relación real, clandestina, imposible de alguna clase de legalidad; porque no confiabas en mí, y no confiabas en mí porque no confiabas en vos. *El punto de quiebre*, la separación de los discursos —el de los hechos y el de las palabras—, *estuvo dado por mi decisión de dejar el trabajo*. Pensaste: "Ahora, éste se me viene encima y no tengo cómo pararlo; será un parásito más para mantener", y *utilizaste por primera vez tu poder negativo*. Me asustaste. Yo no podía dar marcha atrás (porque no podía seguir adelante con mi vida rutinaria y ajena, porque el inconsciente —el alma, bah— había dicho basta), pero tampoco tuve donde apoyar mis pies para el salto, y terminé en esta mediocre y triste vida, actual, de crucigramero *full time*. De ahí en adelante, tu preocupación ha sido mantenerme lejos y clandestino, por más esfuerzos que te exigiera tu prosopopeya; así, cada vez que te proponías blanquearme ante tu madre, fracasabas.

Y la Princesa se fue degradando; perdió su magia de Princesa, porque pasó a predominar el poder negativo sobre el positivo, porque debías quitarme fuerzas en lugar de dármelas, y pasó a ser la muñeca, luego la yegüita, finalmente la perrita. El lenguaje espontáneo fue poniendo las cosas en su sitio. "Sin el animal dentro de nosotros, somos ángeles castrados",[2] pero sin el ángel dentro de nosotros, somos apenas animales.

Apelamos a todos los recursos para mantener vigente la prosopopeya; advirtiendo la falta del Ángel, busqué devolverte al mundo del espíritu proponiendo sacerdotes, alquimia, Jung, surrealismo —pero era inútil, porque fallaba la base, el sentimiento no es recíproco.

No me estoy quejando de tu falta de amor; desde un primer momento sentí, supe y sé, y siento, que soy amado. Lo que pasa es que el amor no ocupa en tu vida el mismo lugar que en la mía; tenemos diferentes escalas de valores. Lo que te estoy diciendo es que vos no aceptás tu amor tal como es (piel y sexo), aunque yo sí podría aceptarlo si no viniera envuelto en la funesta prosopopeya, que es lo que realmente me está estropeando la vida.

Creo que en ningún momento has hecho consciencia de lo difíciles que son las cosas para mí; soy el tipo que saltó al vacío, seguro de que podía volar, pero alguien le quitó las alas y ahora está prendido de una ramita al borde del precipicio. Esto lo he expresado de mil maneras, incluso somatizaciones, algunas muy expresivas como el eczema.

Desde el sueño con Margaret Thatcher comenzó a aclararse mi visión;[3] el sueño, en definitiva, me decía "estás esperando algo de esa mujer que es indudablemente poderosa, pero que no maneja el poder que vos necesitás", o algo parecido. Lo cierto es que, a partir del sueño, fui dejando de esperar, y habrás notado que vengo insistiendo en situar la relación en sus términos reales; de una forma confusa y vacilante al principio, pero ahora con bastante claridad. Al mismo tiempo veo más claramente mi propia situación, y necesito liberarme de la prosopopeya para poder tocar tierra, mal que me pese.

No es que durante todo este tiempo no te hayas esforzado por abrirte, por cambiar, por darle al amor un lugar en tu vida —pero, como recordarás, al cumplirse exactamante un año hubo un ajuste, un reordenamiento de tus piezas y, en definitiva, una decisión (por ahora inconsciente). Creo que vos también renunciaste a la prosopopeya, y de allí, aunque no lo tengas consciente, se te ha hecho más difícil estar conmigo. Tus visitas son breves, y serían más espaciadas si no fuera por "el temor a mis reacciones". Te atacás de fobias, y hay mil formas de resistencia (la última es el cansancio, que nadie que te conozca puede aceptar como excusa razonable). La piel y el sexo te parecen poca cosa, o más bien algo malo, culpable o despreciable, en cualquier caso inaceptable; pero ya no podés seguir sosteniendo la prosopopeya, y el conflicto entre el ello y el superyó es cada vez mas fuerte.

Me parece oírte decir: "Lo que vos llamás prosopopeya, es sólo una parte de la ambivalencia". Es lo mismo, Princesa; yo simplemente contabilizo hechos y discursos, y veo que transitan por vías diferentes. Me atengo a los hechos, y sería bueno que vos también lo hicieras para no estrellarte.

No hace falta un astrólogo para prever el futuro. Cada día te va a costar más venir a verme; tus visitas se espaciarán y serán siempre fugaces, el tiempo justo para satisfacer el instinto y pagar la culpa con algún drama o alguna fobia. Cuando en tu agenda figuren tres días enteros para mí, una mano negra intercalará una guardia en el medio —fatalmente. Por último, en este estado de cosas —si no se toma consciencia—, el superyó triunfará y volverás a tu vida ascética. *Yo, mientras tanto, animal afectivo y carnal, comenzaré de nuevo mi eterna (y vana) búsqueda del amor perfecto*; me desahogaré con prostitutas pero paralelamente seguiré buscando quien me devuelva las alas.

Y ya está todo dicho; sólo podría agregar detalles, hechos. Por ejemplo, mi impetuosa ofensiva última ("me voy de aquí el 1º de enero"), que fue astutamente parada. Por ejemplo, tus ataques a mis economías, como para que no tenga ninguna capacidad de movilización ("casualmente" se desajustaron tus economías, y ahora nuestra cuenta muestra un saldo *a mi favor* de U$S 16); como si la ramita de la cual estoy agarrado se estuviera rompiendo. (El otro día, ante una montaña de trabajo por hacer, me puse a contabilizar cuánto iba a ganar con eso, y equivalía a la mitad de lo que tuve que darte este mes). (También se desinfló la expectativa con la colección de Puntosur;[4] este mes termina el taller; en las revistas de juegos ya me puse al día con los materiales acumulables —colchón de varios números— y sólo tendré los pedidos normales de un mes, que dejan poco; quedan los crucigramas, sin contrato, que se pueden cortar en cualquier momento y, en todo caso, apenas alcanzan para el alquiler de un mes.)

De cualquier manera, un trabajo que podría ser grato y liviano se me hace insoportable porque mi mente está puesta en otro lado, en vos, en la prosopopeya, en cómo resolver un problema insoluble (porque en realidad no existe); en la lucha por traerte, en las somatizaciones, en las depresiones (fruto de la resistencia a *ver*: espero que ahora que vi, ya no vuelva a deprimirme de ese modo atroz).

Me dirás que mi carta es negativa porque muestra caminos cerrados y no ofrece soluciones. Eso es exacto, pero no el calificativo. Creo que la realidad, la percepción de la realidad, no es algo negativo: ofrece el único camino abierto posible, que es el de la *consciencia*. Mi respeto por tu libertad no puede imponerte soluciones (que para mí son obvias) (las hay) (son hermosas), y mi respeto por *mi* libertad me impide callarme estas cosas, aparentemente negativas. En última instancia, te estoy exigiendo que aceptes las cosas como son, o bien que las cambies —porque yo no entro más en el juego de la prosopopeya, ambivalencia, doble discurso, doble personalidad o como quieras llamarlo. Te he dicho muchas veces que acepto *cualquier* forma de relación entre nosotros; la única condición es llamar a las cosas por su nombre. Un hombre se juega por su mujer, y una mujer se juega por su hombre; y entre ellos no hay nada que pueda interponerse —siembre que haya un SÍ claro y rotundo; en cambio, si es "sí, pero…", no hay nada, absolutamente nada que los pueda salvar.

J

18.11.88

APÉNDICE:

vos: Vos no tenés nada que perder.

yo: Nada, salvo la salud, la libertad, la sexualidad, la alegría de vivir, la creatividad, la espiritualidad, la paz interior.

vos: Esos no son valores. Yo en cambio arriesgo mi posición social, mi trabajo, mi estructura familiar, el dulce cariño de mi madre, el respeto de mi hijo, la amable relación con la familia de mi ex esposo.

yo: Esos no son valores.

MONÓLOGO INTERIOR DE LA PRINCESA

Complicado mecanismo de supervivencia construido a partir de fallas esenciales; creación de personalidades u organizaciones psíquicas secundarias, agregaciones de apuntalamiento. Cada una se agarró de algo en su momento, y si suelto algo siento que me pierdo a mí misma. Imposible desarmar este aparato, maraña de seudópodos que se fueron nutriendo de mi sexualidad (falta de padre, falta de cariño de la madre, marido inválido, hijo para quien debo ser padre y madre), cómo puedo deshacerme de ellos, únicamente si pudiera apoyarme totalmente en él, pero no confío, él era muy amigo de aquel otro, son del género de los artistas, por definición gente poco confiable, no tienen los pies en la tierra. Sin embargo, él me hace sentirme mujer, ser mujer, soy mujer, por primera vez, plenamente, y tampoco puedo soltar esto ahora; debo encontrar la manera de prolongar indefinidamente las situaciones precarias, como siempre; estar en dos o tres lugares al mismo tiempo, correr en los aeropuertos y autopistas, siempre en movimiento porque no puedo soltar, no tengo en qué apoyarme, pero ser mujer me quita fuerzas para mantener el mecanismo andando, me desarmo, pierdo identidad, me detengo y no debo detenerme, no debo dejar un resquicio para la duda, no puedo, no quiero ir hacia dentro; tal vez no debí intentar esta aventura, despertar a la mujer dormida, la fiera, el vórtice que lo devora todo, que amenaza derruir todo lo que he construido; el sexo es omnívoro, infinito, incierto, como un mar asesino, un pantano, un huracán; no puedo dejar deshacerme en pedazos porque tal vez no pueda volver a construirme de otra manera, ni siquiera de la misma manera; tal vez lo mejor sea volver atrás, controlar a la bestia con pastillas —voy a aumentar las dosis, a mezclar, frisium, mucho frisium,[5] o mejor ir dejando morir las cosas, espaciar las visitas, ir disolviendo poco a poco, fragmentando, minimizando; soltar primero las complicaciones adyacentes, darle cada vez menos a mí misma, ir cerrando las brechas por las que mana mi interioridad, resurgen o se manifiestan los conflictos infantiles, dejar quietas las raíces, tapar todos los huecos, espaciar los encuentros; ya surgirá algo, un viaje, una beca, algo irrefutable; él se buscará otra, otras; lo conozco; no puede estar sin mujer; mejor que sea él quien decida; que un día me diga no va más, me será...[6]

[55]   15 DE DICIEMBRE DE 1988

15.12.88

Princesa,
  esto no es una carta para vos (¿qué te puedo decir que ya no te haya dicho, de bueno y de malo?), sino que, como otras veces, utilizo tu imagen de interlocutor privilegiado para desarrollar mi monólogo de búsqueda, buscando precisamente que tu imagen me ayude a no salirme demasiado de la razón.

Princesa, como en otras oportunidades, siento ahora que no puedo seguir conteniendo al Inconsciente (que antes era llamado "la Consciencia", o "el Alma"), que no tengo más transacciones para ofrecerle, que no puedo seguir engañándolo: se puso malo, en serio, y tiene razón, como siempre. Le costó mucho sacarme de la trampa en que me había metido (oficina), y de inmediato volví a meterme en otra (crucigramas y etc.), en ambas ocasiones por temor, por falta de confianza, por inseguridad. En julio, cuando surgen los crucigramas, el Inconsciente pateó muy fuerte y siguió pateando hasta fines de agosto. Ahora está pateando fuerte otra vez.

Hoy escuchaba por la radio una canción folklórica argentina, que en cierto momento hablaba de Buenos Aires, mencionaba al pasar "los trenes que vienen desde Buenos Aires", y dentro de su contexto ingenuote, la frase cobraba una dimensión particular, tal vez no prevista por el autor, que a mí me puso el dedo en la llaga; sentí el significado de Buenos Aires para las provincias distantes, sentí mi propia condición de provinciano, mi tiempo interior parecido al de la canción, lenta e intimista, que habla de una naturaleza humana muy distinta a la que transcurre en la gran ciudad; me vi con horror viviendo en "las entrañas del monstruo", en el centro mismo de esa forma de vida, ese ritmo, esos valores, tan distintos de los míos propios; ese torbellino que me lleva, enajenado, ausente, otro, para donde quiere. Buenos Aires, esa especie de paraíso inalcanzable para los provincianos, objeto de envidia y resentimiento, y al mismo tiempo temido infierno masacrante, devorador, anonimizador. Estoy en Buenos Aires; estoy exactamente al lado del Congreso, en medio de las manifestaciones, la violencia, la vida tumultuosa, la vida de masas y no de personas; en el Centro, de las oficinas, de los ejecutivos, de los funcionarios; trabajando full-time para solventar un apartamento, un lugar mío, un refugio en esa tormenta permanente; viviendo de artificios: ventiladores, estufas en invierno, radio-cassettes para tapar el ruido de los motores de la calle, y de distracciones de lo que es vida: crucigramas, lecturas. No hay amigos que te escuchen; ni siquiera amigos a quienes escuchar porque los discursos caen, aquí, en el vacío, todo es tan enorme, tan poderoso, tan sobrehumano, tan trágico, que la circunstancia de un individuo no conmueve (ni interesa). (El otro día, saliendo de la consulta del médico, me detuve en un kiosko a comprar cigarrillos; cuando me guardaba el vuelto en el bolsillo de la camisa, una mujer delgada, de edad imposible de calcular, ni joven ni vieja, vio el dinero y se desvió de su camino como atraída como un imán, se me plantó delante y me hizo una historia, de una hermana con una hemorragia estomacal, etc.; quería diez australes. Le dije que no y siguió insistiendo, y hasta intentó agarrarme de la camisa; le ladré como un perro y la empujé, y me alejé gritando.)

Todos los días me miento que mañana, mañana sí encontraré un ratito para mí mismo; pero no hay ratos para nada, porque no hay nada para hacer ni medio para hacer nada que sea válido, que me importe, que me trascienda. Ni tiempo ni espacio ni gente; hay sólo un monstruoso latir de taxímetro que marca el dinero que estás perdiendo de ganar, el dinero que cuesta tanto ganar y que te sacan enseguida, en un lugar donde sin dinero estás inmediatamente muerto —porque no existen los amigos ni los parientes ni los desconocidos que no tengan su tarifa; y cada inhalación de aire contaminado es dinero tuyo que está corriendo.

Mes a mes veo decrecer mis ahorros, sin poder revertir el proceso, ni siquiera detenerlo; un día, no lejano, se van a terminar; sólo puedo pensar en añadir más trabajo, más enajenación, más compromisos que voy a cumplir sin estar muy seguro de que vaya a cumplir la otra parte; siempre dependiendo del poder absoluto que otorga el dinero a quienes lo tienen, a manejar mi tiempo, mi imaginación, mis expectativas. Está muy claro que todo esto, así como está, sólo tiene un final posible; y ese final no me va a gustar, ya no me está gustando el camino hacia ese final; hace tiempo que veo o entreveo todo esto, pero estoy clavado aquí, sin poder hacer nada, en lo que Laing llama "situación de jaque mate": cualquier cosa que hagas te destruye, y si no hacés nada también te destruís. Es la situación que genera la esquizofrenia, según Laing.

No tengo hacia dónde huir. (Pienso: si no estuvieras vos, ¿en qué cambiaría la situación? De inmediato pienso en Piriápolis, y hay una cadena de imágenes cambiantes: primero, la idealización, la naturaleza, el ocio, la vida sencilla, el tiempo para mí y para escribir; luego, en recuerdo de la inevitable caída en la esfera de mi madre, los vecinos, la falta de un lugar propio, la dependencia asfixiante; luego, la idea de que sí, todo eso sí, pero que una vez llegado al punto de asfixia habré juntado fuerzas para salir y sabré cómo salir. De inmediato, siento que me faltan fuerzas para desarticular todo esto de Buenos Aires; que lo único que podría hacer sería fugarme, huir con lo puesto, abandonar todo —porque desarticular todo, trasladar lo necesario, llevar lo mío, es un esfuerzo impensable; no sabría ni por dónde empezar, sobre a todo porque el proyecto no es inmediatamente atractivo, porque está ese tiempo de lenta asfixia que deberé sufrir. Pero todo es muy fugaz, porque realmente estás vos, y no puedo pensar en ninguna fórmula que te excluya; entonces el juego se vuelve infinitamente complicado, no puedo pensar fórmulas complejas, no me quedan neuronas disponibles.) Jaque mate: sólo se puede cambiar una angustia por otra, una forma de suicidio por otra forma de suicidio; cualquier movida implica sacrificar cosas que no pueden sacrificarse, y no hacer ninguna movida sería el sacrificio supremo, la disolución del yo —que está marchando a ritmo sostenido (la disolución, no el yo).[1]

J

Sin embargo, me llega la voz de Lao Tsé: "Practica la inacción, y nada quedará sin ser realizado". ¿Me animaré a intentarlo?

P.s. de las 12 de la noche, después de tan linda charla telefónica, cuando aceptaste mi "paquete". Princesa, no deberías verme como un niño asustado ante fantasmas a quien consolar, o como un enfermo a quien cuidar (y de quien desconfiar); de pronto me vi con lo que creo que es la imagen justa: un luchador herido, o fatigado; que sólo necesita un lapso, un respiro, que dejen de golpearlo durante un rato para recuperar fuerzas y volver a la lucha. Me preguntabas qué quería: quiero exactamente eso (como en muchas veces anteriores: una pausa, la posibilidad de aburrirme para buscar no aburrirme más) (como en 1965, 66, 69, 73, 75, 79, 83....).[2]

[56]   16 DE DICIEMBRE DE 1988

16.12.88

Princesa,
continúo mi soliloquio, haciendo de cuenta que me estás escuchando.

Recién termino de leer el último de los doce cuentos de *El candor del Padre Brown* (por quinta o sexta o séptima vez),[1] y la lectura del libro se sumó a una entrevista que leí hace unos días al Tola, hecha por su prima María Esther, que salió en un semanario uruguayo que me trajo Domínguez para que leyera el reportaje.[2] Ambas lecturas, tan disímiles, dieron como fruto, recién, una dolorosa meditación; que no es nueva, pero que tiendo a olvidar, y al olvidarla pierdo de vista muchas cosas.

La entrevista al Tola trata principalmente de su adhesión al P.C.; María Esther comienza, como es su costumbre, con un ataque frontal que el Tola no elude (sino que incluso aporta argumentos —aparentemente— en favor del ataque); Tola responde, reposadamente, y "con su lenguaje que soy incapaz de reproducir, esencialmente que: hay que ensuciarse (comprometerse); hay que ponerse en posiciones vulnerables; como que es más importante para el hombre mantener un ideal, que los hechos concretos que puedan arrojar sombras sobre ese ideal. Él cree que, a pesar de todas las monstruosidades ("errores") de los PC del mundo, la idea de justicia social, etc., es válida y hay que defenderla.

Chesterton, por su lado, pone en práctica ideas similares: defiende al catolicismo como única verdad posible, y sitúa "el mal" en todo lo que cae fuera de él.

Mi meditación es con respecto a la fuerza que dan los ideales; no importa cuán equivocados sean. Pienso en los "hombres fuertes" que conozco, el Tola entre ellos, pero también M.V. (nazi),[3] Torri y Cándido (católicos), y también pienso en los no-fuertes que conozco, carentes de una ideología que los trascienda.

Eso me genera envidia, porque soy incapaz de creer en ninguna ideología establecida; sólo creo en ciertas vagas intuiciones mías, que se deshacen apenas intento estructurarlas. Me siento sin apoyo, y con la constante amenaza de caer en esto que caigo de tanto en tanto (y que creo que es lo que Jung llama "inflación del yo").[4] (Digo "creo" porque no recuerdo bien cómo maneja Jung el término.)

Desde mi punto de vista, esa "inflación" a veces se somatiza como tal (hoy desperté literalmente "inflado", con terribles dolores en todos lados; era exactamente como un globo inflado de gas; y lo asocié, por el sueño del niño, con la erección del pene; en mi extraña relación con mi cuerpo y con mi sexo, esta asociación no me parece descabellada; "yo" soy "el niño", el niño es el falo. Por otra parte, en un período de locura adolescente cuyos detalles me son penosos de recordar y mucho más de transmitir, sé, y sé cómo se produjo, que hubo un desplazamiento (casi diría deliberado) de lo genital hacia el hígado (sin entrar en detalles, diré que un primo lejano me contó demasiado vivamente un ataque que sufrió de apendicitis, y yo, muy sugestionable, pasé a vivir en el terror de un ataque similar, terror sin duda ligado con la castración, y *sé* que trasladé toda una carga de origen sexual a la zona hepática, que en adelante se automatizó como "zona de descarga" de todas las tensiones) (y así fue, ahora me doy cuenta, como llegué a vivir la operación de vesícula como una castración) (y así fue como me arruiné la vesícula).

Vuelvo al comienzo: razono, entonces, que los hombres "fuertes" adquieren su fuerza por un íntimo reconocimiento de su debilidad, que los lleva a apoyarse en una estructura que los trasciende; por el contrario, yo obtengo mi fuerza, que no es mucha, de mi sensibilidad, lo cual tiende a agotar esa sensibilidad, a exigirle demasiado, y a caer en estados de incertidumbre y aun de postración.

No veo remedio. Posiblemente haya mucho de orgullo, o aun de soberbia, o aun de paranoia; pero no puedo adherir a ninguna ideología porque siempre veo la otra cara de la moneda (a veces antes de ver la moneda), y no puedo justificar ningún crimen, y no hay ideologías que no tengan un nutrido historial de crímenes (y las que no lo tienen, por ser muy recientes, o son ridículamente endebles, o puede predecirse que tendrán ese historial si les dan una oportunidad). Yo veo por todos lados intereses creados, intereses materiales, disfrazados de ideologías trascendentes, y no puedo adherir a ninguno sin sentirme profundamente estafado o irremediablemente imbécil.

Sin embargo, nadie más proclive que yo a inclinar la cabeza con toda humildad ante cualquier cosa buena que sea cierta; las hay, como hechos aislados; y me consta que hay dioses, y probablemente un Dios —pero desconfío de los sacerdotes. Llevo la cruz de una inteligencia rebelde en un alma sumisa, que sólo desea entregarse; pero la inteligencia no lo permite.

No sé qué es causa y qué consecuencia; si primero está el egocentrismo o si primero está la desconfianza, la inteligencia rebelde, la percepción de los engaños, o si ambas cosas son dos facetas de un mismo y único fenómeno. Siento hoy como nunca la maldición bíblica: "Quien ame su vida la perderá".[5] Pero, lo siento mucho, ese amor a mi vida es prácticamente la única referencia de identidad que tengo, sólo soy capaz de inmolar mi yo al Eros (de modo, Princesa, que tu responsabilidad se hace muy grande).

Estos días de debilidad extrema, y en relación a todo lo que vengo diciendo, se conjugaron con una extrema inflación del yo; recuerdo que hace días que voy por las calles tratando de no dejarme contagiar por la locura de la ciudad, y para ello me voy diciendo: "yo soy yo, yo no formo parte de una masa", y me ordeno: "frená el ritmo, retomá tu tiempo, no te dejes llevar, no te olvides de quién sos". Me percibo, simultáneamente, como una hormiga en una grieta del asfalto —pero una hormiga con consciencia de sí.

La lucha es desigual (tremendamente desigual) e inútil (tremendamente inútil); pero no puedo hacer otra cosa que defender, instintivamente, mi identidad, aun a costa de padecer el infierno de la inflación del yo.

J

P.s. A las 3:17 de la madrugada; cuando digo que "no tengo tiempo para mí mismo", quiero decir, ahora lo veo, que no tengo tiempo de mantener viva, con ese pensamiento, mi construcción del universo, que no es fácilmente remitible a una concepción prestablecida o a una fórmula, sino a un constante ejercicio de sensibilidad e inteligencia.[6]

[57] 15 DE MARZO DE 1989

15.3.89

Princesa,
escribo esto inmediatamente después del sueño anotado hoy. Constato que buena parte de mi angustia (que hoy se manifiesta como tal, y más a menudo como fatiga o confusión mental), deriva de que *no sé* cómo enfrentar los problemas prácticos de mi traslado. Al mismo tiempo, me da bronca darme cuenta de que vos no parecés dispuesta a colaborar mayormente, y me figuro que estás haciendo una negación de esta incapacidad mía para enfrentar un problema. Creo que sería nada difícil para vos poner claridad en esto y darme una buena mano, pero que simplemente lo negás como problema.

Quiero que pienses un poco en la recíproca (no para cargarte con una deuda, sino para hacerte ver la necesidad práctica de ajustar ciertos roles, al menos en esta etapa), en la forma como he venido sosteniéndote y, en cierta forma, guiándote, en ese mundo, para vos terrible y desconocido, del inconsciente; como, durante un año y medio casi, has podido abrir puertas que parecían cerradas a cal y canto, has dejado salir monstruos y te has precipitado en abismos, por la confianza básica de que yo estaba allí, conocía de esas experiencias y podía atenuar tus temores y ayudarte a redimensionarlos. Hago este repaso con la esperanza de que comprendas que, en estos momentos, yo me siento así de huérfano en relación con el mundo exterior; y no sólo del mundo exterior en sí mismo, sino de mi ser insertado en él, al punto de casi no poder manejarme a mí mismo, como en el caso de las alteraciones del sueño, que me traban bastante la actividad de vigilia.

Cada vez que intento situarme ante las inminentes tareas prácticas del traslado, me invaden el pánico y la ofuscación; no se por dónde empezar a pensar, no sé qué hacer ni cómo hacer. Estoy desbordado por los trabajos de creación de juegos, el tiempo se me escapa, y cuanto más me asusto tanto más me paralizo. Princesa, necesito tu ayuda práctica. Comprendelo.

J

[58]   16 DE MARZO DE 1989

16.3.89

Princesa,
con respecto a la última parte de las transcripciones de Freud, quizás te sirvan de referencia para entender mi comportamiento durante tus ausencias prolongadas o tus incumplimientos.[1] (Aparte del hecho objetivo de que realmente a veces es para matarte por los trucos que hacés.)

Al respecto, si bien no tuve la experiencia de un hermano (gracias a Dios), Freud dice que en otra parte "o la posibilidad de un hermano", cosa que creo que me debe haber perturbado bastante, especialmente cuando aparecieron unos vecinos con un cochecito y una niña recién nacida, a la que quise reventar de inmediato con un diario enrollado (años más tarde fuimos muy amigos). En cuanto al "intento del niño por fabricar un niño", no me imagino a qué se refiere Freud, pero en mi experiencia personal es textual, o al menos recién ahora lo entiendo; hay un episodio en mi temprana infancia que siempre me dejó perplejo, y sólo podía relacionarlo con el intento alquimista (Paracelso) de la fabricación del homúnculo. Un día agarré un frasco y lo llené de agua y de cierta mezcla de sustancias misteriosas que sabiamente fui recogiendo aquí y allá; entre ellas, creo que había algo de talco y algunos elementos vegetales. Una vez preparada la mezcla, la dejé en un rincón oculto

del jardín y me olvidé por completo del asunto (aparentemente) durante un tiempo incalculable, que se me antoja larguísimo pero que muy bien pudo ser de dos o tres días (o semanas o meses). Cuando finalmente me reencontré con el frasco, juro que adentro había un monstruo espantoso, algo como una aguaviva, una masa carnosa transparente, con algo parecido a tentáculos y que se movía. Me dio tal susto que arrojé el frasco al terreno de los vecinos, por encima de una altísima pared. (En cuanto a la percepción del homúnculo, es posible que no haya sido exacta en relación con la realidad, aunque todavía conservo mis dudas).
Atte.

J

[59]   31 DE MARZO DE 1989

31.3.89

Princesa,

acabo de leer con asombro mi cuento "Espacios libres".[1] Siempre lo consideré "un reacomodo de arquetipos", y efectivamente creo que es así; pero en una lectura más superficial, establece claramente una fecha para mi primer intento de reconocerte como objeto de amor. Hace casi exactamente diez años que fue escrito: el 2 de abril de 1979. Leelo, por favor. El personaje principal ha sido construido, y no del todo inconscientemente, sobre la personalidad de J.J.; incluso se llama así, J.J. (Wellington de apellido).[2] Se cuenta una anécdota sobre un intento de destrucción de un piano, originada en una historia (real o no, pero sí contada como real) de JJ. Pienso que el gesto de arrancarse la peluca se corresponde con mi percepción de la calvicie de mi amigo (yo, poco observador, tomo consciencia súbitamente de esos detalles; probablemente un día lo vi pelado y me asombré). Más importante que esto es la percepción del afán autodestructivo del personaje, que hacia el final del cuento se suicida (o no; no queda claro) (sí queda claro lo de una especie de duelo mío por ese personaje, de quien digo en un momento: "Es un hombre admirable"). (A esta frase, una mujer morocha de ojos verdes que me ha atraído vivamente *desde un primer momento*, responde: "Es mi marido"), ("sin orgullo ni resignación").

Por otra parte, esa mujer (y yo siempre he insistido en el color negro de tu pelo) presenta una cierta dualidad sexual; en el cuento se deja entrever una relación sexual de ella con una mujer rubia. Y a pesar de los hechos más o menos extraordinarios y de la fuerte personalidad del personaje central (J.J.), lo que domina todo el cuento es la presencia mágica de esta mujer, a quien no le falta ninguna de tus características (inteligencia, reserva, belleza, espiritualidad, sentido práctico). (El cuento tiene otras líneas, entre ellas una muy importante, en relación con un perro, a quien está dedicado el cuento; pero en esta lectura de hoy me asombró descubrirte.)

J

P.s.: Sigo pensando en el cuento (y en vos). Pienso que la rubia, que es presentada como "una monja que dejó los hábitos" y que se confiesa ninfómana y esquizofrénica, sos vos desdoblada: allí están los extremos de esa especie de "esquizofrenia" tuya, la "liga de templanza" y la mujer de fuerte sexualidad y capacidad erótica.[3] Hablando de "liga de templanza", en este cuento me permito tomar whisky (al igual que los demás personajes), otro elemento asociado contigo desde hace tiempo (mi terapia para los cólicos, unos años más tarde).

P.p.s.: Después de hablar contigo por teléfono, y enterarme de que tu madre estaba leyendo *París*, me dio por pensar, al rato, qué novelas o cuentos serían apropiadas para ella, y de pronto sentí un escalofrío al recordar *El lugar* (escrita por 1969 o 70). Allí formé una especie de familia con una mujer llamada *Alicia*, y un niño de "no más de siete años". (En este caso, el personaje no es identificable contigo; pero la situación es impresionante, sobre todo porque coincide con una "fuga" de un laberinto —aunque en este caso el clima de "ciudad" identificable con Buenos Aires viene después.)[4]

Notas

[1] 5 Y 17 DE MARZO DE 1987
Primera de las cartas conservadas, escrita en dos tiempos, los días 5 y 17 de marzo.
1. Dormicum es el nombre comercial del Midazolan, un hipnótico de acción rápida, que se emplea para inducir el sueño. Los efectos a los que se refiere son propios de estos psicofármacos, a los que cada persona responde de manera variable conforme a su constitución. Se deduce que fue Alicia Hope quien le recomendó este fármaco.
2. Pronocta es asimismo el nombre comercial de un hipnótico similar, que dejó de fabricarse.
3 La *pareja* a la que alude es Lil Dos Santos, con la que Levrero ya llevaba varios años de relación cuando se trasladó con ella a Buenos Aires. Poco después de haber llegado a la ciudad se separarían.
4. Probablemente se trate de Patricia Sapia, la esposa del escritor y músico Eduardo Abel Giménez, compañero de Levrero en la revista *Humor y Juegos* y amigo de confianza. Ella fallecería en un accidente el año siguiente.
5. El proceso militar al que alude es la dictadura cívico-militar que se impuso en Uruguay tras el golpe de Estado de junio de 1973 y a la que pusieron término las negociaciones entre políticos y militares que tuvieron lugar en 1984; en las mismas, el general Gregorio Álvarez (autor del discurso que a Levrero se le antoja "inesperadamente débil") tuvo un importante protagonismo.

6. La "historia acerca de unos pájaros que habitaron el patiecito de casa por unos días" se refiere con toda evidencia a la historia que sirve de hilo narrativo del *Diario de un canalla* (fechado en 1986-1987 pero no publicado hasta 1992, recogido en *El portero y el otro*). No es fácil concluir cuál es esa *novela inconclusa* a la que se hace referencia. No puede tratarse de *La novela luminosa*, pero tampoco parece que sea *Desplazamientos*, que menciona más adelante hablando de "otra novela". ¿Quizá *Fauna*, que se publicó junto a *Desplazamientos*?

7. Como ya ha quedado dicho en la Presentación, en 1984 Levrero tuvo que ser operado de la vesícula biliar, órgano que hubieron de extraerle a consecuencia de unos cálculos que le producían episodios muy dolorosos. La operación, a la que se sometió lleno de aprensiones y temores, y que se complicó con una infección que lo obligó a prolongar su estancia en el hospital, supuso para él —como se refleja en esta y otras cartas, muy en particular en la siguiente— un suceso traumático, que jalonaría su vida entera, y al que alude insistentemente en varios lugares de su obra, muy en particular en *Diario de un canalla* y en *La novela luminosa*.

8. No hay certeza acerca de la identidad de este "alguien del pasado" a quien alude Levrero. Dado el tiempo transcurrido ("diez años"), es posible que se trate de Carmen Decia (hermana de Ida Decia, esposa de Rubén Gindel y vieja amiga de Mario Levrero). Levrero y Carmen tuvieron una relación en torno al año 1977. Ella estaba vinculada a algún grupo u organización de izquierda y durante la dictadura vivió períodos en la clandestinidad (incluso llegó a refugiarse en casa de Levrero); luego se exilió. Es posible que tras el retorno a la democracia ella hubiera regresado por un tiempo al Uruguay y Levrero la contactara, pero se trata de una conjetura.

9. El reportaje de Elvio Gandolfo en *La Razón* se titulaba "De las palabras solitarias a las palabras cruzadas" y fue publicado el 12 de febrero de 1987.

10. El padre de Levrero, Mario Julio Varlotta, falleció el 14 de agosto de 1970.

11 *Desplazamientos* se publicó ese mismo año de 1987, junto a *Fauna*, también una novela breve, con la que forma un díptico. El volumen apareció en Ediciones de la Flor, sello fundado y dirigido por Daniel Divinsky. En el original, todo el *post scriptum* a esta carta del 5 de marzo está añadido a mano, con tinta azul.

12. El padre de Levrero "trabajaba en las tiendas London-París de Montevideo, en el área exclusiva para clientes extranjeros, y hacia el fin de la tarde ofrecía clases particulares de inglés en la casa familiar. London-París era una enorme tienda departamental, producto arquitectónico de un momento de esplendor uruguayo en el que la ciudad capital mostraba claras inclinaciones cosmopolitas. El padre tomaba el tren todas las mañanas para ir al centro, desde el barrio de Peñarol, donde vivían, y muchas veces volvía tarde en la noche. Su presencia no era muy habitual en la vida de su único hijo, por lo que muchos años después lo recordaría así: "Su incidencia en mis primeros años fue más bien negativa, por la angustia que me producía su ausencia. Como suele suceder, recién comencé a comprenderlo en los últimos años de su vida, y sobre todo después de su muerte. Cada vez lo reconozco más en mi manera de ser actual, incluso en muchos tics" (Mauro Libertella, "El proyecto es escribir. Un perfil de Mario Levrero", *Revista de la Universidad de México*, núm. 11, 2018, pp. 18-25).

[2]   28 DE ABRIL DE 1987

1. Se refiere, obviamente, a la relación con la joven mencionada en la carta anterior.

2. Raúl Alfonsín, del Partido Radical, fue presidente de Argentina de 1983 a 1989. Su gobierno estuvo permanentemente amenazado por sectores de las Fuerzas Armadas que se resistían a aceptar el enjuiciamiento por violaciones a los derechos humanos durante la dictadura militar anterior. Pese a que, con el objeto de tranquilizarlos, Alfonsín había promovido la polémica Ley de Punto Final, que establecía una caducidad de la acción penal contra los autores de los crímenes denunciados, imponiendo un plazo de sesenta días para procesar a acusados de delitos de lesa humanidad cometidos durante el gobierno militar, la medida no satisfizo a los militares que en la Semana Santa de 1987 se rebelaron bajo el liderazgo del teniente coronel Aldo Rico. Millones de personas salieron a las calles para oponerse al alzamiento militar y, tras cuatro días de enorme tensión, que pusieron al país al borde de una guerra civil, el 19 de abril Alfonsín se dirigió a la enfervorizada multitud que se congregaba en los alrededores de la Casa de Gobierno para anunciar que iba a acudir personalmente a Campo de Mayo, donde se concentraban la fuerzas rebeldes (y adonde miles de ciudadanos habían acudido con el propósito de cercarlas y neutralizarlas), para convencerlos personalmente de que depusieran su actitud. A su regreso al cabo de unas horas, conseguido su objetivo, volvió a dirigirse a la multitud congregada frente a la Casa de Gobierno con estas palabras: "Compatriotas... ¡Felices Pascuas! Los hombres amotinados han depuesto su actitud [...] La casa está en orden y no hay derramamiento de sangre en la Argentina. Le pido al pueblo que ha ingresado a Campo de Mayo que se retire, es necesario que así lo haga. Y les pido a todos ustedes, vuelta a sus casas, a besar a sus hijos, a celebrar las Pascuas en paz en la Argentina".

    3. Los *garpones* son las 'piernas', en lunfardo.

    4. Haydée Castelo es una de las varias terapeutas con las que Levrero se trató episódicamente en Montevideo.

5. Como se ha dicho en la Presentación, Jaime Poniachik era uno de los dueños y directores de la editorial Juegos & Co. Levrero y él eran amigos desde su juventud. Poniachik fue quien lo persuadió de trasladarse a Buenos Aires para trabajar como jefe de redacción de la revista *Cruzadas* y dirigir la publicación *Juegos para Gente De Mente*.

6. Entel (Empresa Nacional de Telecomunicaciones) es el nombre corriente de una compañía argentina de servicios telefónicos; Segba (Servicios Eléctricos del Gran Buenos Aires), el de una compañía de electricidad. El nuevo apartamento de Levrero estaba ubicado justo frente a la Plaza y al Palacio del Congreso de la Nación Argentina.

7. Ubicada en la calle Corrientes esquina con Paraná, la librería Premier vendía libros de segunda mano; en ella trabajaban Víctor Pesce y "Ricky" McAllister. "Al atardecer, Mario Levrero retornaba de su trabajo en la calle Uruguay, entre Corrientes y Sarmiento, pasaba por la librería, y se quedaba un buen rato a conversar" (Víctor Pesce, "Un espejo donde mirarse", *El País Cultural*, núm. 875, 11 de agosto de 2006, p. 10).

8. Se trata de *Fauna / Desplazamientos* (véase la nota 11 de la carta anterior). Celia Herrera es una íntima amiga de Alicia; en esa época se desplazaba con frecuencia a Buenos Aires desde Montevideo para acudir a congresos médicos.

9. Se trata de *Espacios libres*, publicado por la editorial Puntosur de Buenos Aires en 1987.

10. Este "libro de historietas", con viñetas de Lizán y guion del mismo Levrero (que para la ocasión firmaba Varlotta), se tituló *Los profesionales* y fue editado por Puntosur en abril de 1988. Sobre Lizán, véase la nota 5 de la carta 4.

11. Es sabido que Levrero experimentó desde joven una gran atracción por la fotografía y el cine. "Un amigo me enseñó fotografía y al poco tiempo me nació la ambición de hacer cine. Me compré una cámara de 16 milímetros,

una moviola, y llegué a filmar tres cortometrajes de comedia muda. Filmaba a cuadro acelerado, con gags. Eran todos de tipo persecutorio" (entrevista a Mario Levrero de Carlos María Domínguez, *Brecha*, Montevideo, 12 de mayo de 1989, p. 22).

12. Tetravate es el nombre de una crema con antiinflamatorios que Levrero usaba para una afección crónica de piel (la psoriasis) que en medicina psicosomática es interpretada a menudo como una respuesta del cuerpo para "mantener alejado" al ser amado.

13. En el original, el pasaje que va desde "quiero decir..." hasta "...te borrás, etc." está añadido a mano, en tinta roja.

[3]   12 DE MAYO DE 1987

1. Se refiere a un congreso médico que iba a celebrarse en Buenos Aires en mayo de 1987 y al que Alicia Hoppe había proyectado acudir, pero que finalmente se suspendió.

2. No se ha conservado esta carta a la que alude Levrero y no es posible, en consecuencia, aclarar algunas de las alusiones que hace a su contenido.

3. Al poco de ser publicada por Equipo Editor, Buenos Aires, en 1975, Levrero mandó un ejemplar de *Nick Carter se divierte mientras el lector es asesinado y yo agonizo* a Máximo "Max" Ruiz, un joven ilustrador argentino al que había conocido a fines de los años sesenta y que en ese momento se hallaba en París, donde había comenzado a estudiar cine. Max quiso realizar una adaptación cinematográfica de la novela, pero el proyecto no llegó a prosperar.

4. Esta explicación se entiende mejor si se conoce el texto de la carta que Alicia Hoppe escribió a Levrero desde Colonia el 25 de abril de 1987. Se lee allí : "Me siento muy cerca de ti, de tus procesos, y me alegra que me elijas para la 'búsqueda' de ti mismo. Pido solamente que por algunos momentos me dejes ser A[licia] y no la doctora".

5. Antes de trasladarse a vivir a Colonia, Alicia Hoppe mantuvo en Montevideo una larga conversación con Levrero en la que le recomendó romper con la inercia que lo retenía en el mismo barrio en que llevaba viviendo desde su infancia, sin progreso alguno. Poco después tomó Levrero la decisión de irse a trabajar a Buenos Aires. Ya instalado en la ciudad, en diciembre de 1986 (poco antes del comienzo del presente epistolario), Levrero fue un par de días o tres a Colonia, en visita amistosa. Durante esa estancia, él y Alicia mantuvieron una larga conversación, en la que al parecer los dos, deponiendo sus defensas, se expresaron abiertamente, en un clima de gran confianza mutua. Esta conversación, a menudo recordada en estas cartas, supuso un cambio de rasante en la relación entre ambos, como ya se ha dicho en la Presentación.

[4] 4 DE JUNIO DE 1987

1. Desde 1966, Nilda Renée, la madre de Levrero, vivía junto a su marido en Piriápolis, a unos cien kilómetros de Montevideo. Levrero los visitaba con frecuencia y pasaba algunas temporadas allí, incluso de varios meses.

2. "*placar*: adaptación al español de la voz francesa *placard*, usada en los países del Río de la Plata para designar el armario, normalmente ropero, construido en una pared. Su plural es *placares*" (*Diccionario panhispánico de dudas*, 2005).

3. Al poco de separarse de Levrero, Lil Dos Santos se emparejó con Lizán, nombre por el que es conocido Edgardo Lizasoain, dibujante uruguayo que ilustró los guiones de dos volúmenes de "historietas" de Levrero: *Santo varón* (Buenos Aires, Ediciones de la Flor, 1986) y el ya mencionado *Los profesionales* (véase la nota 10 de la carta 2). Lizán y Levrero se habían conocido a finales de los 70, con motivo de haberle enseñado Lizán a Levrero unos cuentos que había escrito. Al devolvérselos, Levrero le dijo: "Algunos, trabajándolos un poco, pueden servir como guiones de his-

torietas", palabras que desalentaron a Lizán. Años después, Lizán se enteró por Elvio Gandolfo de que un tal Jorge Varlotta andaba a la búsqueda de un dibujante con estilo propio para hacer algo en conjunto. Lizán fue a visitarlo a su apartamento, y ahí empezó la colaboración entre los dos. (Véase Lizán, "El profesional", *Brecha*, 17 de noviembre de 1995, p. 19.)

4. Se trata de Andrea Zablotsky, "secretaria de redacción" de la revista *Cruzadas*, en la que Levrero tenía el cargo de "jefe de redacción".

5. Al frente de su novela *Desplazamientos* antepuso Levrero esta cita de *Psicología y religión* (1937), de Carl Gustav Jung: "A todo individuo le sigue una sombra [...] Si las tendencias reprimidas de la sombra no fueran más que malas, no habría problema alguno. Pero, de ordinario, la sombra es tan sólo mezquina, inadecuada y molesta, y no absolutamente mala".

6. "Al pasar cerca de la pobre lamparita, que acentúa la sordidez del ambiente o que, tal vez, disimula piadosa los deterioros que una luz más potente desnudaría con crueldad, veo sin querer mi propia sombra proyectada sobre la pared a mi derecha; es la sombra de mi padre, su mismo perfil, y si bien ni mi rostro ni mi cuerpo denotan en la realidad el parentesco, mi sombra en cambio puede superponerse exactamente con aquel cuerpo y aquel rostro, especialmente con aquel gancho de avaricia en la nariz, la punta curvada hacia abajo y hacia adentro como delatando un alma vertida hacia sí misma", se lee en *Desplazamientos*.

7. Esa "última experiencia de enamoramiento" a la que alude Levrero es, obviamente, la que se narra en las cartas 1 y 2.

8. Este "simposio" era un congreso de psiquiatría que se celebraba en Buenos Aires y al que Alicia acudió por esas fechas. El *post scriptum* está añadido en letra manuscrita.

[5] 13 DE JUNIO DE 1987

1. ONDA son las siglas de la desaparecida Organización Nacional de Autobuses, importante empresa de transporte de pasajeros por carretera que hacía servicios por todo Uruguay con conexiones a Buenos Aires y Porto Alegre.

2. Se refiere con toda probabilidad a Celia Herrera (véase la nota 8 de la carta 2).

3. En una carta escrita los días 9-10 de junio de 1987, Alicia Hoppe insta a Levrero a abrirse más a la vida, de la que dice que "es espinosa pero dulce por adentro", y añade: "¡Hay que animarse a morderla!".

4. En la misma carta del 9-10 de junio citada en la nota anterior, Alicia, tras preguntar a Levrero si tiene pareja, añade: "¿Y la 'reventada'? ¿O la de Montevideo?". No ha sido posible esclarecer estas alusiones.

5. Se trata de Aníbal Ford, escritor, periodista y teórico de la comunicación argentino, que en 1987 acababa de publicar *Los diferentes ruidos del agua* en la misma colección de Puntosur.

6. Coloquialmente, *rayes* equivale a 'locuras', 'neurosis', 'malos rollos'; deriva de los usos coloquiales del verbo *rayar* ("trastornar o volver loco", "enfadar, fastidiar, hartar", según el *DRAE*).

7. La librería a la que alude Levrero es sin duda la Premier (véase la nota 7 de la carta 2). Lo más probable es que, al referirse a las dos personas "que están más cerca de este mundo mío", Levrero esté pensando en Víctor Pesce y "Ricky" McAllister. Pero también podría tratarse de Elvio Gandolfo o de Mario Fontana, dos asiduos de la autodenominada "brigada nocturna".

8. El cuento "El país de los ciegos", de H.G. Wells, se publicó originalmente en 1904 y dio luego título a la colección *El país de los ciegos y otras historias*, de 1911.

[6] 20 DE JUNIO DE 1987
1. Los problemas con el Correo Uruguayo eran terribles en aquellos meses. El tema aparece recurrentemente en toda la correspondencia de Levrero. Nilda, su madre, le dice el 27 de mayo: "Me decís de probar con Onda. Tampoco en estos momentos le tengo confianza: está casi fundida y van a mandar a 300 a seguro de paro. Te imaginarás: están continuamente haciendo huelgas y paros"; y el 12 de julio agrega: "Querido Jorge. El 23 recibí tu carta en la que me dices que recibiste todas mis cartas, si te hubiera tenido cerca te curtía a patadas en el culo por tenerme tanto tiempo haciéndome mala sangre al cuete, porque yo creía que no las recibías".
2. El 17 de junio de 1987 se realizó en la galería de arte de Ruth Benzacar el lanzamiento de la colección de narrativa "Puntosur literaria", dirigida por Jorge B. Rivera, en la que se presentaron los tres primeros libros de esta colección: *Las hamacas voladoras* de Miguel Briante, *Los diferentes ruidos del agua* de Aníbal Ford, y *Espacios libres* de Mario Levrero.
3. Se trata de una entrevista realizada por Rubén Ríos y publicada en *Página/12* el 8 de julio de 1987 bajo el título "Hay libros que son como Válium".

[7] 30 DE JUNIO DE 1987
1. El Jaime al que alude es, obviamente, Jaime Poniachik (véase la nota 5 de la carta 2).
2. El 4 de junio de 1987 Elvio Gandolfo publicó en *La Razón* de Montevideo una reseña de *Fauna/Desplazamientos* y de *Espacios libres* titulada "Los muchos mundos de Mario Levrero".
3. Este trabajo no llegó a publicarse. El último número de la revista *El Péndulo* apareció en mayo de 1987, con anterioridad a esta carta del 30 de junio. El autor del trabajo, al que más delante se refiere el mismo Levrero especifi-

cando que es italiano, es sin duda Pablo Capanna. Diez años después, en diciembre de 1997, Capanna publicará un artículo titulado "Las fases de Levrero" (*Inti: Revista de literatura hispánica*, Universidad de Providence). Allí dice que el texto había sido escrito en 1987 y que estaba dedicado a las ediciones publicadas aquel mismo año de *Espacios libres* y *Fauna/Desplazamientos*.)

4. Alicia Hoppe comenzaba así su carta del 18 de junio, a la que Levrero alude: "A modo se introducción: '¿Qué es un rito?', dijo el Principito [se está refiriendo, naturalmente, a *El Principito*, de Antoine de Saint-Exupéry] [...]" "Es lo que hace que un día sea diferente de los otros días, una hora de las otras horas..." "El Principito se fue a ver nuevamente a las rosas: 'No sois en absoluto parecidas a mi rosa, no sois nada aún. Nadie os ha domesticado y no habéis domesticado a nadie'. Por acortarlas [las citas], espero no mutilarles el sentido. Pero pensé en la rosa cuando recibí tu carta número 3 del 4 de junio y busqué los ritos al leer tus reflexiones del 13 de junio".

5. En la misma del 18 de junio citada en la nota anterior, escribe Alicia: "Cuando comenzaste con los dos sueños, que son claros, pero no para interpretar por carta, toda esa escritura es una búsqueda de ti mismo donde (no me gusta usar términos psicológicos) estás lleno de ambivalencias que van desde tu departamento a tu 'no piyama', tu padre, etc., etc.".

6. No es fácil identificar la frase de la carta de Alicia que Levrero dice haber copiado y puesto a la vista en su escritorio, dado que la carta entera lo anima a armonizar los distintos planos tanto de su actividad como de su personalidad. Podría tratarse del pasaje en que dice: "Jorge, tú puedes compartimentarte, lo que tienes, lo que *eres*, esta persona que se preocupa de su casa, de sus muebles, de su ropa, es *tanto* más que el que se escondió en [su apartamento de] la calle Soriano. Sé que es difícil, pero aguanta,

pronto esto que se opone encontrará su equilibrio en ti y serás un poco menos crítico".

7. "Es posible que en vacaciones, sería por el 13 o 14 [de julio], lleve a Ignacio a Buenos Aires. Nos quedaríamos en un hotel, pero te aviso para charlar", escribía Alicia Hoppe en el *post scriptum* de la carta que se viene citando.

8. Nevada es el nombre de una marca uruguaya de cigarrillos.

9. La carta entera está escrita en un único folio, por las dos caras, y aprovechando al máximo el espacio. De hecho, este último párrafo está mecanografiado verticalmente en el margen izquierdo.

[8] 8 DE SEPTIEMBRE DE 1987

Entre esta carta y la anterior han transcurrido más de dos meses. Durante este tiempo, Alicia realizó un viaje a Buenos Aires, en el mes de julio. En esa ocasión no se alojó en el apartamento de Levrero, con quien por supuesto sí se reunió, como aquí queda patente. Alicia viajó de nuevo a Buenos Aires a finales del mes de agosto. En una breve carta escrita en la madrugada del 24 de ese mes, en la que se extraña del tiempo transcurrido sin recibir una nueva carta de Levrero ("¿es que los 'pajaritos cantan tanto' que no tienes tiempo de escribir? ¿o tus problemas te han acorralado...?"), Alicia le anuncia su llegada a Buenos Aires a las 7:30 pm del día 28. Su propósito es alojarse de nuevo en el mismo apartamento que ocupó en julio, pero deja abierta la posibilidad de hacerlo en el de Levrero, cosa que finalmente no ocurrió. Por las palabras de Levrero se deduce que, en algún momento, Alicia le hizo entrega, en mano, de una carta que, al parecer, él debía leer una vez ella se hubiera ido (véase la carta 13).

1. Esta nota viene señalada en el texto de la carta mediante un asterisco (*) y ha sido añadida manualmente, con tinta azul. Toda esta primera parte de la carta ocupa la

media parte superior de un folio que Levrero cortó por la mitad y pegó luego con cinta adhesiva a los dos folios que ocupa el sueño que narra a continuación.

2. En su correspondencia con Alicia, Levrero adjuntará en numerosas ocasiones, como se irá viendo, relatos de sus sueños. Sólo en unos pocos casos, como aquí, se detiene a interpretarlos; la mayor parte de las veces le basta con pedir la devolución del relato en cuestión, a efectos de inventario.

3. El padre Cándido Scapolo que aparece en el sueño narrado por Levrero era un sacerdote italiano con el que éste amistó estrechamente jugando largas partidas de ajedrez. Levrero lo había conocido en 1974, a través de Alicia y su esposo Juan José. El padre Cándido dirigía por entonces una residencia juvenil franciscana en Montevideo. Con el tiempo, Cándido se transformó en el guía espiritual de Levrero, lo inició en el catolicismo y lo bautizó. En 1978 regresó a Italia; él y Levrero no volverían a verse hasta 1992, cuando el sacerdote lo visitó sorpresivamente en Colonia del Sacramento.

4. Esta frase está añadida posteriormente, de forma manuscrita, empleando mayúsculas.

5. En el original, todo este párrafo aparece recogido con una llave y el siguiente aviso en letra manuscrita: "La necesidad de escribir para tener una identidad".

6. En el siguiente comentario al sueño narrado, Levrero repasa su relación con Alicia desde que la conoció como novia de su amigo Juan José Fernández (al que designa con las iniciales JJ). Como se ha visto ya en la Presentación, la relación conoció un cambio cuando, al acudir a su consulta médica para contarle sus dolencias, Levrero descubrió las grandes dotes de Alicia como psicoterapeuta, sobre las que aquí se explaya (si bien ya antes, en la carta 3, ha hecho mención a ellas). Levrero atribuye a Alicia el haberse decidido a dar el paso de ir a trabajar y a vivir a Buenos Aires,

como le atribuye también la responsabilidad de su amorío con una compañera de trabajo.

7. Levrero se refiere a la carta mencionada en la nota 4 de la carta 3, escrita por Alicia el 25 de abril de 1987.

8. La "prohibición" que le impuso Alicia Hoppe a Levrero en diciembre de 1986 y que, al parecer, "levantó" el mes de julio, durante su estancia en Buenos Aires, tenía que ver con la afición de éste a recurrir a los servicios de "promotoras", "escorts" o "señoritas de compañía", es decir prostitutas a domicilio. Alicia desaconsejaba a Levrero el sexo "deportivo", realizado sin ningún vínculo amoroso ni simpatía hacia la persona con quien lo practicaba.

9. Aunque era generalmente conocido como Miguel o "el hermano Miguel", el nombre real de Torri era Dándolo Torri Pace. Era un exsacerdote de origen italiano muy interesado en la parapsicología. Había colgado los hábitos a comienzos de los años 70, para contraer matrimonio con Susana Grèzes. Se trataba de una personalidad bastante carismática, muy reconocida en Uruguay, donde era representante del Centro Latino Americano de Parapsicología (CLAP). Fue él quien instruyó a Levrero sobre la materia y lo exhortó a escribir sobre el asunto (de ahí surgió el *Manual de parapsicología*, de 1978). Levrero acudió a Torri para casarse simbólicamente con Alicia cuando los dos se fueron a vivir a Colonia. Murió en Montevideo el año 2000. Véase la carta 52.

10. Se refiere a Elizabeth Appeltauer, amiga de Levrero desde la infancia y esposa de otro gran amigo suyo, Jorge Califra, con quien fundó en los años sesenta la librería Guardia Nueva.

11. No se sabe con certeza a qué "asuntos" se refiere Levrero. Juegos & Co. mantenía una división de servicios periodísticos y publicitarios que elaboraba juegos y pasatiempos para ser usados por agencias de publicidad, programas de radio y televisión y medios escritos de Argentina,

España y Uruguay. Tal vez Levrero libretó algún programa de TV en este contexto. Más probablemente, sin embargo, el "asunto" tenga que ver con un programa televisivo realizado junto a Leo Maslíah, poeta y músico amigo de Levrero (véase la nota 04 de la carta 17). En marzo de 1988 Leo Maslíah escribía a Levrero una carta en la que le decía que si le interesaba ver el piloto del programa que hicieron debía comunicarse con un tal César (le da el número de teléfono y le dice que vive a tres cuadras de su casa): "Si vas, andá sabiendo que la mitad de las cosas que se hicieron son una cagada infame e insalvable. La otra mitad es sencillamente maravillosa".

12. Estos dos *post scriptum* están añadidos a mano, con tinta azul.

[9] 24 DE SEPTIEMBRE DE 1987
Esta carta se desdobla en dos, ambas fechadas el mismo día. Levrero adjunta a la primera la copia de otra escrita con anterioridad, en tono muy distinto, y que no va dirigida propiamente a Alicia sino a X, la letra que sustituía su nombre en el sueño narrado en la carta anterior, del 8 de septiembre. A esta carta respondió Alicia con otra, fechada la noche del 18 de septiembre, en la que, en referencia a lo que decía Levrero en la suya sobre los roles, escribía: "Pienso: qué bueno es cuando te refugias en los roles, en las investiduras: 'a las doctoras nunca les pasan estas cosas'. Ha sido para mí casi un motivo de orgullo (?) siempre haber mirado con ojos 'clínicos' y que me miraran con ojos de pacientes; el precio es perder tu condición de mujer, es decir, ser una especie 'asexuada'. Y ahora es como sentirme sin cáscara frente a ti. Tu carta es buena, tu análisis de los roles, todo lo que dices de mí es acertado. Tu sueño, diría que no es un sueño, es una realidad semioculta desde diciembre y que fue creciendo a medida que me escribías". Esta última frase alude, obviamente, a la

conversación mantenida entre Levrero y Alicia durante la visita del primero a Colonia, en diciembre de 1986 (véase la nota 5 de la carta 3), conversación recordada por el mismo Levrero en esta carta. En la suya, Alicia alude además a una "posdata", escrita sobre un papelito suelto, en la que Levrero escribió: "Anoche tuve un sueño que me lleva a decirte, como la canción de Los Beatles: Posdata, te amo". Algo que —añade ella— "me sacudió hasta los huesos". El caso es que hacia mediados de septiembre la relación entre Levrero y Alicia cambia de signo y se aboca a una relación sentimental explícitamente asumida como tal por los dos, y cuyo curso no sólo precipitan las cartas sino las eventuales conversaciones telefónicas que ambos mantienen.

1. Véase la nota 8 de la carta anterior.
2. Véase la carta 2.
3. Para controlar su afición al tabaco, Levrero solía realizar a diario, en papelitos que insertaba en los paquetes de cigarrillos, pequeñas gráficas en las que dejaba constancia del número de cigarrillos fumados, y la hora en que los había consumido, de lo que derivaba porcentajes que finalmente a nada conducían, pues nunca renunció al abuso del tabaco. Se conserva alguna de estas gráficas, coloreadas según los niveles de consumo.
4. El CASMU es el Centro de Asistencia del Sindicato Médico del Uruguay, una empresa uruguaya que brinda servicios de salud a sus socios a través del mutualismo.
5. Levrero ironiza aquí sobre el acusado sentido del deber de Alicia y el cuidado que pone en guardar las formas y mantener una conducta intachable en una población, como Colonia en aquellas fechas, de apenas veinte mil habitantes, en la que ella desempeñaba un puesto de responsabilidad, con pacientes a su cuidado. Las resistencias de Alicia a hacer pública su relación con Levrero y normalizarla —resistencias que darán lugar, poco más adelante, a insistentes reproches por parte de Levrero— tenían que

ver, además, con el hecho de que convivía con su madre, que era quien se ocupaba de su hijo, Juan Ignacio, mientras ella estaba trabajando. La madre de Alicia nunca vio con buenos ojos su relación con Levrero.

6. Las inyecciones de cortisona a las que alude Levrero estaban destinadas a paliar sus afecciones crónicas en la piel.

7. Tanto la línea de puntos después del aviso de párrafos suprimidos como la indicación entre paréntesis de "firma" figuran así en el original mecanografiado.

[10]   28 Y 29 DE SEPTIEMBRE 1987

De nuevo, en señal del cambio de "rol" que ahora desempeña para él, Levrero se dirige a Alicia llamándola X, inicial empleada en el sueño de alto contenido erótico narrado en la carta 8.

1. No se ha conservado la carta de Alicia que Levrero dice haber recibido y que comenta a lo largo de esta suya. Es muy probable que él mismo la destruyera, para preservar el "secreto" de Alicia.

2. En su ya mencionada carta del 18 de septiembre, Alicia escribía a Levrero: "sigo creyendo que lo verdadero es tu soledad y la mía, o si quieres lo vulnerables que estamos".

3. En esta frase, Levrero olvidó escribir el *no*, que añadió poco después, con mayúsculas, y un comentario entre líneas que dice, en broma: "No te aproveches del lapsus".

4. Es sabido que Levrero, aficionado a los tangos —una afición que compartía con Alicia—, los coleccionaba celosamente, grabándolos de emisiones radiofónicas. Las citas que hace en esta carta pertenecen a las letras de tres tangos que solía cantar Roberto Goyeneche, "el Polaco", legendario intérprete argentino. La primera —que Levrero cita de memoria, sin exactitud— corresponde al tango titulado *Me están sobrando las penas*, de 1944, con música de José Basso y Argentino Galván, y texto de Carlos Bahr. La segunda corresponde al tango titulado *El mila-*

gro, de 1946, con música de Armando Pontier y letra de Homero Expósito. La tercera corresponde al tango titulado *Quedémonos aquí*, de 1956, con música de Héctor Stamponi y de nuevo letra de Homero Expósito. No parece casualidad que Levrero cite dos tangos con letra de Expósito. Junto a su larga admiración por el poeta, se da el hecho de que éste había muerto tan solo cinco días atrás, el 23 de setiembre de 1987. En 1996, en una de sus *Irrupciones* para la revista *Posdata*, Levrero escribirá: "en la calle Corrientes hay un viejo café llamado La Giralda —que la mayoría de los porteños, por algún motivo, pronuncia 'la yiralda' [...] No sabía, y lo supe simultáneamente con la noticia de su muerte, que a La Giralda iba todas las noches Homero Expósito, el más grande poeta del tango y, de algún modo inexpresable, un amigo personal al que nunca vi [...] Me hubiera emocionado saber que estaba allí en esa mesa, a pocos pasos, y tal vez me habría animado a acercarme a él, saludarlo y, sobre todo, darle las gracias [...] El mejor, y el más bondadoso de los poetas del tango".

5. Sobre el término *promotoras*, véase la nota 8 a la carta 8.

[11] 29 Y 30 DE SEPTIEMBRE DE 1987

Carta escrita en tres tiempos y en tres hojas distintas. La correspondiente a las 8:45 a. m. del 30 de septiembre es un folio cortado por la mitad, que se inserta entre los otros dos.

1. La secretaria a la que se refiere Levrero es Andrea Zablotsky.

2. El "lugar propuesto" por Alicia, y al que Levrero opone toda clase de inconvenientes, era un hotel en la localidad uruguaya de Nueva Helvecia, entre Colonia y Montevideo.

3. "La persona más importante" del ámbito familar de Alicia era en esos momentos, por supuesto, su hijo Juan Ignacio, por entonces de seis años.

4. La posdata posterior a la primera firma está añadida a mano, en tinta azul. La canción interpretada por Louis Armstrong cuya letra cita Levrero es *You're the top* ('Eres lo mejor'), compuesta por Cole Porter para el musical titulado *Anything Goes*, de 1934.

5. La doctora Argelia Gargano fue una veterana médica de Colonia, muy respetada en esta ciudad, en la que acogió y orientó a Alicia en los primeros años que pasó allí. Por lo que se deduce de las palabras de Levrero, era a ella a quien él dirigía las cartas destinadas a Alicia.

[12]   3 DE OCTUBRE DE 1987

1. Entre las cartas de Alicia que se han conservado, ninguna emplea, al menos literalmente, la expresión "cuento sin terminar", razón por la que cabe especular que empleara esta expresión en una de las conversaciones telefónicas que, entre carta y carta, mantenían los dos. Como sea, la expresión alude a la impaciencia que para la misma Alicia, como para Levrero, generaba la expectativa continuada de una relación no consumada.

2. Véase la carta 9.

3. La hija a la que Levrero hace mención es Carla, nacida en 1967, fruto de su relación con María Lina Mondello.

4. Carrasco es el nombre del aeropuerto internacional de Montevideo.

5. Es parte de la letra de la canción titulada *The most beautiful girl*, compuesta por Billy Sherrill, Norris Wilson y Rory Michael Bourke, y que, interpretada por Charlie Rich, acaparó el número 1 de las listas de canciones más populares en Estados Unidos, en 1973.

6. *Enigmas Lógicos* era otra de las revistas de las que se ocupaba Levrero en Buenos Aires.

7. Marca de whisky argentino.

8. Canción grabada en 1965, con música de Jimmy Van Heusen y letra de Sammy Cahn.

[13] 5 DE OCTUBRE DE 1987
1. Esta frase entre paréntesis está añadida a mano, al margen.
2. Snoopy es, por supuesto, el personaje (un perro) creado por Charles Schulz para la célebre tira cómica que protagoniza Charlie Brown.
3. Se refiere Levrero a su negativa a concertar el primer encuentro amoroso con Alicia en un hotel, ya fuera bonaerense o uruguayo.
4. Se llama comúnmente *cinta scotch*, empleando el nombre de una popular marca de este producto, a la cinta adhesiva.
5. Seguramente un regalo del profesor Torri, quien estuvo en Italia en agosto de 1978, mes de la asunción de Juan Pablo I.
6. El nieto al que alude Levrero es Ham, hijo mayor de su hija Carla. Se llama Pablo Ernesto, y nació el 12 de julio de 1986.
7. Esta "carta detonante" que Alicia habría arrojado sobre la mesa de la confitería Del Molino ya ha sido aludida en la carta 8. La "otra" carta que Levrero menciona a continuación, y que dice conservar sobre su escritorio, probablemente sea la que Alicia le envió el 18 de septiembre, mencionada en la carta 9.
8. Levrero vuelve a recordar la varias veces mencionada conversación que él y Alicia mantuvieron en Colonia en diciembre de 1986 (véase la nota 5 de la carta 3).

[14] 10 DE OCTUBRE DE 1987
Dado que las cartas se han conservado sueltas, sin los sobres correspondientes, no es seguro que las dos partes de esta carta fueran enviadas conjuntamente, puede que dieran lugar a dos envíos sucesivos, si bien la exacta coincidencia del doblado de las tres hojas que ocupa invita a pensar lo primero.
1. Alicia viajó finalmente a Buenos Aires el 16 de octubre. Se conservan dos cartas de Alicia (del 2 y del 7 de

octubre) en las que, ya convenida la visita, especula acerca de cómo será el encuentro y le da a Levrero, siempre en tono humorístico, algunas instrucciones. A todo ello alude él indirectamente en su carta, también con ironía y humor.

2. Como el mismo nombre sugiere, el Migral es un fármaco indicado para las migrañas.

3. Letra del tango titulado *El milagro* (véase la nota 4 a la carta 10). El "otro tango" cuya letra también cita, más brevemente, es *Me están sobrando temas* (véase la misma nota).

4. El socio de Jaime del que tan cariñosamente habla Levrero es Daniel Samoilovich.

5. Probablemente no es necesario explicar que Les Luthiers es el nombre de un muy popular grupo argentino humorístico-musical, todavía activo, pese al fallecimiento entretanto de dos de sus miembros históricos. Véase el comienzo de la carta 26.

6. Primera vez que Levrero emplea en sus cartas el apelativo "Princesa". Recuérdese lo dicho a este propósito en la Presentación y véase la carta 17.

7. El programa *El jazz y sus parientes* se radiaba los sábados de tarde por FM Inolvidable, Radio Rivadavia. El conductor se llamaba Ricardo Antín. Era publicista (gerente del área de publicidad en Télam, agencia oficial de noticias) y músico (en 1969 editó un disco titulado *Los ejecutivos también tienen alma*). Levrero llegó a comunicarse con él por correspondencia.

8. *Chau no va más* es el título de un tango compuesto por Virgilio Expósito con letra de Homero Expósito. Formaba parte del repertorio de Roberto Goyeneche. Su letra dice: "¡Chau, no va más!... / Es la ley de la vida devenir. / Chau, no va más!... / Ya gastamos las balas y el fusil. / Te enseñé como tiembla la piel / cuando nace el amor, / y otra vez lo aprendí; / pero nadie vivió sin matar, / sin cortar una flor, / perfumarse y seguir... // Vivir es cambiar... / ¡dale paso al progreso que es fatal! / ¡Chau, no

va más!... / Simplemente, la vida seguirá. / ¡Qué bronca sentir todavía el ayer /y dejarte partir sin llorar! / Si te pude comprar un bebé, / acuñar otra vida y cantar... / ¡Ay qué bronca saber que me dejo robar / un futuro que yo no perdí! / Pero nada regresa del ayer, / ¡tenés que seguir!... / Tomálo con calma... / Esto es dialéctica / pura, ¡te volverá a pasar tantas veces en / la vida! / Yo decía... ¿te acordás? / 'Empezar a pintar todos los días / sobre el paisaje muerto del pasado / y lograr cada vez que necesite / nueva música, nueva, en nuevo piano..." / Vos ya podés elegir el piano, crear la / música nueva de una nueva vida y vivirla intensamente / hasta equivocarte otra vez, y luego volver a empezar / y volver a equivocarte, pero siempre vivir... ¡vivir / intensamente!, porque ¿sabés qué es vivir?... / Vivir es cambiar, en cualquier foto vieja lo verás. / ¡Chau, no va más!... / Dale un tiro al pasado / y empezá, / si lo nuestro no fue ni ganar ni perder, /¡fue tan solo la vida, no más! / Y el intento / de un casi bebé / debe siempre volverse a intentar. /Sé que es duro matar / por la espalda el amor / sin tener otra piel donde ir... / Pero, ¡dale, la vida está en flor! / ¡Tenés que seguir!".

9. En el original, este texto entre paréntesis está añadido a mano, en el margen.

10. El tema interpretado por Louis Armstrong al que refiere es *Body And Soul*, un standard de jazz compuesto en 1930 por Johnny Green con letra de Edward Heyman, Robert Sour y Frank Eyton.

11. *Sólo tengo ojos para ti* es traducción al castellano de *I Only Have Eyes For You*, título de una canción compuesta en 1934 por Harry Warren, con letra de Al Dubin, y destinada al musical *Dames*, dirigido por Ray Enright ese mismo año. En cuanto a *Hogar*, probablemente se refiera a *Home (When Shadows Fall)*, tema compuesto por Harry Clarkson, Geoffrey Clarkson y Peter van Steeden en 1931 y que formaba parte del repertorio de Louis Armstrong.

12. *Alphaville, une étrange aventure de Lemmy Caution* fue estrenada en 1965.

13. En el original, este paréntesis está añadido a lápiz y redactado con una caligrafía que denota apresuramiento.

[15]   18, 19 Y 20 DE OCTUBRE DE 1987
Primera carta enviada tras el encuentro en Buenos Aires y la breve estancia de Alicia en el departamento de Levrero. Suma, en realidad, de varias cartas, escritas en diferentes momentos en el transcurso de más de toda una semana, del 18 al 25 de octubre. Se han suprimido tres extensos pasajes del texto (en realidad, tres tramos completos de la carta, uno escrito a la 01.30 de la madrugada del martes 20 de octubre; el otro, a las 21 del mismo martes, y el tercero a las 22.33'58" del domingo 25 de octubre) por su contenido explícitamente sexual y deliberadamente obsceno, que recomienda mantenerlos confinados en el ámbito de la privacidad, al menos de momento. Los cortes se indican mediante el convencional signo [...]. En el original, el texto correspondiente a los tramos fechados el domingo 18 a las 0.24 y la madrugada del martes 20 a la 1.30 está escrito a mano sobre cuartillas grapadas luego a los folios que ocupan los otros tramos de carta.

1. Sobre Eduardo Abel Giménez, véase la nota 4 de la carta 1.

2. Se entiende que este café Redón era frecuentado por Levrero y sus amigos, pero no se ha logrado documentar el dato.

3. Se trata del tema *All Of You*, compuesto por Cole Porter en 1934.

4. "Noveno piso" es, en efecto, el título de un cuento de Mario Levrero escrito en 1972. Fue recogido en la colección de cuentos titulada *Los muertos* (Ediciones de Uno, 1987) y en *Espacios libres* (véase la nota 9 de la carta 2).

5. El PRODE fue un juego de apuestas de amplia difusión creado en Argentina en 1972 por la Lotería Nacional,

con el fin de reunir dinero para fomentar la actividad deportiva en el país. En 2018 dejaron de realizarse los sorteos.

6. Levrero traduce el título de *I've Got You Under My Skin*, canción compuesta por Cole Porter en 1936, y versionada por numerosos artistas, entre ellos Frank Sinatra.

7. Esta "primera operación" fue una operación de cirugía plástica a la que Levrero se sometió, muy joven aún, por un problema de ginecomastia, nombre que en medicina recibe el aumento en la cantidad de tejido de las glándulas mamarias en niños u hombres, causado por un desequilibrio de las hormonas estrógeno y testosterona.

[16]   26 DE OCTUBRE DE 1987
Las rayas que dividen esta carta están trazadas por el mismo Levrero mediante secuencias de guiones a máquina.

1. *Malice in te Wonderland*, de Nicholas Blake (seudónimo de Cecil Day-Lewis), fue publicada originalmente en 1940, como sexta entrega de una serie protagonizada por el detective aficionado Nigel Strangeways.

2. Podría tratarse del actor Walter Berruti, quien puso la voz a algunos textos de Levrero en la presentación del libro *El portero y el otro*, en 1992. Se conservan algunas cartas de Berruti enviadas a Levrero en 1987, por lo que se tiene seguridad de que ya estaban en contacto por estas fechas.

[17]   4, 5 Y 6 DE NOVIEMBRE DE 1987
De nuevo una carta escrita en tres tiempos, si bien en este caso es evidente que sus tres tramos fueron enviados conjuntamente. Como en la anterior, las rayas divisorias están trazadas a máquina por el mismo Levrero. Lo mismo ocurre en otras cartas, en cuyas notas ya no se seguirá puntualizando este aspecto. Algunos indicios invitan a pensar que Alicia visitó a Levrero el fin de semana del 31 de octubre y 1 de noviembre. En el archivo se conservan dos entradas para un recital de Les Luthiers del 31 de octubre , y en una carta an-

terior Levrero dice que fue a un teatro a sacar unas entradas; es probable que fueran juntos. Cabe pensar que durante esta visita Alicia manifestara algunas de las dudas y miedos que Levrero comenta en esta carta, en la que se hacen un par de alusiones a lo conversado entre ambos "el sábado".

1. En el Río de la Plata, *deschavar* significa 'poner al descubierto', 'revelar', 'transparentar'.

2. Las cartas que Alicia manda estos días a Levrero abundan, como las primeras, en citas de *El Principito* (véase la nota 4 de la carta 7).

3. *El Tony* era una exitosa revista argentina de historietas que se publicó hasta mediados de los 60.

4. El mencionado Leo es Leo Maslíah, compositor, pianista, cantante y escritor uruguayo, amigo de Levrero desde el año 1983. Por estas fechas se quedaba con frecuencia en casa de Levrero durante sus estancias en Buenos Aires. Elisa es Elizabeth Appeltauer, asimismo uruguaya, casada con Jorge Califra, otro amigo de Levrero (véase la nota 10 de la carta 8).

5. Se refiere a Daniel Samoilovich, codirector, junto a Jaime Poniachik, de Juegos & Co., mencionado ya en la carta 14.

6. La pregunta está hecha, obviamente, en clave irónica, dado que Alicia había expresado a Levrero, en alguna de sus cartas, sus temores a que él hubiera contraído el sida en alguna de sus relaciones con "promotoras". El mismo Levrero, en la carta 2, saca sus aprensiones respecto a esta enfermedad a propósito de la visita que allí cuenta a un acupunturista chino.

7. La frase juega con los nombres de la compañía telefónica argentina Entel (véase la nota 6 de la carta 2) y de la empresa estatal de telecomunicaciones de Uruguay conocida como Antel (Administración Nacional de Telecomunicaciones.

8. Las instrucciones que da Levrero para escribir la dirección en el sobre de las cartas las añade a mano y van

acompañadas del dibujo ilustrativo de un sobre con su sello correspondiente.

9. El músico y director de orquesta estadounidense Ray Conniff se hizo muy célebre como autor de música ambiental —"música de ascensor", como ha sido llamada algunas veces— creada por lo general a partir de la adaptación de melodías populares.

10. La carta "pesada" es la número 8, del 8 de septiembre, en cuyo comienzo Levrero advertía a Alicia: "Te adelanto que 'la mano viene pasada'". Se trata de la misma carta en la que le cuenta "el sueño de X" y hace su propia interpretación. Posteriormente a esa carta, se desprende por lo que se dice en ésta que hubo una "posdata" telefónica en la que Levrero declaró a Alicia abiertamente su amor por ella. "Tu 'te amo' me sacudió hasta los huesos", le escribe ella en carta del 18 de septiembre, y en esa misma carta le anuncia: "En los próximos días contesto a tu carta, esta es culpa de la posdata", promesa que al parecer no cumplió.

11. Sobre el "cuento que dejo sin terminar", véase el comienzo de la carta 12.

12. Recuérdese la lista de pedidos, entre ellos el de varios medicamentos, que le hacía Levrero a Alicia poco antes de su visita de finales de agosto (véase la carta 7). Alicia no los atendió. Por esas fechas tiene lugar el intercambio de pareceres sobre el "rol" que Alicia desempeñaba en su relación con Levrero (véanse las cartas 8, 9 y 10, con sus notas). La frase que empieza con las palabras "Y te lo agradezco..." está añadida a mano, con tinta azul, en el margen.

13. Levrero recuerda los períodos que pasó en Piriápolis entre mediados y fines de los años sesenta. Mantuvo por entonces una relación con María Lina Mondello, quien pertenecía a una extensa familia muy arraigada en el pueblo, de la cual nació Carla. Al poco tiempo Levrero se separó de la madre de su hija y se volvió a Montevideo; la niña se crió en Piriápolis con su familia materna. Levrero iba con frecuencia de visita (sus padres vivían allí). Por estos años también empezó a escribir y a dar salida a todas sus neurosis y locuras, lo que sin duda debe haber causado fuerte impresión en el pueblo. Nada se sabe de "el carpintero Martín" a quien alude en el siguiente paréntesis.

14. La plaza Artigas es la más céntrica de la ciudad de Colonia.

15. *prepotear*, en el castellano rioplatense, vale por 'actuar prepotentemente o de malas maneras', 'intimidar', 'presionar'.

16. En el *post scriptum* fechado el día 6 está escrito a mano y va acompañado del dibujo de un ramo de flores.

[18]   27 DE NOVIEMBRE DE 1987

1. La *J* con la que Levrero suele firmar sus cartas tiene aquí el trazo de una especie de "pez" vertical, de ahí el comentario del *post scriptum* 1.

[19]   28 DE DICIEMBRE DE 1987

Última carta del año 1987, escrita el día en que se celebra la festividad de los Santos Inocentes, de ahí la alusión en el encabezamiento. Es probable que Levrero bromee aludiendo a lo ocurrido el mes de diciembre del año anterior (1986), cuando tuvo lugar la tantas veces recordada charla con Alicia en Colonia.

1. *La boca sombría*, de Nicolas Freeling, fue publicada en 1972 y pertenece a la serie protagonizada por el detective Pier van der Valk.

2. Edith es el nombre de la mujer que hacía las labores de la casa en el apartamento bonaerense de Levrero.

[20]   28 DE FEBRERO DE 1988

Dos meses han transcurrido entre esta carta, indicio claro de que menudeaban las visitas de Alicia a Buenos Aires, y de que el teléfono les servía cada vez más como medio para comunicarse.

1. Probablemente se trate de Ana Rao, amiga de Buenos Aires que pasaba por dificultades económicas y a la que Levrero ayudó antes de que ella se trasladara a vivir a Barcelona ese mismo año 1988. Era exesposa de "Max", Máximo Ruiz (véase la nota 3 de la carta 3).

2. No se ha conseguido localizar ni identificar el "sueño con el barco borroso en el horizonte = futuro".

3. En el original, esta frase ha sido añadida a mano, como una especie de nota al pie, previa llamada de asterico al final de la frase precedente.

4. Al referirse a "tu historia", Levrero tiene presente, sin duda, la relación de Alicia con su marido, Juan José Fernández.

[21]   29 DE FEBRERO DE 1988

1. El año 1988 fue bisiesto.

2. Se trata de Claudia Bernalda de Quirós, que entonces trabajaba en Ediciones de la Flor y que en la actualidad

conduce desde Madrid la agencia literaria que gestiona los derechos de la obra de Levrero.
3. Véase la carta 2.
4. A la luz de lo que dice Levrero a continuación, se trata de *La Banda del Ciempiés*, escrita entre enero y abril de 1988.
5. Las iniciales corresponden, obviamente, a los dos "nombres" de Levrero: Mario Levrero (el escritor) y Jorge Varlotta (el ciudadano aficionado a los juegos).
6. Este *post scriptum* está añadido a mano, y la rúbrica es deliberadamente historiada.

[23]   2 DE MARZO DE 1988
1. Alude al varias veces recordado "sueño de X", narrado en la carta 8.
2. Seguramente se trate de Jorge Risso, dibujante, nacido en 1960. Levrero realizó junto a él en 1983 una serie de historietas titulada *John Marketing. Memorias de un detective*, que se publicó en las revistas montevideanas *El Dedo* y *Smog*. También en *Smog* publicó en 1988 el cuento "El crucificado", con ilustraciones del propio Risso. La "pareja anterior" a la que se refiere es Lil Dos Santos.
3. Tola es José Luis "Tola" Invernizzi, conocido artista plástico que tuvo una influencia determinante en la trayectoria de Levrero, para quien actuó como una especie de mentor al poco de llegar éste a Piriápolis, en 1966, y cuya escritura contribuyó a desatar.
4. A comienzos de febrero de 1988, es decir, pocas semanas antes de la fecha de esta carta, Levrero y Alicia se habían reunido por unos días en el balneario Solís, cerca de Piriápolis. Ella fue allí en compañía de su hijo Juan Ignacio, y no se alojó en el mismo hotel que Levrero, sino en un apartamento que arrendaron para la ocasión. Los encuentros íntimos entre ambos se producían por la noche, después de que Alicia hubiera dormido al niño (entonces, de siete años), al que dejaba solo en la habitación que los

dos ocupaban. Esta circunstancia hacía que los encuentros con Levrero estuvieran llenos de la tensión que Alicia cargaba debido al malestar que le producía haber abandonado a su hijo, aunque sólo fuera por unas pocas horas.

[24]   3 DE MARZO DE 1988
1. Se trata nuevamente de *La Banda del Ciempiés*. Véase la nota 4 de la carta 21.
2. A comienzos de 1988 planeó Levrero organizar un taller literario en colaboración con la periodista y escritora argentina Cristina Siscar, que por entonces acababa de publicar su primer libro de cuentos, *Reescrito en la bruma* (1987). Los dos se habían conocido pocos meses antes por mediación de Marcial Souto, quien pidió a Siscar que hiciera a Levrero una entrevista para la revista *El Péndulo*.
3. Esta "carta anterior" es la número 22, del 1 de marzo.

[25]   4 DE MARZO DE 1988
1. Alude a la relación de Alicia con Juan José Fernández.

[26]   6 DE MARZO DE 1988
1. Probablemente se trate de Jorge Califra, viejo amigo de Levrero, con quien montó en 1959 un negocio de compraventa de libros usados.
2. De nuevo se trata de *La Banda del Ciempiés*, que se publicaría en 1989.
3. La "imagen paterna" cuyo deterioro consigna Levrero es la de su amigo Jaime Poniachik, de quien no tardaría en distanciarse precisamente por este motivo.

[27]   9 DE MARZO DE 1988
1. La *grilla* es un tipo de juego. El borrador al que alude es el de "Grilla literaria", que, con un fragmento de *Los siete locos* de Arlt, publicó en el mes de abril en el primer número de la revista bonaerense *Babel. Revista de libros*.

[28]   10 DE MARZO DE 1988
1. Nueva alusión a *La Banda del Ciempiés*.
2. Levrero colaboraba con la revista argentina *Crisis*, que por esa época dirigía José Luis Díaz Colodrero, con Carlos María Domínguez como "director periodístico". La "sección" aludida es una serie de cuatro colaboraciones sucesivas que se titularon "Convivencias" y que fueron luego reunidas en *El portero y el otro* (1992) bajo el título "Apuntes bonaerenses".

[29]   15 DE MARZO DE 1988
1. Fanny (Francisca Concepción Tutzó) era la madre de Carolina Moyá, primera esposa de Levrero.
2. *El Santo* es el título de una muy popular novela policiaca escrita por Leslie Charteros en 1928 y protagonizada por Simon Templar, llamado el Santo.
3. En el original, esta frase está añadida a mano, en tinta roja, al pie de la página, y va acompañada de un dibujo del puente en cuestión, que llega hasta el extremo de la hoja, donde se indica: "Sigue el puente; es muy largo; va a dar a otra pared o algo similar".

[30]   18 DE MARZO DE 1988
1. Se trata de nuevo de *La Banda del Ciempiés*.

[31]   20 DE MARZO DE 1988
1. *follie à deux* significa, en francés, 'locura de dos'.

[34]   27 DE MARZO DE 1988
1. El neo-odiespasmil es antiespasmódico, indicado para los dolores del tubo digestivo, que Levrero padecía ocasionalmente desde la operación de la vesícula.

[35]   3 DE ABRIL DE 1988
1. En el original, este *post scriptum* está añadido a mano con tinta azul y escrito con mayúsculas.

[36]   16 DE ABRIL DE 1988

1. El Entero Bacticel es un fármaco indicado para las diarreas de origen bacteriano. El Bactrim es un antibiótico combinado que se utiliza para tratar infecciones del oído, de las vías urinarias, bronquitis, la diarrea del viajero y neumonías. Los "carbones" a los que alude son medicamentos de carbón activado de origen natural que se utiliza para problemas digestivos.

2. Cinco últimos versos del poema titulado *Le Front couvert*, perteneciente al poemario homónimo, publicado en 1936.

3. Véase la nota 2 de la carta 21.

4. El recital al que Levrero está a punto de acudir lo da su amigo Leo Maslíah (véase la nota 4 de la carta 17).

5. Acompañando esta carta, en hoja aparte, iba un recorte del horóscopo del diario *Clarín* del 9 de abril de 1988, con la siguiente anotación adjunta: "Princesa, parece increíble. Este es el horóscopo del *Clarín* que vos compraste".

[37] 20 DE ABRIL DE 1988

1. Se refiere al taller de serigrafía, planografía, confección de tarjetas, postales y marcalibros que trató de impulsar con su amigo Guzmán Iglesias, una especie de imprenta artística.

2. Recuérdese que en 1966, cuando tenía 26 años, Levrero se trasladó con sus padres a Piriápolis, donde su madre montó una librería de libros usados; fue entonces cuando Tola Invernizzi, como ya se ha dicho en la nota 3 de la carta 23, "tuteló" los primeros pasos de Levrero como escritor.

3. "Primero hay que saber sufrir, / después amar, después partir / y al fin andar sin pensamiento", reza la primera parte del estribillo del tango *Naranjo en flor*, uno de los favoritos de Levrero y Alicia, con música de Virgilio Expósito y letra de Homero Expósito.

4. Al trasladarse a vivir a Piriápolis, la madre de Levrero fundó allí un negocio librero semejante al que Levrero había montado en Montevideo; durante algún tiempo funcionaron los dos locales en paralelo. Levrero ayudaría ocasionalmente a su madre.

5. El "fin del mundo" al que alude es, obviamente, la dictadura militar impuesta en Uruguay en 1973.

6. En el original mecanografiado, las palabras "algunos dientes" están añadidas a mano, en bolígrafo.

7. Esta maliciosa alusión a Mario Benedetti testimonia la escasa simpatía de Levrero por el tipo de literatura que aquél hacía.

8. Obviamente, se refiere a la misma Alicia Hoppe.

9. Mateo 6:21.

10. En el original mecanografiado, la palabra "fobias" está añadida a mano.

11. En el original, toda esta frase entre paréntesis está añadida a mano.

12. El periodo coincide con los meses posteriores a su llegada a Buenos Aires y el comienzo de su vida como asalariado.

13. Se refiere a *La Banda del Ciempiés*, que está terminando de escribir por estos días.
 14. Alude a una teoría desarrollada por el psicólogo y educador canadiense Laurence J. Peter, junto al dramaturgo Raymond Hull, en el libro *The Peter Principle*, de 1969. Si bien creada con un tono humorístico, hay quienes defienden esta teoría como cierta: en cualquier organización, cuando alguien es competente en un trabajo que le gusta y para el que está bien preparado, suele ser ascendido jerárquicamente, lo que lo lleva a realizar nuevas tareas ("cuestiones administrativas y gerenciales que te revientan", según Levrero) que terminan por complicarle la vida laboral y la vida a secas. Se conoce como "Principio de Peter" o "Principio de incompetencia de Peter". Todo el *post scriptum* está escrito a mano.

[38]   26 DE ABRIL DE 1988
 1. De niño, Levrero —en cuyo legado se encuentran algunos escritos al respecto— experimentaba una especie de desacomodo total en el mundo escolar: los horarios, los otros niños, el salón y el patio del recreo, la maestra. Cualquier pretexto valía para faltar a la escuela, cosa que hacía con mucha frecuencia, sobreprotegido como estaba por su madre, que se lo permitía. Algún compañero de clase le llevaba los deberes, él los hacía y se los hacía llegar a la maestra; así se las arreglaba para pasar el curso).
 2. Para la madre de Alicia Hoppe, Levrero no era un hombre de fiar, y así se lo hacía saber a su hija.

[39]   9 DE MAYO DE 1988
 1. Nelly Fuxá era una psicóloga de Montevideo a la que consultó Levrero ocasionalmente durante algunos meses de 1979. Era amiga de Haydée Castelo. Según Levrero, le sirvió para aflojar un poco el vínculo dependiente con su madre.

[40] 15 DE MAYO DE 1988
1. El Foro era un bar de Buenos Aires ubicado en la Avenida Corrientes, cerca del cruce con Uruguay. Este "sueño en el que busco mi título de médico" era recurrente en Levrero. En 1974, con treinta y cuatro años, había retomado los estudios secundarios (preparatorio de Medicina) con la intención de ingresar a la universidad, cosa que no sucedió.
2. El Ouro Preto es un café de Buenos Aires que todavía existe. Se halla situado en la Avenida Corrientes, no lejos de donde vivía Levrero.
3. Levrero cita dos versos del poema de Miguel Hernández "Menos tu vientre", incluido en *Cancionero y romancero de ausencias*, de 1942. Es muy probable que estos versos le lleguen a la memoria a través de su versión musicalizada que popularizó el cantautor español Joan Manuel Serrat en el disco que dedicó a este poeta, grabado en 1972.

[41] 28 DE MAYO DE 1988
1. Primero de una serie de sueños que Levrero manda a Alicia, siempre con el ruego de que se los devuelva. No se trata aquí, o no al menos propiamente, de una carta, sino más bien del envío de un material de análisis, que Levrero somete al juicio de Alicia pero con propósito de conservarlo él mismo. Con la misma indicación, "leer y devolver" (anotada esta vez en letra manuscrita a lápiz), Levrero mandará nuevos sueños en varias de las cartas siguientes.
2. En el original mecanoscrito, esta frase está añadida a mano.
3. En el original mecanoscrito, estas palabras están añadidas a mano.
4. En el original mecanoscrito, esta frase está añadida a mano, al pie de la hoja, en forma de nota señalada con un asterisco.

5. Sobre Cristina Siscar y el taller literario que ella y Levrero organizaron en Buenos Aires, véase la nota 2 de la carta 24.

6. Recuerde el lector no montevideano que 18 de Julio es el nombre de la principal avenida de la capital.

7. Tanto Convención como Río Branco son calles del centro de Montevideo. El apartamento de Levrero estaba ubicado en Soriano 936, entre Convención y Río Branco (hoy Wilson Ferreira Aldunate). Soriano es paralela a 18 de Julio, dos cuadras hacia el sur.

[42]   4 DE JUNIO DE 1988

1. Las iniciales L. y A. podrían corresponder a Lil y a la misma Alicia, respectivamente.

2. ¿Carol Moyá, primera esposa de Levrero? O tal vez a Carmen Decia (véase la nota 8 de la carta 1).

3. Levrero vivió toda su primera infancia en Peñarol, un barrio obrero de Montevideo. Los tíos a los que se refiere son Wilfredo Perdomo y Norma Novo Levrero (prima hermana de Nilda, la madre de Levrero). Tenían un hijo, Yamandú, a quien Levrero, dos años menor, adoraba. En la quinta de Canelones había también una bodega y caballos.

4. Se trata, obviamente, de Tola Invernizzi. Véase la nota 3 de la carta 23.

[43]   6 DE JUNIO DE 1988

La fatiga y la desesperación que transmite esta carta, superpuesta a la anterior, provocó la reacción de Alicia, que trató de salir al paso de los reproches de Levrero y de tomar algunas iniciativas destinadas a mejorar las cosas, entre ellas la de hablar con su madre extensamente, en un intento, escribía, de "legalizar" frente a ella su relación con él (carta del 7 de junio). Por otro lado, en réplica a los sueños que Levrero ha empezado a adjuntar a sus cartas (también a ésta), la misma Alicia también le cuenta en las suyas algunos de sus sueños.

1. Enrique Santos Discépolo es un célebre compositor de tangos. Las palabras que cita Levrero pertenecen al titulado "Canción desesperada", de 1945.

2. La "aventura piriapolense" son los días del mes de febrero en que Levrero y Alicia (con su hijo) se reunieron en Piriápolis para pasar cerca el uno del otro unos días de vacaciones (véase la carta 23).

3. En el original mecanoscrito, la nota que aquí se da al pie, con llamada de asterisco, está añadida a mano, embutida en el margen superior de la página.

4. En el original, esta frase está añadida a mano, en el margen izquierdo de la página.

5. En el original, esta frase está añadida a mano, de nuevo en el margen izquierdo de la página.

6. En el original mecanoscrito, esta frase está añadida a mano, embutida entre líneas.

7. En el original mecanoscrito, la palabra "primera", en el texto, está rodeada de un trazo a lápiz que señala a esta nota manuscrita.

8. La cita de Lin Yutang se encuentra en su libro *La importancia de vivir*, de 1937.

9. Los dos *post scriptum* están añadidos a mano.

[44]   15 DE JUNIO DE 1988

1. Pluna es el nombre creado con las iniciales de Primeras Líneas Uruguayas de Navegación Aérea, histórica aerolínea uruguaya que operó de 1936 a 2012.

2. El segundo hijo de Carla, y segundo nieto, por lo tanto, de Levrero, se llamó Leonardo Matías y nació el 1 de julio de 1988.

3. Nicolás es el segundo hijo de Levrero, quien lo tuvo con Perla Domínguez.

[46]   20 DE JUNIO DE 1988

1. Se refiere a *La novela luminosa*. Durante el año 1988, Levrero releyó lo que llevaba escrito de esta novela y escribió algunas "notas" destinadas a los capítulos I y II.

2. Véase la nota 7 de la carta 1.

3. En el original mecanoscrito, estas palabras están añadidas a mano.

4. Véase la nota 7 de la carta 15.

5. Sobre "tu permiso en julio", véanse la carta 8 y la correspondiente nota 8.

6. Recuérdese que fue en el mes de septiembre de 1987 cuando la relación amorosa de Alicia y Levrero adquirió, por así decirlo, "carta de naturaleza".

[47]   26 Y 27 DE JUNIO DE 1988

Aunque con dudas, Levrero termina adjuntando a su carta del 27 de junio otra escrita la noche anterior y fechada el 26, por lo que ésta se da a continuación, invirtiendo el orden cronológico.

1. Los Olimareños es el nombre de un célebre dúo de canto popular uruguayo formado a inicios de los años sesenta. Sus canciones y propuesta están cargadas de un fuerte contenido político y social.

2. Para sus comidas, Levrero, siempre maniático, solía emplear un "mantelito individual".

3. "Yo creo que la experiencia erótica es esencialmente espiritual, y que por ese mismo motivo es algo prohibido. Es más: la actual 'liberación sexual' no hace más que acentuar la contradicción del dogma y acentuar la prohibición de lo espiritual. Estamos en un momento de extremo imperio del materialismo. Se permite el sexo en tanto se mantenga estrictamente en los límites del materialismo. El erotismo, o sea, la comunicación, sigue prohibido. Por eso florece la pornografía, y el arte

erótico sigue marginado. También el ocio se hace cada día menos posible y más sospechoso. Todo esto augura un próximo florecimiento espiritual; no hay, como decía Lao-Tse, más que llegar a lo más alto para empezar a caer. Y ya que citamos, dejame recordar aquellos versos de Ezra Pound que fueron el lema de la efímera revista *Opium*: "Cantemos al amor y al ocio / que nada más merece ser habido"" (Mario Levrero, "Entrevista imaginaria con Mario Levrero", incluida en *El portero y el otro*, 1985). Los versos de Pound pertenecen al poema "An Immorality": "Sing we for love and idleness / Naught else is worth the having".

4. No se ha conseguido documentar con certeza esta "presentación". Tal vez fuera la del libro de historietas *Los profesionales*, que editó Puntosur en el mes de abril. Pero no hay certeza de que se realizara.

5. Hulk, "el increíble Hulk", es naturalmente, el superhéroe de cómic creado en 1962 por Stan Lee y Jack Kirby, conocido también como "La Masa", personaje de extraordinaria fuerza cuando se enfada, pero que en la vida real es un hombre tímido y retraído.

6. Sobre Cándido, véase la nota 3 de la carta 8.

7. Sobre Discépolo, véase la nota 1 de la carta 43. La cita pertenece a la letra del tango titulado "Quién más, quién menos", de 1934.

8. Alude a una crisis en su relación con Alicia que motivó el hecho de que ella concurriera al casamiento de un conocido suyo sin invitar a Levrero a acompañarla, razón por la cual dejó de visitarlo en Buenos Aires.

9. Cuando escribe esta carta, hacía cerca de dos meses que Levrero había tomado la decisión de renunciar al "cargo de jefe de redacción de la gran revista *Cruzadas*". Para hacerlo, planteó exigencias salariales que hicieron imposible su continuidad en ella.

10. En el original, al final, dibujó Levrero un ramo de flores que ocupaba media hoja.

[48]   12 DE AGOSTO DE 1988

1. Es sabido que Levrero llegó a acumular una importante colección de cassettes en que grababa las emisiones radiofónicas de la música que le gustaba. Las cassettes eran clasificadas minuciosamente por él mismo. Se conservan decenas de estas cassettes, sobre cuyo contenido discurre ampliamente Gonzalo Leitón en un extenso ensayo publicado en dos entregas en la revista digital *Sotobosque*.

2. La "nueva bochita" es una máquina de escribir, muy probablemente la IBM Selectric, conocida también como la "IBM de bola" o "IBM a bochita".

3. La A frente a la cifra 350 indica australes, la moneda argentina por entonces.

4. Las iniciales corresponden a Eduardo Stupnik. Éste empezó siendo un lector de la revista *Cruzadas* que enviaba cartas notificando de errores en los juegos; luego pasó a trabajar directamente para la revista. Levrero le tomó con-

fianza y lo contrató como corrector personal de crucigramas e incluso de textos literarios.
5. Los jueves eran los días del taller literario que impartía Levrero junto con Cristina Siscar.
6. Se refiere a la canción "Peter", grabada por la actriz y cantante alemana Marlene Dietrich en 1931.

[49]   14 DE AGOSTO DE 1988
1. *La máquina de pensar en Gladys* es el título de la primera colección de relatos publicada por Levrero, en 1970. Entre otros, contiene dos cuentos que llevan por título "La máquina de pensar en Gladys", a los que se les agrega el subtítulo "positivo" y "negativo".
2. La novela *El lugar* se publicó por primera vez en el número 6 de la revista *El Péndulo*, de Buenos Aires, en enero de 1982. En febrero de 1983 se publicó la tercera edición de *La ciudad*, en efecto, en Ediciones de la Banda Oriental, de Montevideo.
3. Expresión proverbial equivalente más o menos a 'volver a ser un Don Nadie', 'un cualquiera'.
4. Alude aquí a *La novela luminosa*, que comenzó a escribir poco antes de la operación de vesícula. En el original mecanografiado, el *post scriptum*, aparentemente fechado el 16 de agosto, está añadido a mano, con lápiz.

[50]   16 DE AGOSTO DE 1988
1. Se trata de Rubén Gindel, viejo amigo de Levrero. Era médico internista, compañero de trabajo de Alicia.
2. "Campaneando un cacho de sol en la vereda, / piensa un rato en el amor de la quemera / y solloza en su dolor", rezan los versos finales de la última estrofa del tango titulado "El ciruja", de 1926, con letra de Francisco Alfredo Marino y música de Ernesto N. de la Cruz, y que formaba parte del repertorio clásico de Carlos Gardel.

[51]   18 Y 20 DE AGOSTO DE 1988

1. En el original mecanografiado, las palabras "a pesar de la importante erección" están añadidas a mano.

2. Levrero no veía con buenos ojos que Alicia tuviera su "consultorio en casa". Al trasladarse a vivir a Colonia, consiguió que ella se hiciera con una casa más grande y, poco después, que optara por mantener un consultorio externo, que compartía con una amiga.

3. Fechada dos días después, esta carta adjunta está escrita en una hoja suelta aparte, a mano, con tinta azul.

[52]   27 Y 29 DE AGOSTO DE 1988

1. Perry Mason es un personaje creado por el escritor de novelas policiales Erle Stanley Gardner. Como abogado defensor, Mason se encargaba de probar la inocencia de su defendido y encontrar al verdadero criminal.

2. Editors Press Service Inc. era una compañía estadounidense que, entre otros servicios, creaba y distribuía crucigramas en distintos medios de prensa a nivel mundial. Levrero comenzó a trabajar en modo *freelance* para esta empresa en julio de 1988. En abril de 1989, pocos días antes de regresar definitivamente a Uruguay, firmó un contrato en el que se comprometía a entregar 312 crucigramas al año. El vínculo laboral se mantuvo hasta diciembre de 1990, cuando Levrero pidió un exagerado aumento de sueldo con la esperanza de que no se lo otorgaran y finalmente renunciar.

3. Se refiere al general Juan Domingo Perón, histórico líder del movimiento peronista, tres veces presidente de la Argentina.

4. En el original mecanografiado, esta frase está añadida a mano en tinta roja y con mayúsculas.

5. No se ha localizado ningún relato de Levrero titulado "San Jorge y el dragón". La reserpina es un alcaloide usado en farmacología para el control de la presión arterial y de los comportamientos psicóticos.

6. Charles Baudouin fue un psicoanalista francés que combinó el freudismo con elementos del pensamiento de Carl Jung y Alfred Adler. Levrero leyó con mucha atención su libro *Psicoanálisis del arte* (1929).

7. Macunaíma es el seudónimo de Atilio Duncan Pérez Da Cunha, poeta, periodista y letrista de canciones uruguayo. Su seudónimo remite al protagonista de la novela *Macunaíma* (1928), de Mário de Andrade. Leo Maslíah interpretó este tema en un recital realizado en el Teatro Circular de Montevideo en julio de 1983, en el que, efectivamente, Levrero, como dice a continuación, lloró en la oscuridad de la sala.

8. La frase "Un caballo, un caballo. Mi reino por un caballo" la dice el personaje de *Ricardo III* en la tragedia homónima de Shakespeare, de 1592.

9. La "novela del ciempiés" alude, obviamente, a *La Banda del Ciempiés*, publicada originalmente por entregas, desde el martes 2 de enero hasta el miércoles 8 de febrero de 1989, en el suplemento *Verano/12* del diario *Página/12*. Según se detalla en la primera de las entregas, se trató de una "versión condensada y seriada por el autor, especialmente para *Página/12*, de la novela inédita del mismo nombre".

10. Sobre Torri, véase la nota 9 de la carta 8. Por lo que se desprende de este pasaje, Torri debió haberlo visitado en Buenos Aires por estas fechas.

11. Nada se sabe de "el sueño del garaje". Sobre "el sueño de la recuperación de la vesícula", véase la carta 2.

12. Este *post scriptum* está añadido a mano, con tinta gris oscura.

[53] 31 DE AGOSTO DE 1988

1. El detective Trailler y Agnus, su ayudante, son personajes de *La Banda del Ciempiés*, a varios de cuyos elementos argumentales y personajes alude Levrero en esta carta, co-

nectándolos al autoanálisis emprendido ya en la carta anterior y a diferentes circunstancias propias, del pasado y del presente, como sus actuales deseos de abandonar Buenos Aires y su proyecto de instalarse en Colonia.

[54]   17 Y 18 DE NOVIEMBRE DE 1988

1. Escrito entre 1966 y 1967 y publicado por primera vez en *La máquina de pensar en Gladys* (1970), "El sótano" es un cuento "infantil" reeditado luego en *La Revista de Ciencia Ficción y Fantasía* de Argentina y, más adelante, en diciembre de 1988 por la editorial Puntosur, con ilustraciones de Sergio Kern.

2. Véase la carta 22.

3. Nada se sabe de este sueño.

4. En marzo de 1988 Levrero firmó un contrato con la editorial Puntosur para publicar *Nick Carter se divierte mientras el lector es asesinado y yo agonizo*. Poco después, la colección en la cual iba a aparecer esta novela fue abortada por motivos económicos, y el libro no llegó a publicarse.

5. Frisium es una marca comercial de clobazam, medicamento originalmente comercializado como ansiolítico.

6. Estos dos textos que se dan como "apéndice", fechado el 18 de noviembre, figuran en una hoja aparte, mecanografiada. El "Monólogo interior de la Princesa" queda interrumpido en medio de la frase que aquí se cierra con puntos suspensivos.

[55]   15 DE DICIEMBRE DE 1988

1. El psiquiatra escocés Ronald David Laing denominó "situación de jaque mate" a aquella que desata la explosión y el viaje "esquizofrénico".

2. Este *postsriptum* ocupa buena parte del margen de la página, escrito en sentido vertical.

[56] 16 DE DICIEMBRE DE 1988

1. El "último de los doce cuentos" de *El candor del Padre Brown* (1911), de G.K. Chesterton, es "Los tres instrumentos de la muerte".

2. Se refiere a una entrevista al Tola Invernizzi realizada por la periodista María Esther Gilio, prima del pintor, publicada en el semanario *Brecha* el 9 de diciembre de 1988. Domínguez es Carlos María Domínguez, por esas fechas redactor jefe de la revista argentina *Crisis*.

3. Seguramente, José Pedro Martínez Visca, el primer "terapeuta" con el que Levrero se trató a fines de los años sesenta; era médico con especialización en psicosomática.

4. Carl G. Jung emplea el concepto de "inflación del yo" en su libro *Psicología y alquimia* (1944), donde se lee: "La inflación, como estado de soberbia, ocasiona que se esté demasiado 'arriba', por decirlo así"; y también: "Un consciente hinchado es siempre egocéntrico y sólo tiene conciencia de su propio presente. Es incapaz de aprender del pasado; incapaz de comprender lo que ocurre en el presente, e incapaz de extraer conclusiones acertadas para el futuro. Está hipnotizado por sí mismo y por tal causa no admite interlocutores ni se puede razonar con él. Por tal motivo, está sujeto a catástrofes que le destrozarán en caso necesario".

5. Juan 12:25.

6. En el original mecanografiado, el *post scriptum* está añadido a mano.

[57] 15 DE MARZO DE 1989

Entre esta carta y la anterior, se conservan otras dos, fechadas el 5 y el 10 de marzo, en las que Levrero copia un fragmento de *Tótem y tabú*, de Sigmund Freud, a cuya luz vuelca unas pocas especulaciones acerca de Alicia y su relación con Juan José Fernández, así como acerca de su comportamiento hacia el mismo Levrero. Se ha optado por suprimirlas por considerar que dichas especulaciones, por otra parte muy aventuradas, inciden en cuestiones de carácter estrictamente privado.

[58] 16 DE MARZO DE 1989

1. Sobre estas "transcripciones de Freud", véase lo que se dice en la nota a la carta anterior.

[59] 31 DE MARZO DE 1989

1. El cuento titulado "Espacios libres" está fechado el 2 de abril de 1979 pero se publicó originalmente en diciembre de 1981, en el número 6 de la revista montevideana *Prometeo*. Posteriormente conoció una nueva publicación en la revista bonaerense: *Unidos*, en diciembre de 1986, hasta dar título a la colección de cuentos publicada por Puntosur en mayo de 1987.

2. J.J. es, obviamente, Juan José Fernández, exmarido de Alicia y viejo amigo de Levrero.

3. Levrero ironiza sobre la doble faceta de Alicia como "mujer de fuerte sexualidad", por un lado, y de marcada "templanza" por otro.

4. En el original mecanografiado, este *post postscritum* está añadido a mano.

ÍNDICE

Prólogo, Ignacio Echevarría 7

CARTAS A LA PRINCESA

[1] 5 y 17 de marzo de 1987 27
[2] 28 de abril de 1987 35
[3] 12 de mayo de 1987 46
[4] 4 de junio de 1987 49
[5] 13 de junio de 1987 57
[6] 20 de junio de 1987 62
[7] 30 de junio de 1987 65
[8] 8 de septiembre de 1987 69
[9] 24 de septiembre de 1987 78
[10] 28 y 29 de septiembre de 1987 84
[11] 29 y 30 de septiembre de 1987 90
[12] 3 de octubre de 1987 96
[13] 5 de octubre de 1987 103
[14] 10 de octubre de 1987 107
[15] 18, 19 y 20 de octubre de 1987 115
[16] 26 de octubre de 1987 122
[17] 4, 5 y 6 de noviembre de 1987 128
[18] 27 de noviembre de 1987 140
[19] 28 de diciembre de 1987 142
[20] 28 de febrero de 1988 144

[21] 29 de febrero de 1988 149
[22] 1 de marzo de 1988 152
[23] 2 de marzo de 1988 155
[24] 3 de marzo de 1988 156
[25] 4 de marzo de 1988 159
[26] 6 de marzo de 1988 162
[27] 9 de marzo de 1988 164
[28] 10 de marzo de 1988 167
[29] 15 de marzo de 1988 169
[30] 18 de marzo de 1988 170
[31] 20 de marzo de 1988 172
[32] 20 de marzo de 1988 172
[33] 21 de marzo de 1988 176
[34] 27 de marzo de 1988 177
[35] 3 de abril de 1988 179
[36] 16 de abril de 1988 181
[37] 20 de abril de 1988 185
[38] 26 de abril de 1988 193
[39] 9 de mayo de 1988 194
[40] 15 de mayo de 1988 196
[41] 28 de mayo de 1988 198
[42] 4 de junio de 1988 203
[43] 6 de junio de 1988 209
[44] 15 de junio de 1988 219
[45] 16 de junio de 1988 222
[46] 20 de junio de 1988 225
[47] 26 y 27 de junio de 1988 228
[48] 12 de agosto de 1938 236
[49] 14 de agosto de 1988 240
[50] 16 de agosto de 1988 241
[51] 18 y 20 de agosto de 1988 247
[52] 27 y 29 de agosto de 1988 249
[53] 31 de agosto de 1988 260
[54] 17 y 18 de noviembre de 1988 263

[55] 15 de diciembre de 1988 271
[56] 16 de diciembre de 1988 275
[57] 15 de marzo de 1989 279
[58] 16 de marzo de 1989 280
[59] 31 de marzo de 1989 281

Notas 285